ART OF THE Mustang

PHOTOGRAPHY BY TOM LOESER
TEXT BY DONALD FARR

INHALT

Einführung 7

ABSCHNITT 1   **THE EARLY MUSTANGS – 1964-½–1968** 8

Kapitel 1	1964-½ Hardtop 10
Kapitel 2	1965 GT350 School Car 18
Kapitel 3	1965 Hardtop 289 24
Kapitel 4	1966 Shelby GT350H 30
Kapitel 5	1966 GT351 Drag Car 36
Kapitel 6	1967 Shelby GT350 44
Kapitel 7	1968 Trans-Am Coupé 52
Kapitel 8	1968 GT350 and GT500 60
Kapitel 9	1968-½ CJ Fastback 74

ABSCHNITT 2   **THE MUSCLE MUSTANGS – 1969–1976** 82

Kapitel 10	1969 Boss 429 84
Kapitel 11	1969 Mach 1 SCJ 92
Kapitel 12	1970 Boss 302 and Boss 302 Barn Find 100
Kapitel 13	1971 Boss 351 112
Kapitel 14	1972 Grande 120
Kapitel 15	1976 Cobra II 126

ABSCHNITT 3	**THE FOX-BODY MUSTANGS – 1984–2003**	**132**
Kapitel 16	1984 20th Anniversary GT350	134
Kapitel 17	1986 SVO	140
Kapitel 18	1989 JBA Dominator	148
Kapitel 19	1993 SVT Cobra	156
Kapitel 20	1995 Cobra »Hardtop« Convertible	162
Kapitel 21	2001 Bullitt GT	170
Kapitel 22	2003 SVT Cobra Convertible	178
Kapitel 23	2003 Mach 1	186
ABSCHNITT 4	**THE MODERN MUSTANGS – 2005–2015**	**192**
Kapitel 24	2007 GT/CS	194
Kapitel 25	2008 Shelby GT500	202
Kapitel 26	2012 Boss 302 Laguna Seca	210
Kapitel 27	2014 Cobra Jet	218
Kapitel 28	2014 Shelby GT500	226
Kapitel 29	2015 Mustang 50 Year Limited Edition	232
	Dank / Impressum	240

EINFÜHRUNG

ES BEGANN MIT EINER ZEICHNUNG.

1962 arbeitete Gale Halderman in den Ford Design Studios, als ihn sein Chef Joe Oros damit beauftragte, ein von Ford-Generaldirektor Lee Iacocca gefordertes neues, preiswertes und sportliches Modell zu entwerfen. Halderman war gerade mit dem Facelift für den 1965er Galaxie beschäftigt, weshalb er bis zum gesetzten Termin am nächsten Morgen um 8:00 Uhr nur fünf oder sechs noch in der Nacht rasch skizzierte Entwürfe zu Papier bringen konnte. Eine dieser Zeichnungen wurde tatsächlich als Basis für ein 1:1-Tonmodell ausgewählt, das Iacocca zur Genehmigung präsentiert werden sollte.

Bei der Präsentation am 16. August 1962 fühlte sich Iacocca sofort von Haldermans Entwurf angezogen. Breit, mit fast italienisch wirkender Front, kurzem hinteren Überhang und Dreifach-Rückleuchten, fand das Modell seine Zustimmung: »Das Tonmodell sah aus, als würde es fahren«, erinnerte sich Iacocca in seiner Autobiographie.

Zwanzig Monate später kam der 1965er Mustang zu den Ford-Händlern, und er sah fast genau so aus, wie Halderman ihn gezeichnet hatte. Die Reaktion auf das neue Modell grenzte an Hysterie, allein in den ersten drei Tagen nahmen die Verkäufer 22.000 Bestellungen entgegen, ein Trend, der sich fortsetzen und den Mustang zu einem der erfolgreichsten Fahrzeuge in der Automobilgeschichte machen sollte.

Es ist interessant, dass der Mustang wie ein Kunstwerk als Skizze konzipiert wurde. Die von Halderman ursprünglich entworfene Grundform ist seit über 50 Jahren weitgehend erhalten geblieben. Obwohl einige Charakteristika im Laufe der Jahre kamen und gingen: die lange Motorhaube und das kurze Heck prägen auch heute noch den Look eines jeden Mustangs.

Schon früh beschrieben die Ford-Werber den Mustang als »das Auto, das von Ihnen gemacht wird«, um die Möglichkeiten zur Individualisierung zu betonen, die sich aus drei Karosserievarianten und zahllosen Optionen von stilvollen Rädern bis zur Innenausstattung ganz nach persönlichem Geschmack ergaben. In den vergangenen fünf Jahrzehnten haben Besitzer aus ihren Mustangs Straßen-Rennmaschinen, Dragster, Restomods und Rat Rods gemacht. Das andere Extrem gibt es genauso: Puristen auf der ganzen Welt restaurieren alte Mustangs, bis man glauben könnte, sie seien gerade im Originalzustand vom Ford-Band gerollt.

Für dieses Buch hat der Fotograf Tom Loeser seine Technik der »Lichtmalerei« auf eine Vielzahl von Mustangs angewandt, von originalgetreuen Modellen im Bestzustand bis hin zu einem Scheunenfund, jeder auf seine ganz eigene Art ein Kunstwerk. Seine Bilder ermöglichen es uns, Mustangs in einem neuen Licht zu sehen, das die Formen, Linien und Winkel ganz neu zur Geltung bringt, die den Mustang seit über 50 Jahren so attraktiv gemacht haben.

Auch Lee Iacocca stellte einmal fest: »Wir sahen uns als Künstler, die dabei waren, die schönsten Meisterwerke zu schaffen, die die Welt je gesehen hatte.«

ABSCHNITT 1 — 1964-½-1968

THE EARLY MUSTANGS

LEE IACOCCA WUSSTE, dass sein Job auf der Kippe stand, als er Henry Ford II., dem Präsidenten der Ford Motor Company, im Jahr 1961 ein neues, sportliches Auto vorschlug. Eingedenk des Fehlschlags mit dem Edsel ein paar Jahre zuvor, schlug Henry II. Iacoccas Überlegung zunächst in den Wind, dass die heranwachsende Baby-Boomer-Generation nach sportlicheren Autos verlangen würde, als Ford sie Anfang der 1960er Jahre im Angebot hatte. Aber Iacocca blieb hartnäckig und erhielt schließlich Henrys Okay, nachdem er vorgeschlagen hatte, das neue Auto auf der Basis des biederen Falcon zu entwickeln, um die Kosten gering zu halten. Henry willigte also ein, stellte aber eine Bedingung: »Du musst es auch verkaufen«, soll er gesagt haben, »und es kostet Dich Deinen Arsch, wenn Du das nicht schaffst!«

Im Laufe der nächsten 18 Monate wurde aus Iacoccas Vision der Mustang, der schließlich auf der New Yorker Weltausstellung im April 1964 vorgestellt wurde. Iacocca glaubte seinen Job sicher, wenn er 200.000 Einheiten im ersten Jahr verkaufen könnte. Aber schon am ersten Tag war klar, dass der Mustang ein voller Erfolg werden würde. Die Ford-Händler übertrafen innerhalb weniger Monate mit 250.000 ausgelieferten Mustangs Iacoccas anfängliches Verkaufsziel, und nach einem Jahr waren bereits 600.000 Exemplare verkauft. Schon im zweiten Jahr wurde die Millionengrenze überschritten.

Aber der Mustang war weit mehr als nur ein finanzieller Erfolg für Ford. Er war auch ein Phänomen, das schnell zu einer amerikanischen Ikone wurde. Der Mustang strahlte Sportlichkeit aus. Und für die Kunden war er mehr als nur ein neues Auto: er war ein Statement. Einen Mustang zu fahren, war absolut cool.

In den ersten vier Jahren verzichtete Ford auf gravierende Änderungen am so erfolgreichen Mustang, auch wenn neue Konkurrenzmodelle wie Camaro, Firebird und sogar der Cougar aus dem eigenen Haus dazu führten, dass der 1967er Mustang insgesamt größer ausfiel, sodass dann auch ein 390er Big-Block hineinpasste. Aber auch die 67er und 68er Modelle waren noch immer Mustangs mit ihren charakteristischen Merkmalen wie dem breiten, flachen Grill mit dem galoppierenden Pferd, dem klaren Profil mit den angedeuteten Lufteinlässen vor den Hinterrädern und den Dreifach-Rückleuchten. Und der Absatz stieg weiter: Bis zum Ende des 68er Modelljahrs hatten die Ford-Händler weit über zwei Millionen Mustangs verkauft.

Carroll Shelby erweiterte das Angebot 1965 um den G.T. 350 und 1967 um den Big-Block G.T. 500. Dank Shelby waren Mustangs in SCCA-Rennen erfolgreich, gewannen sogar die Meisterschaft in der beliebten Trans-Am-Serie. Mit der ab dem ersten Halbjahr 1968 optional für den GT erhältlichen 428-Cobra-Jet-Maschine enterte der Mustang endgültig die aufkeimende Muscle-Car-Szene, und aus dem ursprünglichen Pony Car war ein ernst zu nehmender Gegner auf dem Drag Strip geworden.

Heute sind die Mustangs der Jahre 1965–1968 weltweit begehrte Oldtimer, von ihren Besitzern gehegt, gepflegt, zur Schau gestellt – und gefahren. Denn es ist immer noch cool, einen Mustang zu fahren.

1

1964-½ HARDTOP

FÜR LEE IACOCCA war das Design des 1965er Mustang Hardtop Kunst. Von der Seite gesehen erschien ihm der Mustang ebenso schön wie die Mona Lisa. Und auch in den frühen Anzeigen wurde der weiße Hardtop-Mustang immer und immer wieder im Profil vor einem schwarzen Hintergrund gezeigt, um die sexy Proportionen des neuen Pony Cars mit der langen Haube und dem kurzen Heck ins rechte Licht zu rücken.

Zwei Männer hatten besonders großen Anteil daran, dass Iacoccas Vorstellung von einem neuen, sportlichen Auto für die heranwachsende Baby-Boom-Generation Gestalt annahm. Fords Chef-Designer Joe Oros war gerade auf einem einwöchigen Seminar, als er erfuhr, dass Iacocca einen Designwettbewerb zwischen Fords drei Styling-Abteilungen – Ford, Lincoln-Mercury und Advanced Projects – ausgerufen hatte. Nach seiner Rückkehr rief Oros sein Ford-Design-Team, zu dem auch Gale Halderman gehörte, zusammen, um die Designvorgaben für Iacoccas neues Auto zu besprechen. »Ich bat sie, drei Design-Elemente zu berücksichtigen«, erinnerte sich Oros später. »Zunächst sollte die Front einen großen Lufteinlass im Stile eines Ferrari aufweisen, und wie bei einem Maserati sollte in der Mitte des Grills ein einprägsames Druckguss-Motiv prangen. Nummer zwei war, dass wir ernsthaft darüber nachdenken sollten, mit einem Lufteinlass vor den Hinterrädern Luft zu den hinteren Bremsen zu leiten. Und drittens sollten wir einen Thunderbird-artigen Aufbau in einer sportlichen viersitzigen Konfiguration anstreben.«

Halderman arbeitete an diesem Tag noch bis spät in der Nacht an der Neugestaltung des 1965er Galaxie. Weil Oros aber die Skizzen das von Iacocca gewünschten neuen Modells um 08.00 Uhr am nächsten Morgen brauchte, setzte Halderman sich abends um elf Uhr noch hin, um ein paar Entwürfe zu skizzieren. Am nächsten Morgen wählte Oros dann unter anderen tatsächlich auch einen von Haldermans nächtlichen Entwürfen dafür aus, in Ton geformt an Iacoccas Design-Wettbewerb teilzunehmen. Und wie schon erwähnt, entsprach Haldermans Design mit der langen Motorhaube und dem kurzen hinteren Überhang genau den Vorlieben Iacoccas, der zuvor schon das Design des 1956er Lincoln Continental Mark II bewundert hatte. Wie heißt es doch: »Eine lange Motorhaube signalisiert, dass darunter auch eine Menge Motor ist.«

Haldermans Entwurf sah unter anderem einen Lufteinlass vor den Hinterrädern und dreigeteilte Rückleuchten vor. Beides wurde in das Tonmodell übernommen, das Iacocca zusammen mit fünf weiteren Modellen der anderen Styling-Abteilungen am 16. August 1962 präsentiert wurde. »Als er unser fertiges Modell sah, rollte er seine Zigarre im Mund«, erzählte Halderman Jim Smart in einem Interview für *Mustang Monthly*. »Ich konnte das Funkeln in seinen Augen sehen, er freute sich wie ein Schneekönig.«

Das nach Haldermans Skizze angefertigte Tonmodell wurde später von Henry Ford II. genehmigt, und damit war der Mustang beschlossene Sache. Er sollte auf der New Yorker Weltausstellung im April 1964 der Öffentlichkeit vorgestellt werden.

Bis auf die optionalen Speichenräder ist Paul Seguras Wimbledon-weißer 1964½ Hardtop identisch mit dem »Mona Lisa«-Mustang, der so oft für Fords Werbung herhalten musste. In der Basisversion ausgestattet mit einem 170-Kubik-Zoll-Sechszylinder und Dreigang-Automatik, war Pauls Hardtop einer von Tausenden, die damals für »2.368 $ F.O.B Detroit«, wie es im Werbetext hieß, verkauft wurden. Der Mustang und seine Werbekampagne zählten zu den erfolgreichsten in der Automobilgeschichte, die Ford-Händler verkauften fast 700.000 Einheiten des 1965er Mustangs in dessen erweitertem 16-Monats-Produktionszyklus. Schon im Februar 1966, keine zwei Jahre nach seiner Einführung, waren eine Millionen Mustangs verkauft.

Pauls Hardtop rollte am 30. Juli 1964 vom Band, nur zwei Wochen, bevor die 1965er-Produktion begann. Zwar werden die zwischen dem 9. März und Mitte August 1964 gebauten Mustangs häufig (und streng genommen unrichtigerweise) als 1964½-Modelle bezeichnet, doch offiziell zählen auch sie zu den 1965ern, unterschieden wird hier lediglich zwischen »early« und »late«. Wegen seiner frühen Einführung etwa fünf Monate vor den üblichen Neuwagen-Vorstellungen im September fielen die Mustangs der »early«-Serie noch in Fords 1964er Produktionszyklus und unterscheiden sich deshalb auch in einigen Punkten von den Fahrzeugen der »late«-Serie. Insbesondere hatten die early 65er noch einen Gleichstrom-Anlasser-Generator, während die late 65er bereits mit einem effizienteren Wechselstromgeneratorsystem ausgestattet waren.

Als Paul seinen Hardtop im Jahr 1983 für 600 Dollar vom Vorbesitzer kaufte, war der Mustang nach Pauls Worten »ein hoffnungsloser Fall«. Eigenhändig – bis auf den Motor – restaurierte Paul in den folgenden zwei Jahren seinen Mustang. Und auch in den vergangenen 30 Jahren nahm er stetig weitere Verbesserungen vor – seinen eigenen Worten zufolge sind die Arbeiten an seinem Mustang auch heute »noch nicht abgeschlossen«.

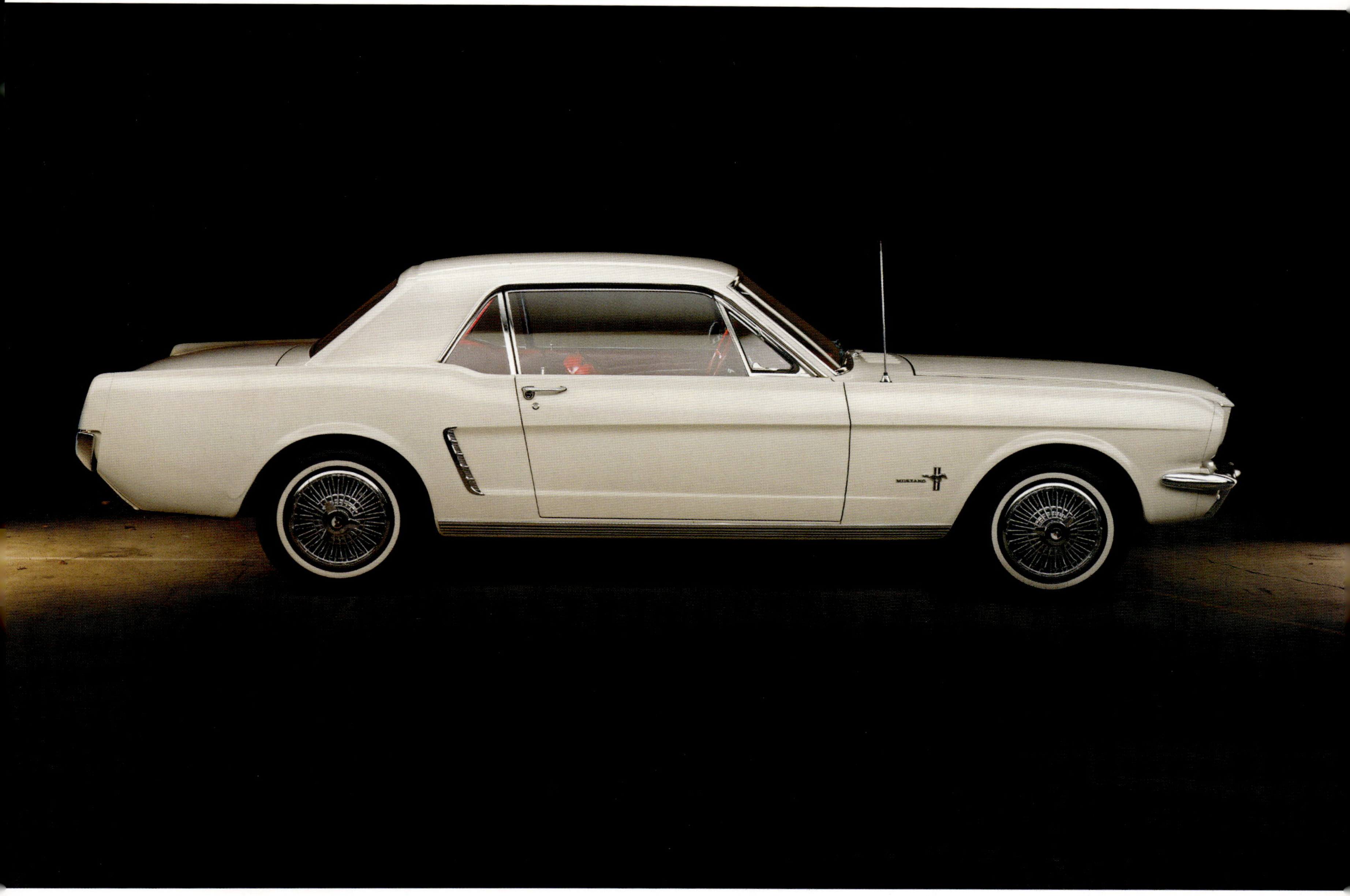

FRONT

Presenting the unexpected...
New Ford Mustang!
This is the car you never expected from Detroit. It is so distinctively beautiful it has received the Tiffany Award for Excellence in American Design, the first automobile ever to be so honored by Tiffany & Co. Mustang has the look, the fire, the flavor of one of the great European road cars. Yet it is as American as its name . . . and as practical as its price. Because Mustang is an amazingly versatile car and can be inexpensively tailored to the widest variety of individual tastes, many very different people will find it surprisingly easy to say: "This is the ideal car for me." Turn the page and you'll see why.

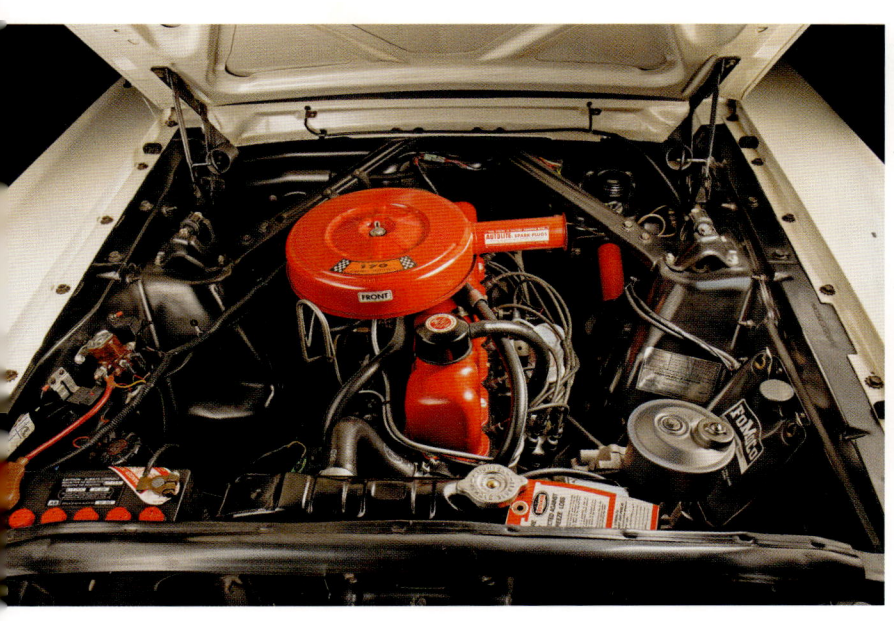

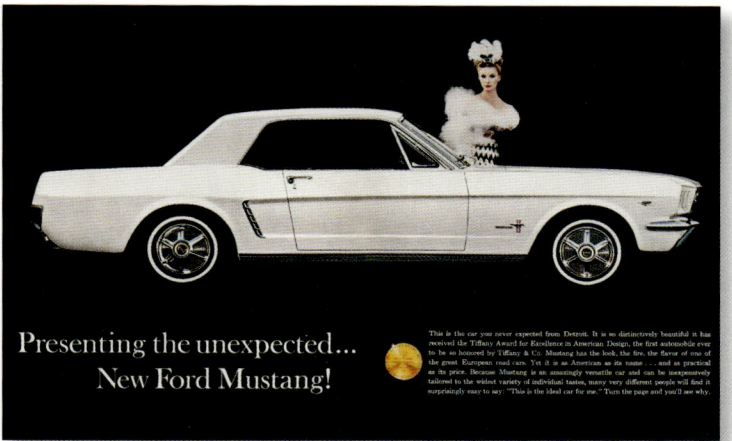

2

1965 GT350 SCHOOL CAR

NOCH BEVOR DIE COBRA oder der Shelby G.T. 350 Mustang entstanden, eröffnete Carroll Shelby eine Fahrschule auf dem alten Riverside International Raceway in Südkalifornien. Seine Karriere als Rennfahrer hatte er wegen einer Herzerkrankung aufgegeben, doch ganz wollte der 37-jährige Shelby dem Rennsport nicht abschwören. Er erinnerte sich daran, dass er in seiner Anfangszeit als Rennfahrer selbst ein paar gute Ratschläge hätte gebrauchen können, und so reifte in ihm die Idee zu einer »Carroll Shelby School of High Performance Driving«, deren Türen sich Anfang 1961 für angehende Rennfahrer öffneten.

Der junge Peter Brock war zur richtigen Zeit am richtigen Ort, als Shelby jemanden suchte, der die Schule betreiben konnte. Schülern, die kein eigenes Auto mitbrachten, stellte Brock zunächst einen Austin-Healey Sprite und einen BMC Formel Junior zur Verfügung, aber die wurden bald durch Cobras ersetzt, die berühmten Sportwagen, die Shelby im Rahmen seines »anderen« Projekts entwickelte. Während er selbst Cobras testete oder als Co von Shelbys Testfahrer Ken Miles fungierte, stellte Brock den ersten Lehrplan für die Fahrschule auf. Er beinhaltete die Vermittlung von Grundlagen wie der richtigen Sitzhaltung über Scheitel-, Wende- und Bremspunkte bis hin zum Driften und ganz allgemein zur Fahrzeugbeherrschung. Ein Kurs dauerte fünf Tage und kostete 500 Dollar, 1000 Dollar, wenn ein Fahrschulfahrzeug zur Verfügung gestellt werden musste.

Als sie eröffnet wurde, war die Carroll Shelby School of High Performance Driving die einzige Fahrschule ihrer Art in den Vereinigten Staaten. Mit Instruktoren wie Bob Bondurant oder John Timanus galt sie schon bald als eine der Top-Adressen in der ganzen Welt.

Später zog die Schule zum Willow Springs International Raceway, wo im Jahr 1965 drei Shelby Mustangs G.T. 350 (mit den FINs 5021, 5029 und 5451) als Schulungsfahrzeuge eingesetzt wurden. Sie entsprachen im Wesentlichen den Straßenversionen, waren aber mit Renn-Upgrades aus dem Shelby-Rennshop ausgestattet, darunter ein Vier-Punkt-Überrollbügel, größere Kühler und die Frontschürze aus dem R-Modell mit ihrer verbesserten Kühlleistung für Motor und Bremsen. Größere 120-Liter-Kraftstofftanks wurden ebenfalls hinzugefügt, damit Ausbilder und Fahrschüler ihre Lektionen nicht zum Tanken unterbrechen mussten.

Aufzeichnungen des Shelby American Automobile Clubs zufolge wurde der zweite Fahrschul-GT-350 (5029) am 8. Januar 1965 bei Shelby American's Venice in Kalifornien fertiggestellt und dann an Hi-Performance-Motors geliefert, ein Autohaus, das ebenfalls Carroll Shelby gehörte, bevor er an die Fahrschule verkauft wurde. Mit der Aufschrift »Carroll Shelby School of High Performance« auf den Türen und den vorderen Kotflügeln diente der G.T. 350 als Schulungsfahrzeug, bis Shelby die Leitung der Fahrschule an Bondurant übergab, der sie als »Bondurant School of High Performance Driving« im Februar 1968 wiedereröffnete. Die Bondurant-Fahrschule, inzwischen in Phoenix angesiedelt, ist auch heute noch in Betrieb.

20 DIE FRÜHEN MUSTANGS

1965 GT350 SCHOOL CAR

Wie alle 1965er G.T. 350 wurde auch 5029 von der 306 PS starken »Cobra«-Version des 289er-Small-Blocks angetrieben. Shelby American modifizierte den Wagen mit den üblichen Zutaten: GFK-Motorhaube mit Lufthutze, Tieferlegung mit Koni-Stoßdämpfern, Zugstangen hinten, Drehzahlmesser und Öldruckanzeige, Renn-Sicherheitsgurte und Entfall der Rücksitzbank machten den G.T. 350 zu einem Zweisitzer mit Zulassung für SCCA-Rennen.

Als Bruce Kawaguchi 5029 von dessen zweitem Eigentümer im Jahr 1974 erwarb, war es nur ein alter Shelby, dem der Antriebsstrang, die Motorhaube, Kotflügel und Teile des Interieurs fehlten. Immerhin, die Überrollbügel und der 120-Liter-Tank waren noch an ihrem Platz, ebenso die auf die Türen gemalte Startnummer »77« auf ovalen Hintergrund. Als Bruce die Startnummern abschleifen wollte, entdeckte er darunter die blauen Buchstaben »High-Perf...«. »Ich habe den Schriftzug anhand von Fotos in einer alten Ausgabe von Car & Driver erkannt«, sagt Bruce. Später war er in dann der Lage, die Fahrschul-Geschichte seines Autos zu belegen.

Die Restaurierung begann 2001, wurde aber erst im Jahr 2010 abgeschlossen, gerade rechtzeitig für eine Präsentation beim 35. SAAC-Treffen auf dem Infineon Raceway. Der Wagen befindet sich jetzt wieder in dem Zustand, in dem er auch von der Carroll Shelby School of High Performance Driving eingesetzt wurde. »Ich wollte keinen Schönheitspreis mit ihm gewinnen«, fügt Bruce hinzu, »ich wollte mit ihm wieder auf die Rennstrecke!«

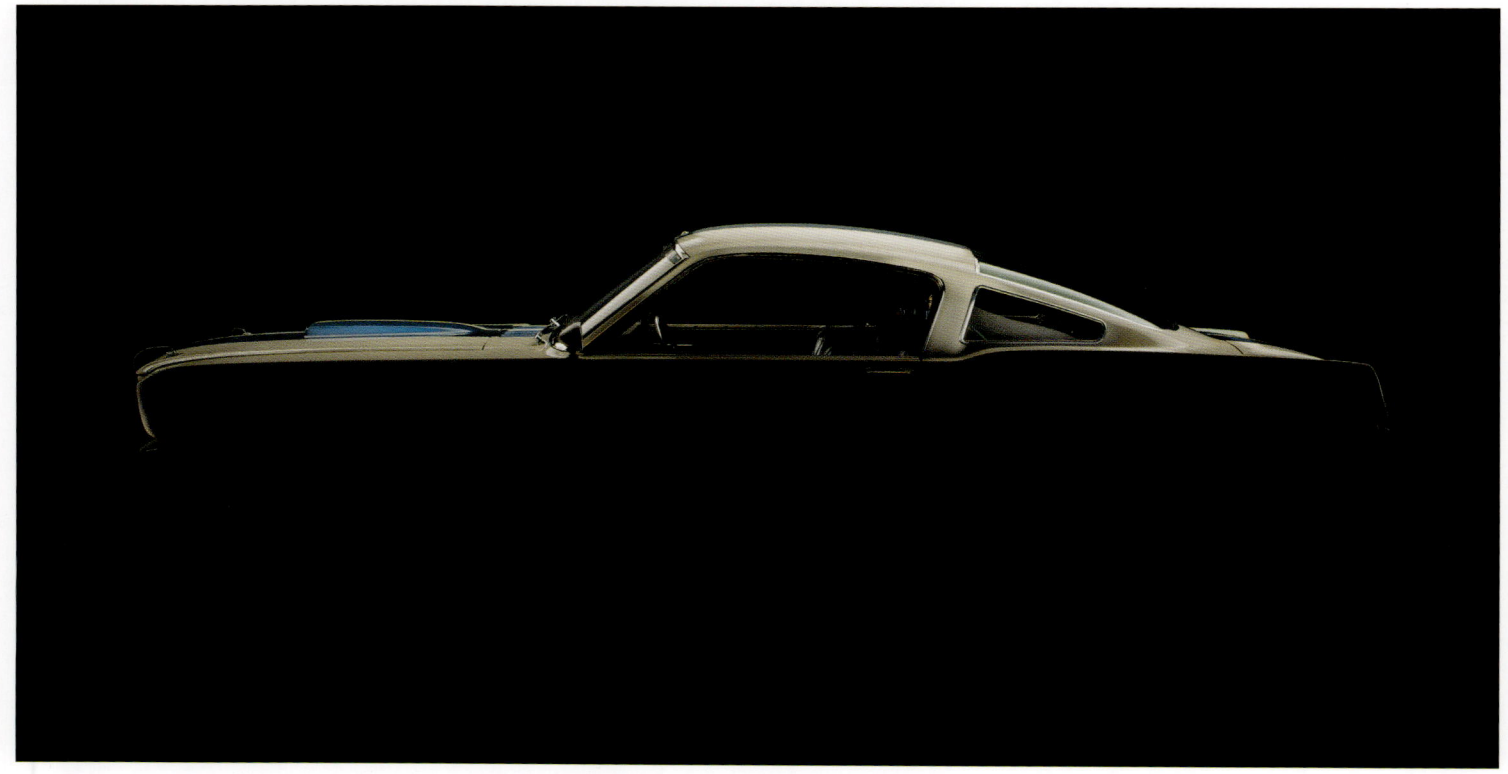

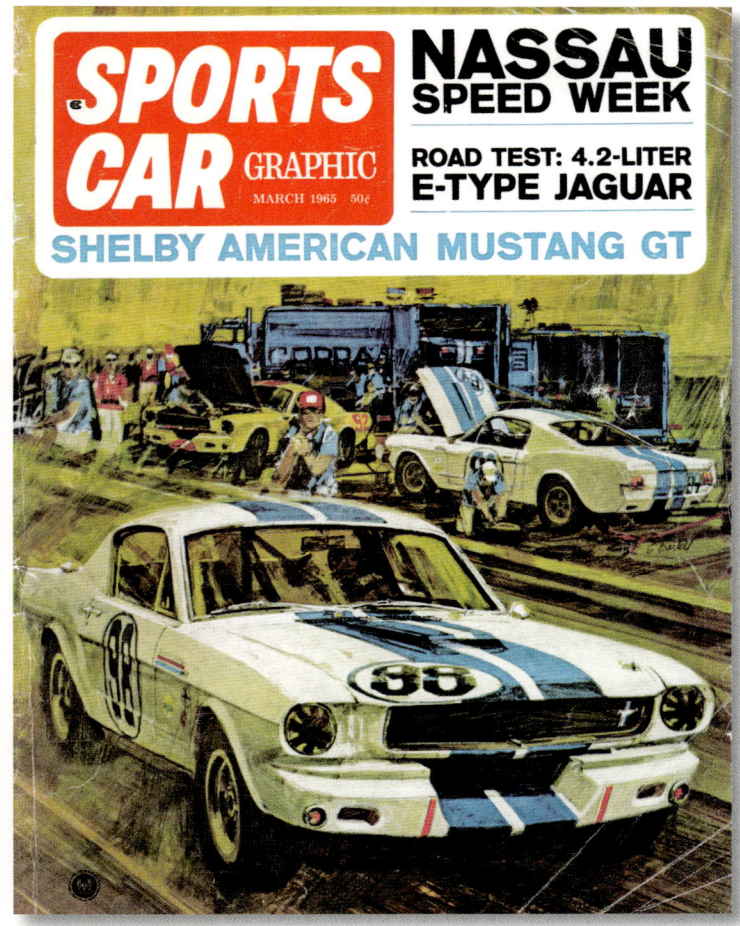
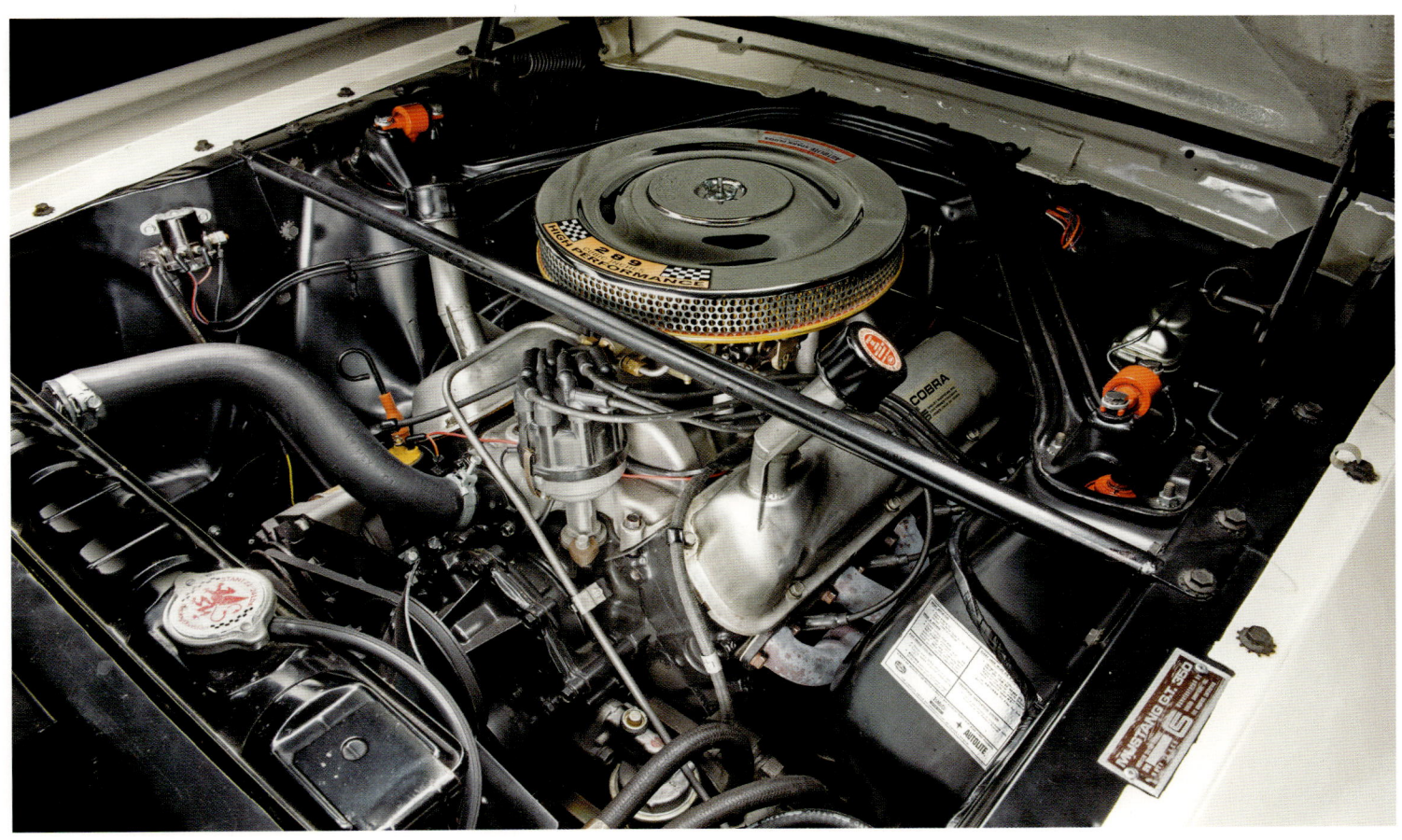

1965 GT350 SCHOOL CAR 23

3

1965 HARDTOP 289

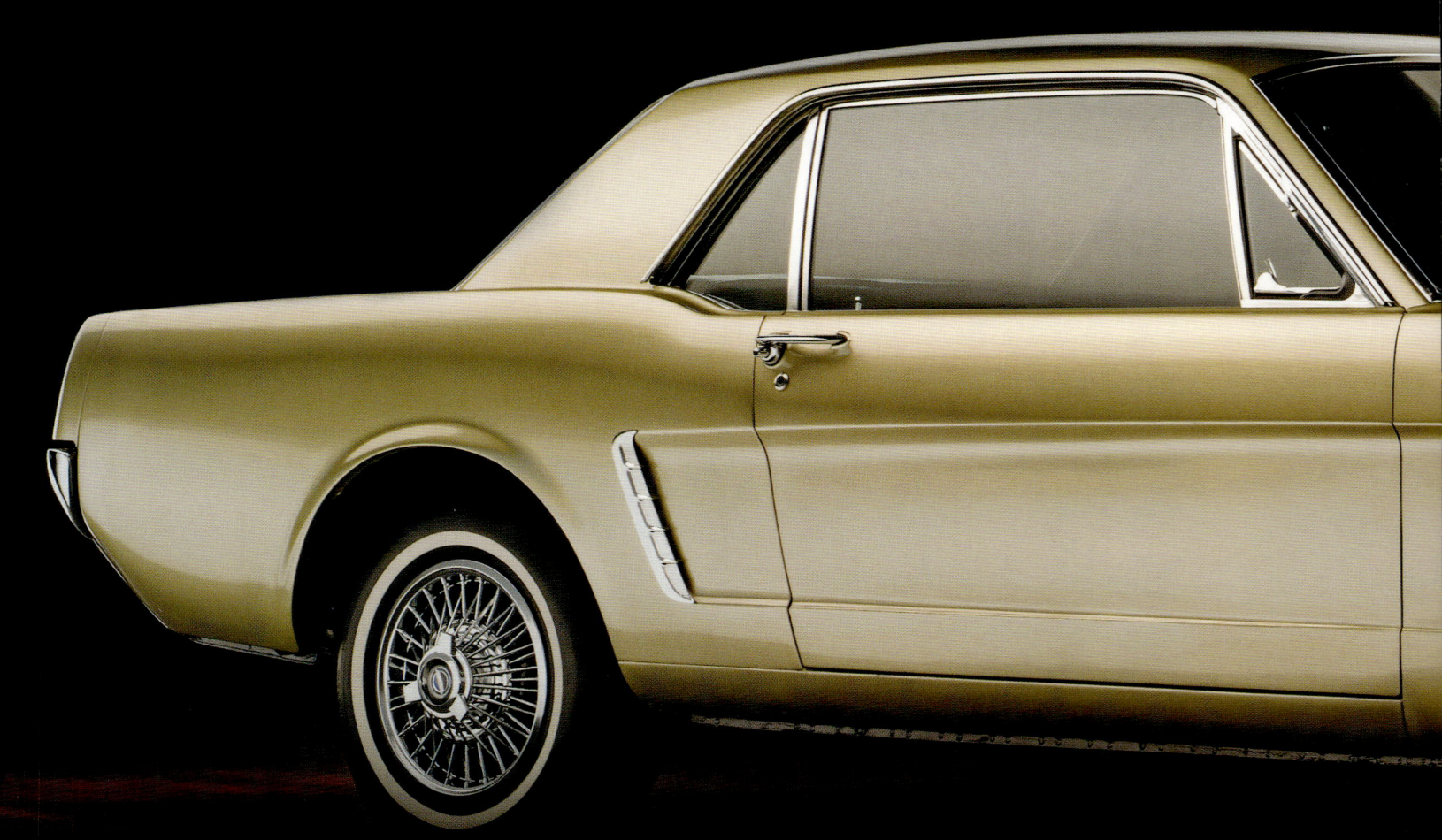

SIE GEHÖREN EINFACH ZUSAMMEN: Die Zahl 289 (für den Hubraum in Kubikzoll) und der Mustang.

Als der 1965er Mustang am 17. April 1964 rund fünf Monate vor den 1965er Fords vorgestellt wurde, standen für den Antrieb die 64er-Motoren aus dem Ford-Regal zur Verfügung: ein 170-Kubikzoll-Reihen-Sechszylinder, ein 260er V8 mit Doppel- und der 289er V8 mit Vierfachvergasern in der Standard- und in der Hi-Performance-Variante mit mechanischen Stößeln. Als Ford im Herbst dann die 1965er-Produktion aufnahm, wurde der 260er durch einen ebenfalls mit Doppelvergasern bestückten 289er ersetzt, und fortan war diese Hubraumgröße für immer mit der ersten Mustang-Generation der Jahre 1965–1966 verknüpft.

1965 war der 289er der jüngste Spross der Small-Block-Motoren aus der Ford-Windsor-Reihe, die im Jahr 1962 mit 221 Kubikzoll die schweren, sperrigen und veralteten Y-Block-V8 abgelöst hatten. Mit dem Trend zu kleineren Autos wie dem Fairlane und dem Falcon benötigte Ford auch einen leichten, kompakten V8 für seine Fahrzeuge. Die wegen ihres Ursprungs im Ford-Motoren-Werk in Windsor, Ontario, als »Windsor« bezeichneten V8-Motoren waren im fortschrittlichen Dünnwandgussverfahren hergestellt, weshalb die neuen 221er erheblich kleiner und leichter waren als ihre massiven Vorgänger. Mit Keilköpfen und Doppelvergaser 145 PS leistend, wurden die 221er zunächst im Fairlane und im Mercury Meteor verwendet.

Die Vergrößerung des Hubraums der Windsor-Motoren begann Mitte 1962 mit einem Anstieg auf 260 Kubikzoll. Die damit einhergehende Leistungssteigerung auf nunmehr 164 PS war notwendig geworden, um auch die großen Ford-Modelle noch angemessen motorisieren zu können. Der 260er wurde später im Fairlane, im Falcon und dann zunächst auch im neuen 1965er Mustang eingebaut.

Wirklich bekannt aber wurde der Windsor-Motor mit seinem 1963 neuerlich auf nunmehr 289 Kubikzoll vergrößerten Hubraum. Ob nun mit Doppel- oder mit Vierfachvergasern, die 289er liefen fortan in dem meisten Fords, und als Option war ein 289er mit Autolite-Vierfachvergaser und 210 PS auch für den 1964½ Mustang erhältlich. 1965 und 1966 war der 289 im Mustang mit Doppelvergaser und 200 PS erhältlich oder mit Vierfachvergaser und entweder 225 oder – in der High-Performance-Variante – mit 271 PS.

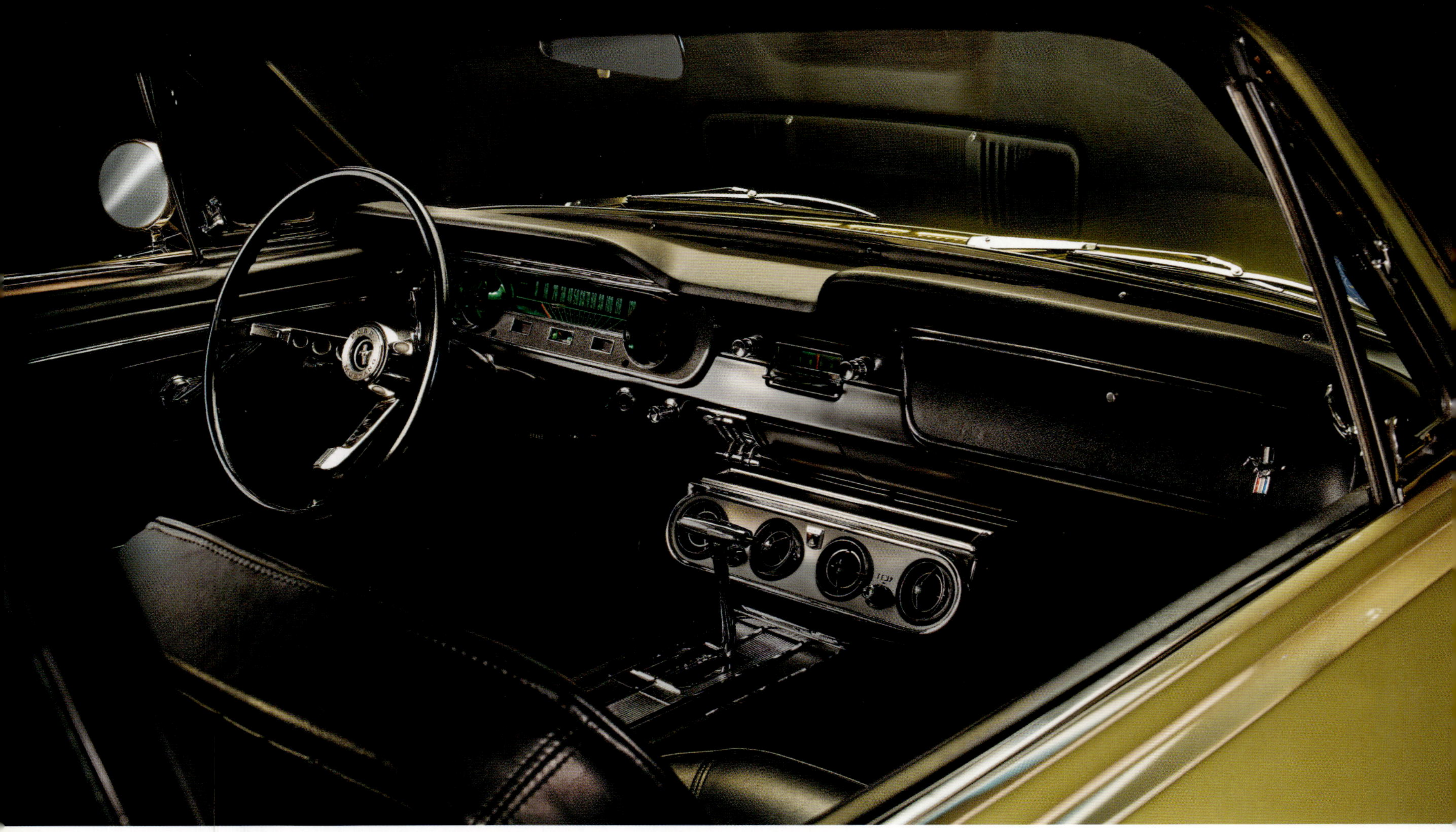

RIDE WALT DISNEY'S MAGIC SKYWAY AT THE FORD MOTOR COMPANY PAVILION, NEW YORK WORLD'S FAIR
New luxury instrument panel
New integral arm rests—courtesy lights
Handsome inserts of embossed vinyl
New sports steering wheel
New luxury interior for Mustang
A PRODUCT OF Ford MOTOR COMPANY
Total Performance Mustang GT Hardtop
New luxury interiors, new GT performance package for America's favorite sports car
Design yourself a luxury Mustang ... or a sports Mustang ... at your Ford Dealer's. Take any Mustang—hardtop, convertible, 2+2. Want it more luxurious? Order our new luxury interior option and here's what you'll get ■ new instrument panel with wood-grained vinyl trim ■ new bucket seats with handsome embossed vinyl inserts ■ custom sports-steering wheel with chromed "rivets." Want more? Add Cruise-O-Matic, air conditioning, deluxe wheel covers. There is almost no limit to the luxuries you can design into your favorite Mustang.
Design a Mustang GT! Here's what comes (and goes!) with the new Mustang GT performance package ■ 225-hp. V-8 with 4-barrel carburetor ■ 5-speed, fully-synchronized stick shift ■ special GT grille with built-in fog lamps ■ unique GT insignia on front fenders ■ GT 5-dial instrument cluster, including ammeter and oil gauge ■ distinctive GT paint stripe ■ dual exhaust system with chrome "trumpet" extensions ■ front-wheel disc brakes ■ special handling package. If that's not enough, you can order the GT package with the 271-hp., solid-lifter High Performance V-8 and 4-speed stick shift. Rally-Pac (combination tachometer and clock), and more. Design yourself a Mustang GT at your Ford Dealer's: hardtop, convertible, or fastback 2+2!
MUSTANG
Unique Ford GT stripe—badge of America's greatest total performance cars!

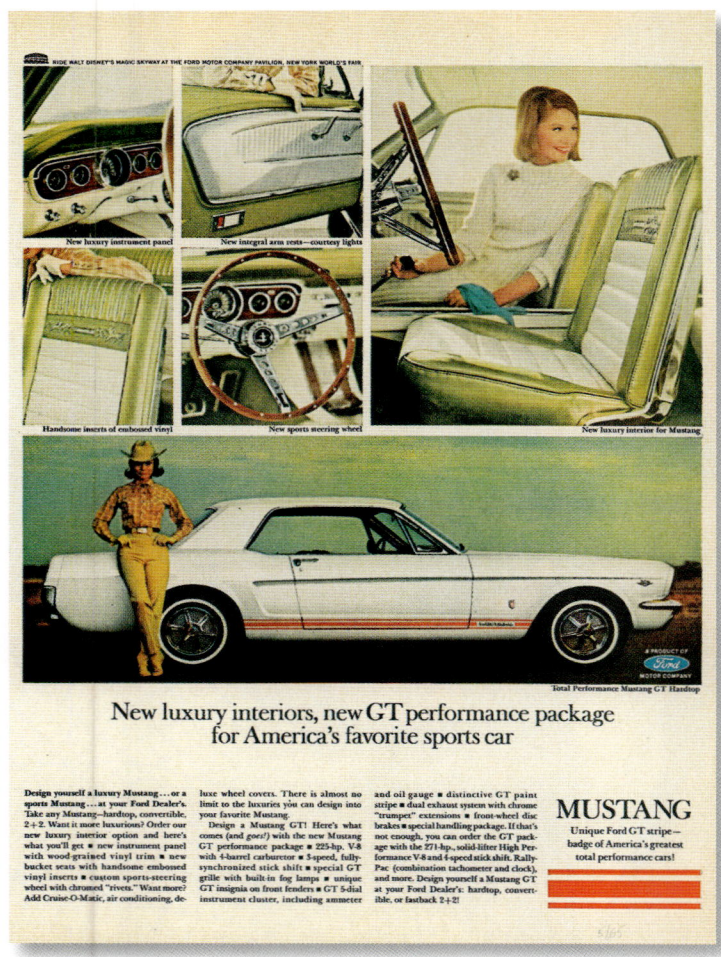

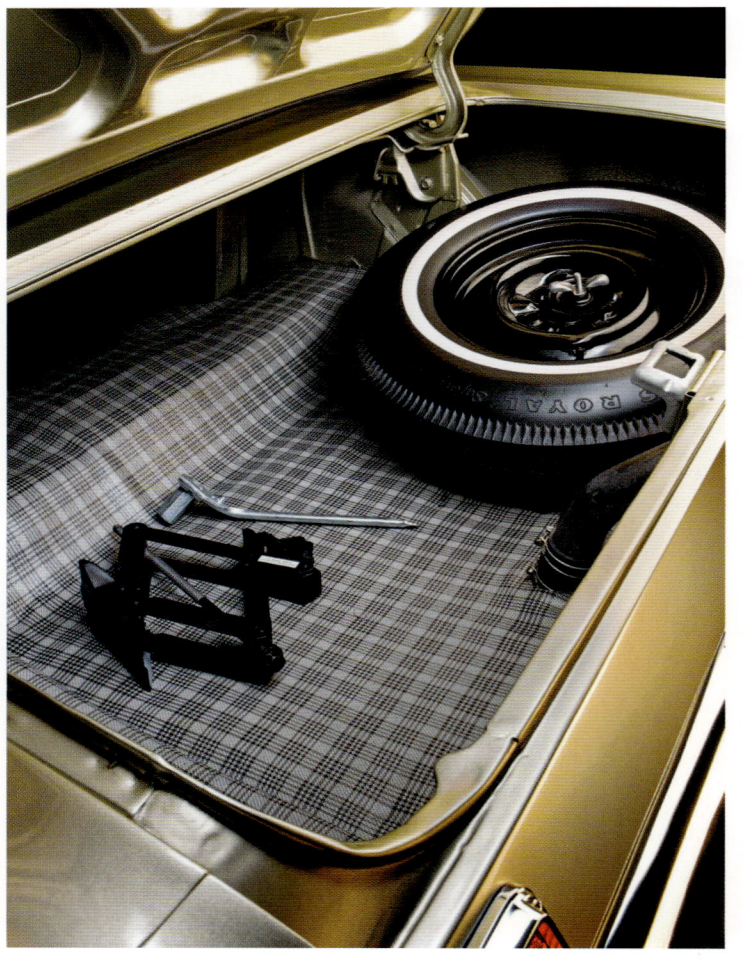

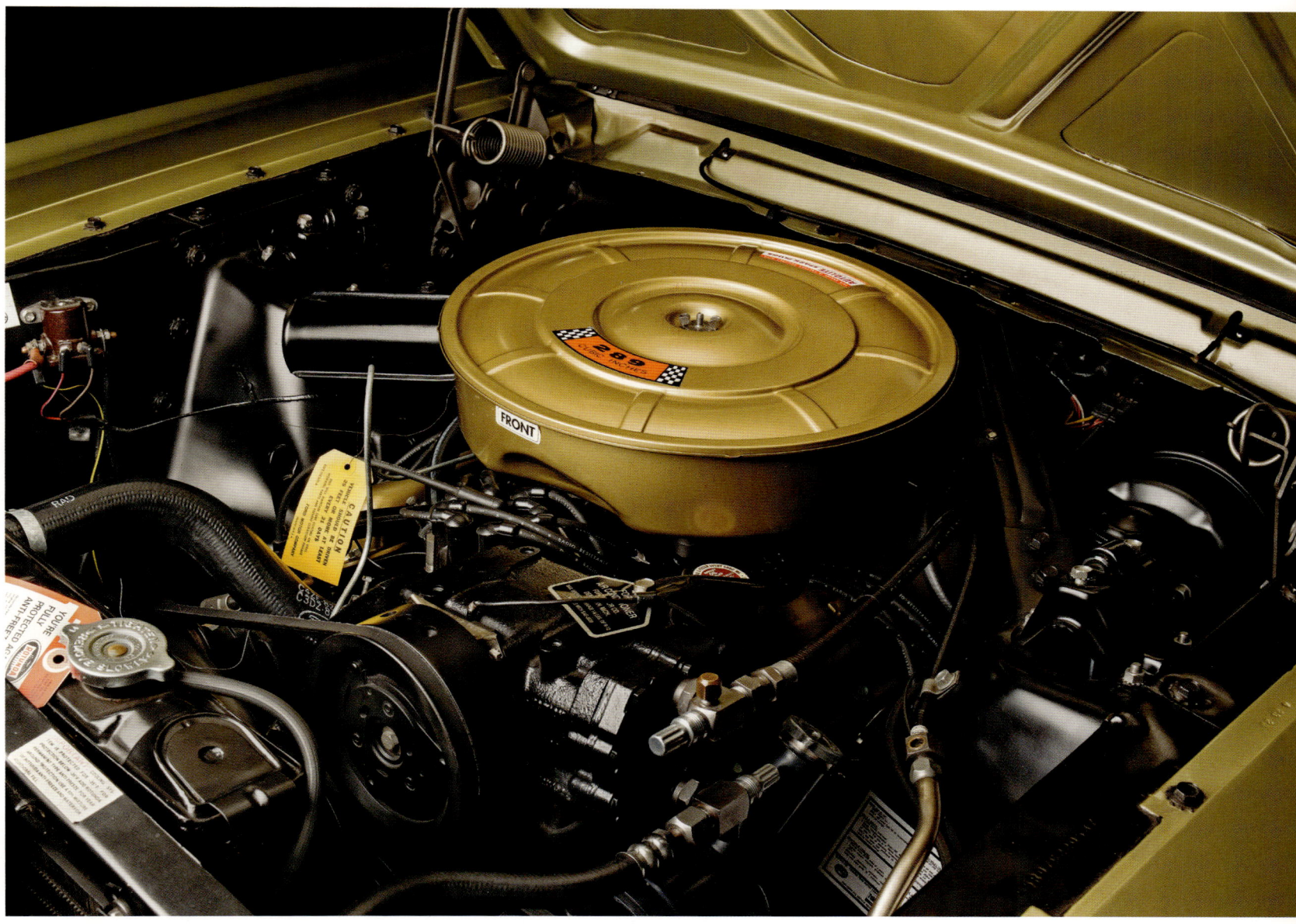

Der 289er in Paul Seguras honiggoldenem 1965 Hardtop ist die Basisversion mit Doppelvergaser, wie sie den Großteil der V8-Mustangs 1965 und 1966 antrieb. Pauls 289er weist in der fünfstelligen Fahrzeug-Identifikationsnummer den C-Code auf, ist mit Servopumpe und Klimakompressor ausgestattet und bis ins Detail makellos restauriert entsprechend den Wettbewerbsstandards des Mustang Club of America. 1965 kennzeichnete Ford seine Triebwerke noch mit unterschiedlichen Farbmarkierungen, und so glänzt auch Pauls 289er wieder mit einem original-schwarzen Motorblock, goldenem Luftfilter und goldenem Ventildeckel.

Paul fand seinen Hardtop in Huntington Beach, Kalifornien, im Jahr 1990, und er entschloss sich sehr bald, ihn von Grund auf zu restaurieren. »Ich bin stolz darauf, klassische Mustangs wieder in ihren ursprünglichen Zustand zu versetzen«, sagt Paul, der beim Mustang Owners Club of California als stellvertretender Oberschiedsrichter fungiert. »Alles an diesem Wagen ist original, bis hin zu den Bremszylindern.«

Pauls Mustang war ab Werk gut ausgestattet mit Servolenkung und -bremsen, Klimaanlage, Speichenrädern, Warnblinkanlage und Rückfahrscheinwerfern. Mustangs mit dem Doppelvergaser-289er wurden in der Regel mit einem einzigen Schalldämpfer und Auspuff ausgestattet, aber Pauls wurde mit dem optionalen Doppelrohr-Auspuff bestellt.

Interessanterweise wurde Pauls Hardtop im Ford-Montagewerk in San Jose, Kalifornien, gebaut, und dann quer durchs Land zu einem Ford-Händler in Jacksonville, Florida, verbracht. Kurz nach dem Kauf aber zog der ursprüngliche Besitzer nach Kalifornien und brachte seinen Mustang wieder dorthin zurück. Seither ist der Wagen immer in Kalifornien geblieben, was auch sein original blau-gelbes kalifornisches Nummernschild signalisiert.

Der 289er war das meistverbaute Triebwerk im Mustang, bis er 1968 durch einen 302-Kubikzoll-Windsor ersetzt wurde. Abgesehen vom Jahr 1974 hat es drei Jahrzehnte lang, von 1965 bis 1995, immer zumindest einen Windsor-Motor für den Mustang gegeben, zuletzt den legendären 5-Liter High Output (HO).

4

1966 SHELBY GT350H

IM JAHR 1966 änderte Ford die Zielsetzung für den Shelby G.T. 350. Ein Jahr zuvor wünschte Ford-Präsident Lee Iacocca einen Rennstammbaum für seinen neuen Mustang, den Shelby American eindrucksvoll lieferte, als ihr 1965er G.T. 350 die SCCA B-Production-Meisterschaft gewann. 1966 nun wollte Ford Kapital aus den Rennerfolgen schlagen: es sollten mehr G.T. 350 mit einer größeren Gewinnspanne verkauft werden. Das führte zu den seitlichen Lufteinlässen und den hinteren Seitenfenstern, anhand derer sich die hochpreisigen Shelbys von den Standard-Mustang-Fastbacks unterscheiden ließen. Auf der anderen Seite wurden zur Kosteneinsparung unter anderem die spezielle Auspuffanlage und die Zusatzinstrumente aus dem Cockpit der 65er Shelbys wieder gestrichen. Um zudem ein noch breiteres Publikum anzusprechen, erweiterte Shelby American auch die Farbpalette (1965 waren seine Mustangs alle weiß), baute die Rückbank wieder ein, stimmte das Fahrwerk komfortabler ab und fügte ein Automatikgetriebe zur Optionsliste hinzu.

Sicher hätten diese Änderungen allein dafür ausgereicht, dass Shelby American 1966 mehr als die 562 Einheiten des Vorjahres verkauft hätte. Aber dann trat die Hertz Corporation, die gerade erst ihre Mietwagenflotte von General Motors auf Ford umgestellt hatte, an Shelby mit dem Wunsch heran, G.T. 350 für das Hertz-Sports-Car-Club-Programm zu liefern. Und nachdem Verkaufsleiter Peyton Cramer einen schwarzen G.T. 350 mit Goldstreifen an Hertz ausgeliefert hatte, also einen Wagen in genau der Farbkombination, die Hertz bei der Unternehmensgründung im Jahr 1925 zur Kennzeichnung seiner Mietwagen verwendet hatte, erhielt Shelby American den Auftrag, Hertz 200 Shelby Mustangs zu liefern, umbenannt in G.T. 350H – »H« wie Hertz, natürlich. Aber damit nicht genug: Völlig unerwartet gab es von Hertz einen zweiten Auftrag über weitere 800 Autos, und so hatte Hertz 1966 ganz allein dafür gesorgt, dass die Zahl der im Jahr zuvor verkauften Shelby G.T. 350 fast verdoppelt wurde.

Von Ende 1965 bis Anfang 1967 konnte man die 1966er Shelby G.T. 350H Mustangs bei Hertz für 17 Dollar pro Tag plus 17 Cent pro Meile mieten. Danach wurden die meisten der Autos über Shelby Americans Ford-Händler-Kette als Gebrauchtwagen verkauft. Heute sind sie begehrte Sammlerautos, nicht nur als Shelbys, sondern auch wegen ihrer einzigartigen Geschichte als Mietwagen.

Im Laufe der Jahre entstand eine Reihe von Mythen über die G.T. 350H Shelbys. Es gibt viele Geschichten von Hertz-Shelbys, die übers Wochenende gemietet wurden, um damit Rennen zu fahren, bevor sie am Montagmorgen wieder abgegeben wurden, und manche davon dürften sicherlich wahr sein. Und einige Exemplare sollen Berichten zufolge bei Hertz mit 289er Doppelvergaser-Motoren abgegeben worden sein, nachdem der Mustang-Mieter das Shelby-306-PS-High-Performance-Triebwerk aus dem Miet- in seinen persönlichen Mustang verpflanzt hatte ...

1966 SHELBY GT350H

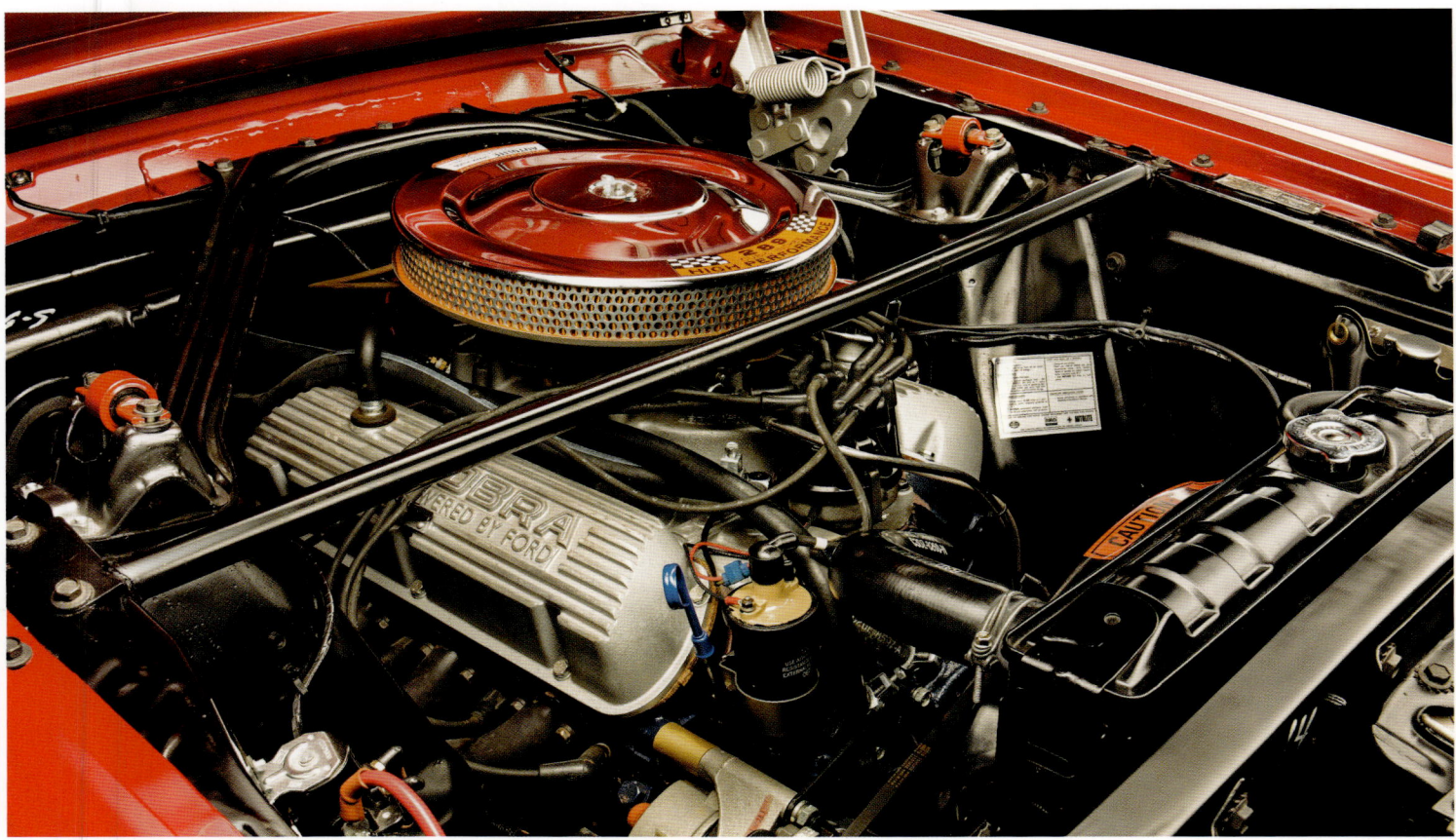

Einem anderen Gerücht zufolge sollen alle 1966er Hertz-Shelbys mit Automatikgetriebe ausgerüstet gewesen sein, aber die Aufzeichnungen des Shelby American Automobile Club belegen, dass die ersten 85 Exemplare mit Viergang-Handschaltung ausgeliefert wurden. Und dass die meisten der Hertz-Shelbys ihre goldenen Streifen auf schwarzem Lack trugen, heißt nicht, wie manche irrtümlich glauben, dass alle G.T. 350H diese Farbkombination hatten: Fast ein Viertel der Hertz-Shelbys kam nicht in »Raven Black« daher, es gab auch 71 Autos in »Wimbledon White«, 60 in »Candy Apple Red«, 55 in »Sapphire Blue« und 58 in »Ivy Green«. Die goldenen Streifen allerdings trugen sie alle.

Daniel Swans 1966er G.T. 350H, 6S955, war in Candy-Apple-Rot lackiert. Ursprünglich an die Hertz-Station in Pensacola, Florida, ausgeliefert, überstand der Fastback sein Mietwagendasein relativ unbeschadet und wurde dem SAAC Shelby Registry zufolge schließlich an Del Angell verkauft. Mit nachträglich eingebautem Vierganggetriebe und der Dual-Quad-Ansaugbrücke aus der Cobra verbrachte das Auto einen Großteil seines Lebens in Georgia. Im Jahr 2009 ließ der nächste Besitzer, John Sparks, den Shelby von Grund auf restaurieren, auch ein Original-Automatikgetriebe wurde wieder eingebaut, bevor der Wagen in Daniels Besitz überging.

Dank der Hertz-Aufträge produzierte Shelby American 1966 genau 2378 G.T. 350, also mehr als genug, um Fords Wunsch nach Umsatz- und Gewinnsteigerung mit dem Shelby-Mustang-Programm zu erfüllen.

1966 SHELBY GT350H   35

5

1966 GT351 DRAG CAR

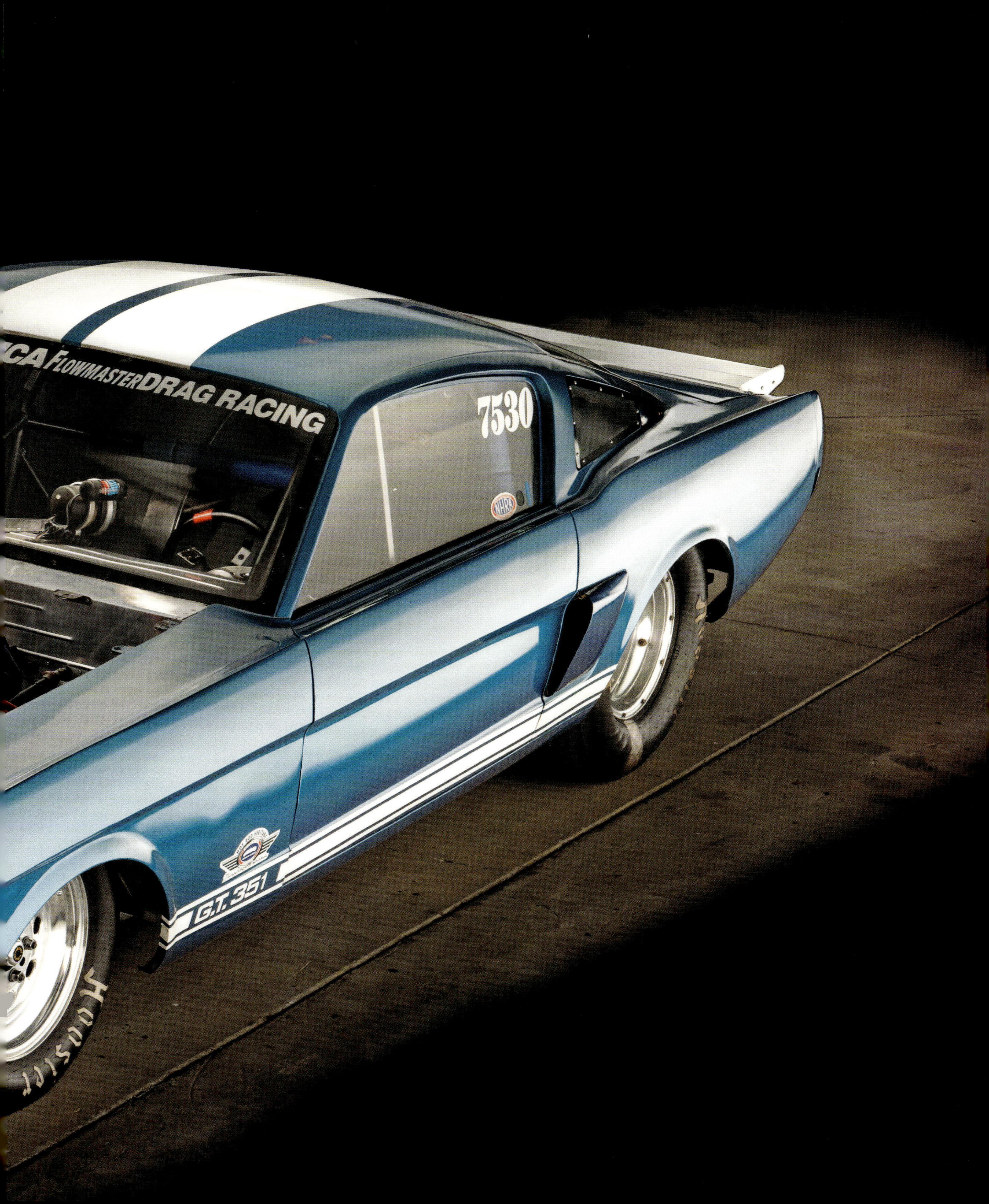
FLOWMASTER DRAG RACING
7530
NHRA
G.T. 351

38 DIE FRÜHEN MUSTANGS

DASS DIE MEISTEN MUSTANGS in diesem Buch entweder ausgesprochen gut erhalten oder wieder in ihren Originalzustand versetzt worden sind, bedeutet keineswegs, dass allen Mustangs eine solch liebevolle Behandlung zuteilwurde. Vielmehr schufteten viele Exemplare aus den 1960er Jahren als ganz normale Alltagsautos, bevor sie auf Schrottplätzen oder in Metallpressen landeten. Nur besonders glückliche Exemplare überlebten bis in die 1970er und 1980er Jahre, bevor vor allem die Fastbacks und Cabrios bei Liebhabern zu Sammlerautos avancierten. Die stärksten, wie die Shelbys, die Boss-Modelle oder die 428 Cobra Jets Mach 1, werden heute zu Höchstpreisen gehandelt.

Oft wurden gebrauchte Mustangs zu Rennwagen umfunktioniert, günstig gekauft auf Hinterhöfen oder Parkplätzen, um dann – entsprechend aufgemotzt – bei Beschleunigungs- oder auch Rundstreckenrennen eingesetzt zu werden. Im Süden wurden die Small-Blocks aus dem Boss 302 in Stock-Car-Fords eingebaut, damit ihre Fahrer an den Samstagabenden auf den Feldwegen mit den Camaros mithalten konnten. Und nicht wenige Hardtops wurden mit riesigen Lufthutzen und überbreiten Slicks bei Beschleunigungsrennen (drag races) über die Viertelmeile gejagt.

Während der 1970er Jahre wurde in San Antonio, Texas, ein gebrauchter Mustang vor der Schrottpresse gerettet und zu einem Drag Car umgebaut. Seitdem tobt sich der 1966er Fastback in der Shelby G.T. 350 Originallackierung, der heute mit Carl »Bernie« Bernstein und J. Bittle gleich zwei Besitzer aufweisen kann, auf Drag Strips von Texas bis nach Kalifornien aus und brennt dort sein Gummi in die Viertel- oder Achtelmeilen. Und auch heute noch nehmen beide Eigentümer immer wieder abwechselnd an solchen Beschleunigungsrennen teil.

»Seit den 1970er Jahren ist das ein Rennwagen, und im Laufe der Zeit wurde er immer weiter verbessert«, erklärt J. Bittle. »Die leichtere Vorderradaufhängung aus dem Mustang II wurde in den 1980er Jahren installiert, und aus Sicherheitsgründen habe ich einen Rohrrahmen und eine Vierlenker-Hinterachse eingebaut, nachdem ich ihn gekauft hatte.«

J. Bittle ist stolz auf die Tatsache, dass sein Auto keine Fiberglaskarosserie hat wie so viele der heutigen Doorslammer Drag Cars (Drag Cars mit funktionstüchtigen Türen). »Es ist ein richtiges Auto«, betont J. Bittle und weist darauf hin, dass sein Fastback noch eine Originalkarosserie aus Blech besitzt – abgesehen von der Glasfaser-Front. Kein echter G.T. 350, ist dieser Fastback in den Shelby-Farben Saphir-Blau mit »G.T. 351«-Seitenstreifen und Over-the-Top-LeMans-Streifen in Wimbledon-Weiß lackiert. Eine R-Modell-Frontschürze sorgt für bessere Kühlung, ein Heckflügel hält das Auto bei Höchstgeschwindigkeit stabil.

Bittles Firma »J. Bittle American (JBA) Racing« baute den 393-Kubikzoll-Motor, ausgehend von einem 351er Cleveland-Block, der unter anderem eine Kurbelwelle mit größerem Hub verpasst bekam sowie Ford Racing A-3 High-Port Aluminium-Zylinderköpfe und einen 1150 cfm Holley-Dominator-Vierfachvergaser. Damit brachte die Maschine 705 PS bei 7000 Umdrehungen pro Minute auf dem Rollenprüfstand, genug, um den Fastback nach gerade einmal 9,40 Sekunden am Ende der Viertelmeile mit einer Geschwindigkeit von 147 Meilen pro Stunde zu stoppen. Auf der kürzeren Achtelmeile überquerte der Mustang die Ziellinie mit 115 Meilen pro Stunde nach 5,90 Sekunden.

Einst nur ein alter, gebrauchter Fastback, genießt der G.T 351 Mustang von J. Bittle und Carl Bernstein sein zweites Leben, in dem er mindestens einmal im Monat auf dem Auto Club Speedway in Fontana, dem Auto Club Raceway in Pomona oder dem Achtelmeilen Barona Drag Strip in Südkalifornien ein Rennen bestreitet.

1966 GT351 DRAG CAR 41

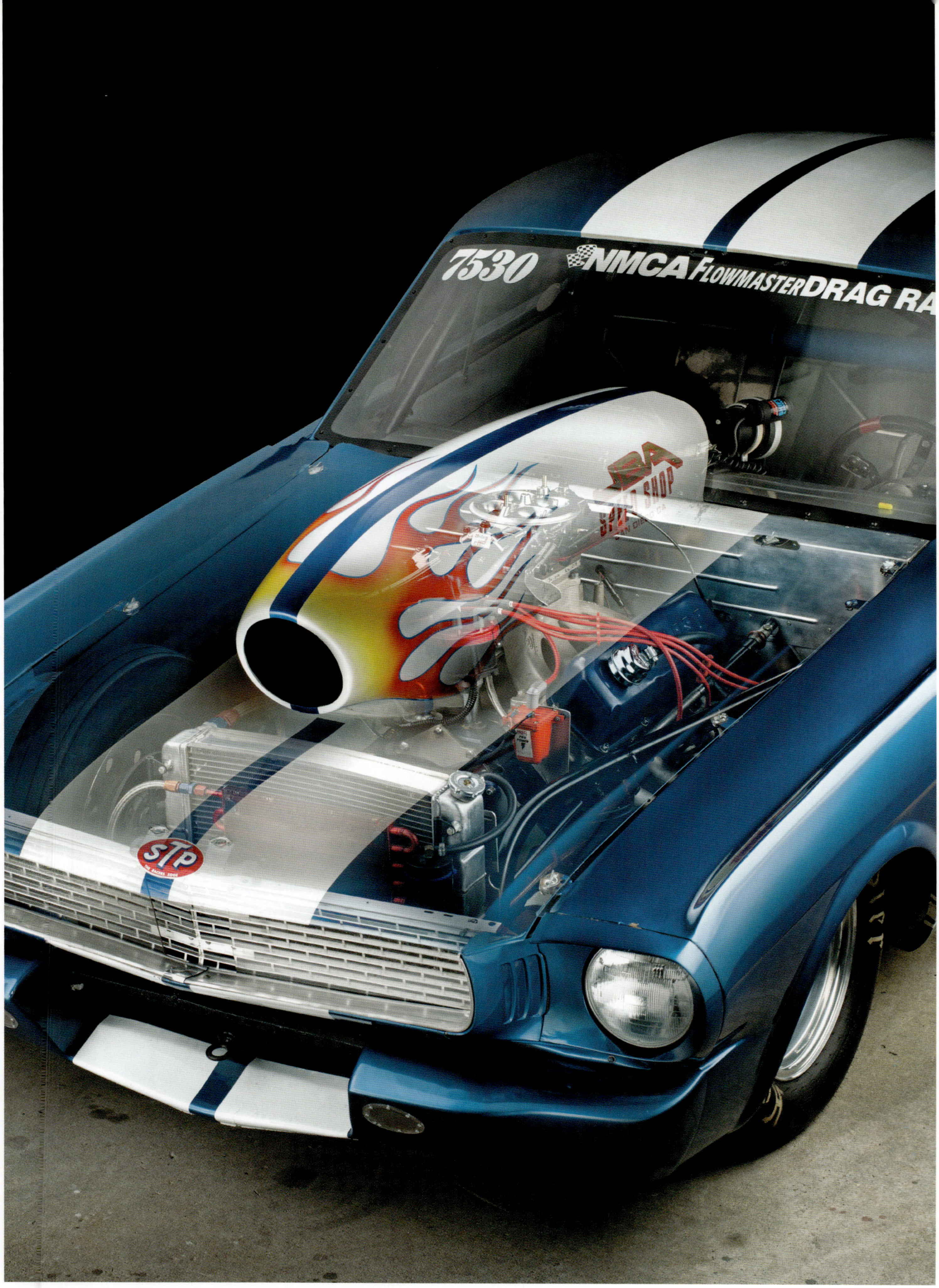
7530
NMCA FLOWMASTER DRAG RA
SPEED SHOP
STP

1966 GT351 DRAG CAR   43

6

1967 SHELBY GT350

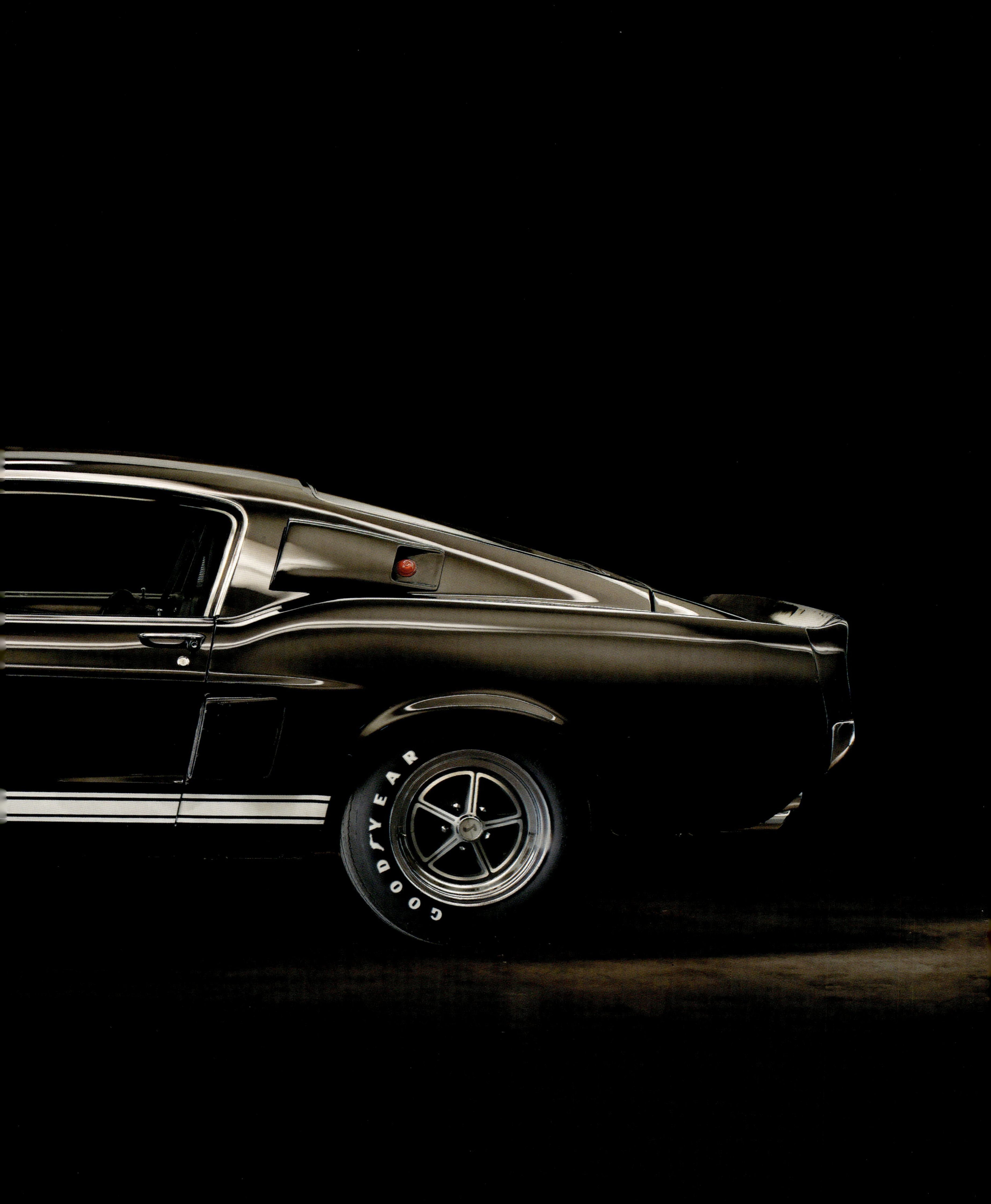
GOODYEAR

NACHDEM ER ZWEI JAHRE LANG aufgemotzte Shelby-Mustangs gebaut hatte, stellte Carroll Shelby fest, dass nicht etwa junge Angeber in T-Shirts die typischen Käufer für seine G.T. 350 waren, sondern Ärzte, Rechtsanwälte und Ingenieure, für die Status genauso wichtig war wie Leistung – und die auch bereit waren, dafür zu bezahlen. Sie wollten ein Auto, das anders und sportlicher als der Allerwelts-Mustang war. 1967 baute Shelby dieses Auto.

Hatten die 1965er und 1966er Shelby G.T. 350 im Grunde noch wie ein normaler Mustang Fastback mit Lufthutze und Zierstreifen ausgesehen, nutzte Shelby die Gelegenheit, dem modellgepflegten 1967er Mustang für seine G.T. 350 und G.T. 500 einen neuen, unverwechselbaren Look zu verpassen. Viele Karosserieteile waren bei der zweiten Generation von Shelby-Mustangs aus Fiberglas, die Frontpartie war um drei Zoll (7,5 cm) länger geworden, die Fernlicht-Scheinwerfer rückten in die Mitte des Kühlergrills und die nunmehr zweigeteilte Lufthutze auf der Motorhaube war nicht mehr nur aufgesetzt, sondern integriert. Aus dem Fiberglas-Kofferraumdeckel wuchs über den vom Cougar stammenden Rückleuchten ein kleiner Spoiler, seitlich waren neben der Heckscheibe zwei Hutzen platziert.

Konsequent veredelt, verfügten die 1967er Shelbys serienmäßig über das Aluminium-verzierte Deluxe-Interieur des Mustangs, dazu gab es ein Holz-Lenkrad und erstmals auch einen Überrollbügel und Automatik-Schultergurte. Servolenkung und Bremskraftverstärker gehörten ebenfalls zur Serienausstattung.

Shelby American pries 1967 in seiner Werbung vor allem den neuen G.T. 500 an, der den »Police Interceptor« genannten Motor mit 428 Kubikzoll (7 Liter) und zwei Vierfachvergasern unter der Haube hatte. Aber auch als G.T. 350 gab es den Shelby-Mustang noch ein weiteres Jahr, bestückt mit dem gleichen 289er High-Performance-Motor wie in den Vorjahren. Shelby American trimmte die 289er mit mechanischen Stößeln auf Cobra mit einem Aluminium-Ansaugstutzen, gekrönt von einem Holley Vierfachvergaser. Dagegen wurden die gusseisernen Abgaskrümmer aus dem High-Performance-Motor beibehalten. Gerippte Cobra-Aluminium-Ventildeckel rundeten den Shelby-Motor ab.

Jerry Titus hatte 1967 für die Märzausgabe der *Sports Car Graphic* den G.T. 350 mit dem G.T. 500 verglichen, und zwar insbesondere in Bezug auf die unterschiedlichen Handling-Eigenschaften der Small- und der Big-Block-Shelbys: »Der G.T. 500 fühlt sich schwerfälliger an«, berichtete er. »Der G.T. 350 ist in den Kurven deutlich schneller und stellt geringere Ansprüche an das fahrerische Können.«

DIE FRÜHEN MUSTANGS

1967 SHELBY GT350

48 DIE FRÜHEN MUSTANGS

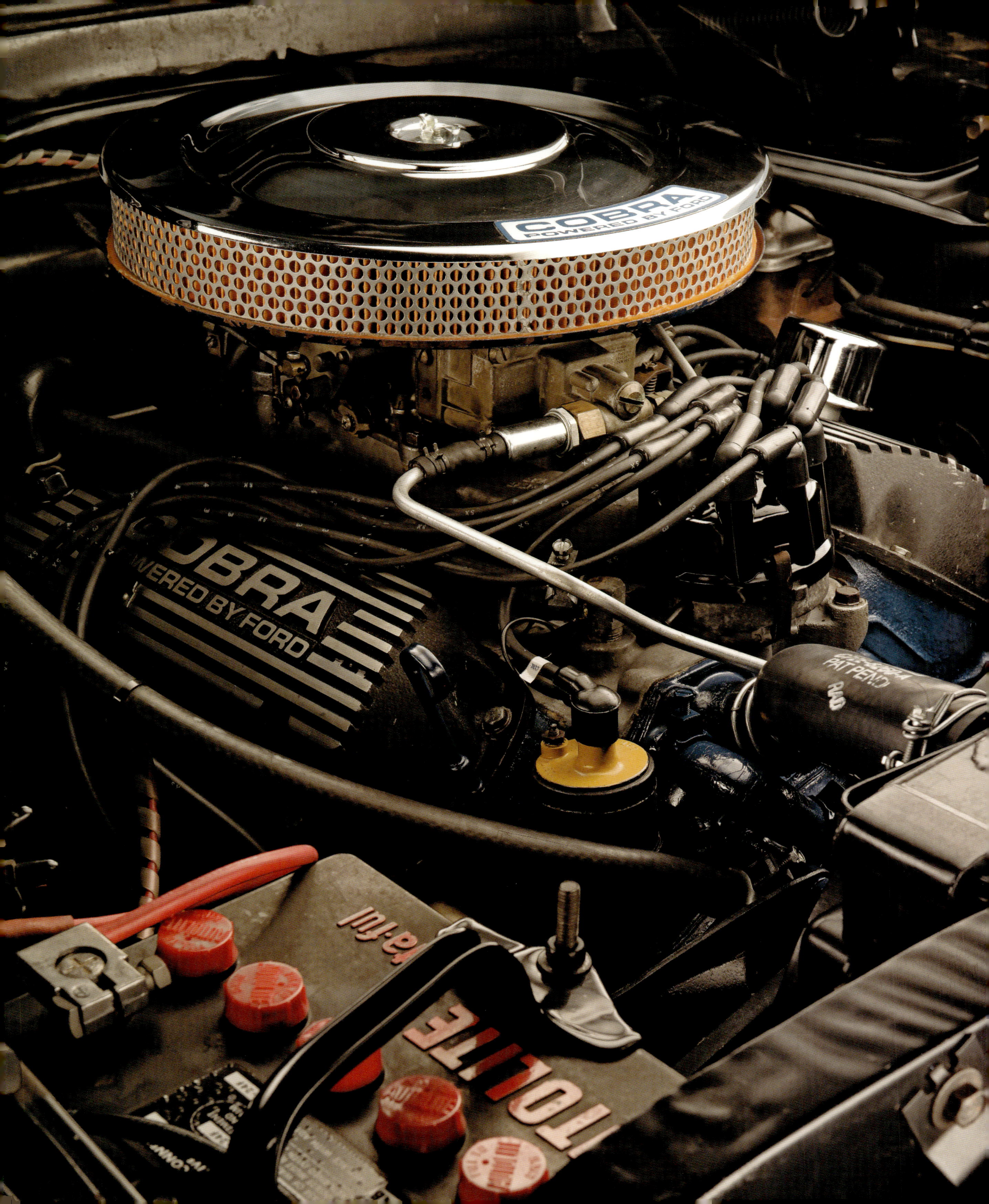
COBRA
POWERED BY FORD

50 DIE FRÜHEN MUSTANGS

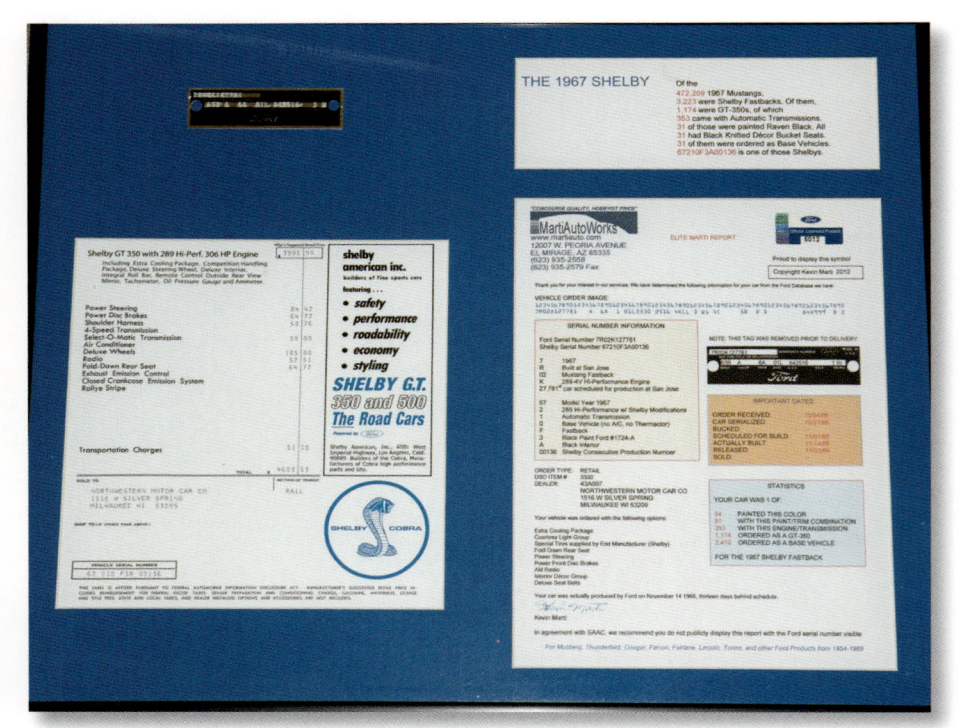

Kenny Worshams seltener schwarzer G.T. 350 gilt als einer der am besten erhaltenen 1967er Shelbys. Er hat nur 26.000 Meilen auf dem Tacho, und nicht nur Karosserie, Lack und Interieur sind noch im Originalzustand, sondern auch der Ersatzreifen ist noch der ab Werk gelieferte. Die Kombination aus Automatikgetriebe und schwarzer Lackierung – in dieser Farbe wurden nur 54 Fahrzeuge gebaut – könnte darauf hindeuten, dass das Fahrzeug im Rahmen einer denkbaren Fortsetzung des 1966 so erfolgreichen Hertz-G.T.-350-Programms (in Schwarz mit Gold) bestellt worden ist. Doch der Hertz-Vertrag wurde nicht verlängert, und der schwarze G.T. 350 landete – damals noch mit weißen Streifen – in Milwaukee, wo er von seinem ersten Besitzer nur an sonnigen Tagen gefahren wurde. Gerade einmal 18.000 Meilen standen nach über zehn Jahren auf dem Tacho.

Worshams 1967er Shelby (00136) G.T. 350 weist einige Merkmale auf, die darauf hinweisen, dass er aus der frühen Produktion stammt. Dazu zählen vor allem die roten Seitenleuchten in den oberen Hutzen neben den Seitenfenstern. Sie leuchteten zusammen mit den Bremsleuchten und den Blinkern auf und waren ursprünglich Bestandteil des Shelby-Pakets, verschwanden aber ganz schnell wieder von der Ausstattungsliste, nachdem Shelby American mitbekam, dass sie in einigen Staaten verboten waren.

Ähnlich erging es Shelby American mit den innenliegenden Fernlicht-Scheinwerfern: Nicht nur hatte eine Reihe von Staaten diese verboten, sondern es zeigte sich auch, dass sie den Luftstrom zum Kühler behinderten, was in wärmeren Klimazonen schon mal zu einer Überhitzung des Motors führen konnte. Für bestimmte Staaten wurden deshalb in aller Eile wieder Kühlergrills entworfen, in denen die Scheinwerfer außen angeordnet waren. Heutige Sammler allerdings bevorzugen die Fahrzeuge mit den innenliegenden Scheinwerfern, wie sie auch Worshams Mustang aufweist.

Vermarktet als »The Road Car«, bildeten die 1967er Modelle des Shelby-Mustangs den Übergang von den rauen, sportlichen Vorgängermodellen zu den nachfolgenden exklusiveren. Die 1967er waren die letzten Shelby-Mustangs, die auch bei Shelby American in Los Angeles gebaut wurden. Ab 1968 verlagerte Ford ihre Produktion zu A. O. Smith in der Nähe von Dearborn.

7

1968 TRANS-AM COUPE

JBA RACING & PERFORMANCE PRODUCTS
SAN DIEGO
SINCE 1956
TA
GOODYEAR
KELSEY-HAYES

54 DIE FRÜHEN MUSTANGS

DAS SILBERNE MUSTANG-COUPÉ jagt die Piste hinunter, sein 5-Liter-»Tunnel-Port«-V8 (302 CID) bollert aus vollem Hals, als sein Fahrer und Besitzer J. Bittle es in Kurve Eins wirft, verfolgt von einer ganzen Meute von Mustangs, Camaros und Barracudas. Dieser Anblick und der mit ihm verbundene Lärm gehören eigentlich in die 1960er Jahre, doch J. Bittle ist unterwegs in der heutigen Welt der von der Historic Motor Sports Association veranstalteten Rennen. Der Inhaber des Speed Shops in San Diego fühlt sich – wie auch die Zuschauer – an solchen Tagen zurückversetzt in die glorreiche Zeit der Trans-Am-Rennserie.

Im Jahr 1968 nutzte Ford-Ingenieur Ed Hinchliff die Mitarbeiterangebote seiner Firma, um einen 1967er Mustang GT Hardtop zu kaufen. Mit Hilfe seiner Kontakte zu Kar Kraft, einer Firma, die auf Vertragsbasis als eine Art Rennabteilung für Ford fungierte, begann Hinchliff damit, nach deren Richtlinien seinen eigenen 1968er Trans-Am-Mustang aufzubauen. Am 4. Juli 1968 fuhr Hinchliff mit seinem gerade fertiggestellten, türkisgrünen Hardtop bei seinem ersten Rennen, dem Paul Revere 250, einer NASCAR Grand American Veranstaltung auf dem Daytona Speedway, auf den siebten Platz. Und schon einen Monat später mischte er in Watkins Glen mit Mark Donahue, Jerry Titus, Peter Revson und anderen die damaligen Top-Trans-Am-Fahrer auf.

Im dritten Jahr der Trans-Am war der Mustang das Auto, das es zu schlagen galt, hatte er doch in den Jahren 1966 und 1967 jeweils die Meisterschaft gewonnen. Allerdings hatte Chevrolet mit dem neuen 5-Liter-Camaro Z/28, der speziell für die Trans-Am entwickelt worden war, und mit dem Penske Racing Team und dessen Fahrer Mark Donahue beträchtlich aufgeholt. 1968 versuchte Ford deshalb, den PS-Vorteil des Small-Block-Chevys mit speziellen Zylinderköpfen zu kontern, die auf den neuen 302-Kubikzoll-Motor verschraubt wurden. Statt die Ansaugkanäle in Form und Größe zu beschränken, um die Stößelstangen unterbringen zu können, führten die Ford-Ingenieure wie schon bei ihrem NASCAR-427-Motor einfach ein Rohr für die Stößelstangen direkt durch die riesigen, runden Einlassöffnungen – daher der Name »Tunnel-Port«.

Während die Tunnel-Port-Small-Blocks Spitzenleistung brachten, vor allem ab 7000 Umdrehungen pro Minute, machte Ford einen taktischen Fehler, indem man Shelby American zwang, nur noch bei Ford gebaute Motoren zu verwenden. Die Trans-Am-Saison 1968 geriet denn auch für Ford zur Katastrophe: Motorschäden und die Penske-Donahue-Kombination pulverisierten die Chancen des Mustangs auf einen Hattrick. Die Meisterschaft ging in diesem Jahr klar an den Camaro.

In diesen Ford-Chevy-Wettstreit geriet Hinchliff, als er mit seinem neuen Trans-Am-Mustang in Watkins Glen antrat. Er wurde Achter in seiner Klasse und 13. in der Gesamtwertung, 21 Runden hinter dem Sieger Jerry Titus, der hier einen von insgesamt nur drei Mustang-Siegen in diesem Jahr herausfuhr.

1969 setzte Hinchliff seinen nunmehr in Silber lackierten Mustang bei vier großen Straßenrennen ein, darunter zwei Trans-Am-Veranstaltungen, bei denen der Privatfahrer gegen die Werks-Boss-302 antrat. Im darauffolgenden Winter verkaufte Hinchliff den Hardtop an Steve Ross, der damit 1970 an fünf Trans-Am-Rennen teilnahm. Wie so viele andere ausgediente Rennwagen auch, wurde der Mustang anschließend an ein mexikanisches Rennteam verkauft und geriet in der FIA-Serie von Mexiko City in Vergessenheit.

Als die Popularität des historischen Rennsports gegen Ende des zwanzigsten Jahrhunderts zunahm, wurde der 1968er Hinchliff/Ross-Mustang wiederentdeckt und kehrte 1995 zurück in die Vereinigten Staaten. Der abgenutzte und verbeulte alte Rennwagen wechselte mehrfach den Besitzer, bevor er in die Hände von J. Bittle kam, der mit diesem Wagen seinen Wunsch realisieren wollte, an historischen Rennen teilzunehmen. Bittle versetzte den Mustang zurück in den Zustand, in dem Hinchliff 1969 mit ihm angetreten war, lackiert in »Silver Mink« und angetrieben von dem seltenen Tunnel-Port-302, aufgebaut von Bittles Firma JBA Racing. Ganz im Geiste der Authentizität von historischen Rennen wurde vieles an dem Wagen in seinem damaligen Zustand belassen, einschließlich der Bodenwanne, die 1969 in einem Trans-Am-Rennen ein paar Dellen abbekommen hatte.

2002 konnte die (Teil-)Restaurierung des Hinchliff/Ross-Trans-Am-Mustangs abgeschlossen werden, und seither hat J. Bittle zahlreiche Wochenenden auf der Strecke verbracht, häufig im Rahmen von HMSA-Rennen in Südkalifornien, aber auch bei der Mustang 40th Anniversary Celebration auf dem Nashville Speedway. Auch J. Bittle und seinem ehemaligen Straßenrenner ist es zu verdanken, dass der Geist der Trans-Am lebendig bleibt.

1968 TRANS-AM COUPE   57

Terlingua Racing Team

1968 TRANS-AM COUPE   59

8

1968
GT350 and GT500

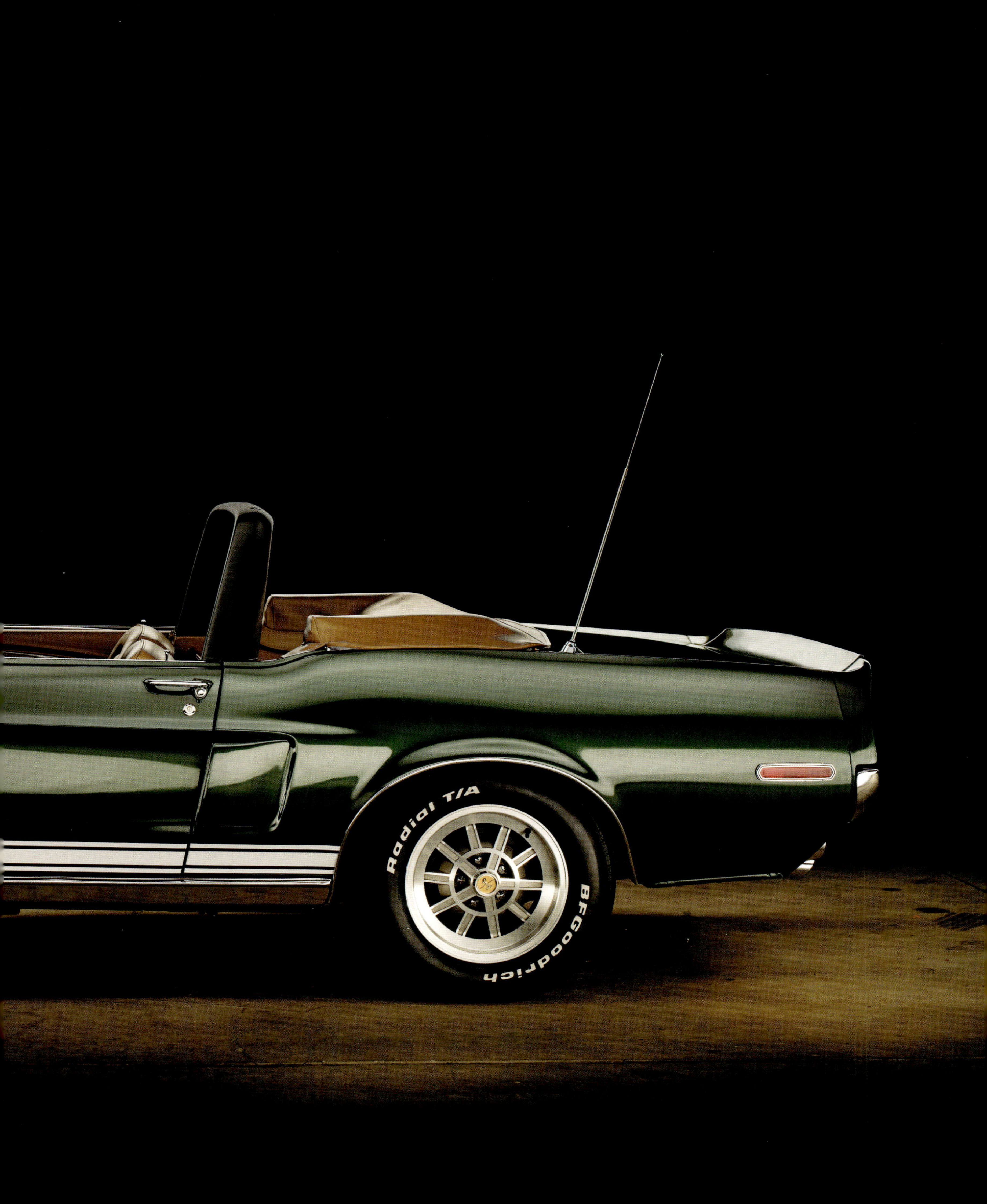
Radial T/A
BFGoodrich

VIEL HATTE SICH GETAN in den drei Jahren, nachdem Carroll Shelby den ersten Shelby G.T. 350 präsentiert hatte, einen lauten und wilden 1965er Mustang Fastback, der oft als »Rennwagen für die Straße« tituliert wurde. 1966 wurde der G.T. 350 etwas zahmer und mit einer weniger auf Krawall gebürsteten Auspuffanlage und einer größeren Farbauswahl kundenfreundlicher. Im dritten Jahr gesellte sich zum 350 ein Big-Block-G.T. 500 in einem größeren Mustang Fastback mit serienmäßigem Deluxe-Interieur. Langsam, aber sicher entwickelte sich der Shelby Mustang weg von seinen Renn-Wurzeln und hin zu einem Luxus-GT, was immerhin dazu führte, dass 1967 mehr Shelby-Mustangs verkauft wurden als in den beiden Jahren zuvor.

Die Metamorphose war endgültig vollzogen, als die 1968er Shelbys in den Showrooms der Ford-Händler auftauchten. Nicht länger angetrieben von den 1967er Cobra-289ern mit mechanischen Stößeln oder den 428ern mit zwei Vierfachvergasern, mussten sich die aktualisierten Modelle mit zahmeren Motoren begnügen: einem 302 mit Hydrostößeln und einem 428er mit nur noch einem Vierfachvergaser. Das Deluxe-Interieur kam jetzt mit Holz-Zierleisten und umfasste eine gepolsterte Armlehne auf der Mittelkonsole. Viele 1968er Shelbys waren mit verstellbarem Lenkrad, Servolenkung, Automatikgetriebe und Klimaanlage ausgestattet, Optionen, an die man drei Jahre zuvor bei einem Shelby überhaupt nicht gedacht hätte. Die Räder kamen serienmäßig mit Sportzierblenden, 10-Speichen-Aluräder gab es gegen Aufpreis.

Und erstmals wurde den Shelby-Fastbacks ein Convertible zur Seite gestellt, was den Ruf der 68er Shelbys als Alltagsautos weiter festigte. Wie das Fließheck wurde auch das Cabrio mit einem Überrollbügel ausgestattet, aber im Cabrio wurde er mit einer Vinyl-Polsterung versehen. Bei geöffnetem Dach war der Überrollbügel ein unverwechselbares Erkennungsmerkmal. Kleine Ringe dienten als Befestigungspunkte, falls die Besitzer mit ihrem Convertible ein Surfbrett transportieren wollten.

Der 1968er Shelby war mehr Ford und weniger Shelby geworden. Dazu passte, dass die Produktion von Shelby American in Südkalifornien zu A. O. Smith in Michigan verlagert wurde. Da Ford inzwischen stärker an den Shelby-Mustangs beteiligt war als je zuvor, machte es durchaus Sinn, die Produktion näher an die Ford-Zentrale in Dearborn heranzurücken. A. O. Smith hatte in den frühen 1960er Jahren Fiberglas-Karosserien für die Corvette geliefert, verfügte also über ausreichend Erfahrung in der Herstellung von GfK-Teilen, wie sie im 1968er Shelby reichlich Verwendung fanden: Motorhaube, Fahrzeugfront, seitliche Lufteinlässe, Kofferraumdeckel und das Heck mit den unterteilten Rückleuchten des 1965er Thunderbirds waren aus Fiberglas. Ford lieferte fast fertige Mustangs an A. O. Smith. Dort durchliefen sie eine Metamorphose, bevor sie als Shelbys die Werkshallen wieder verließen.

62   DIE FRÜHEN MUSTANGS

1968 SHELBY GT350 AND GT500

64   DIE FRÜHEN MUSTANGS

1968 SHELBY GT350 AND GT500   65

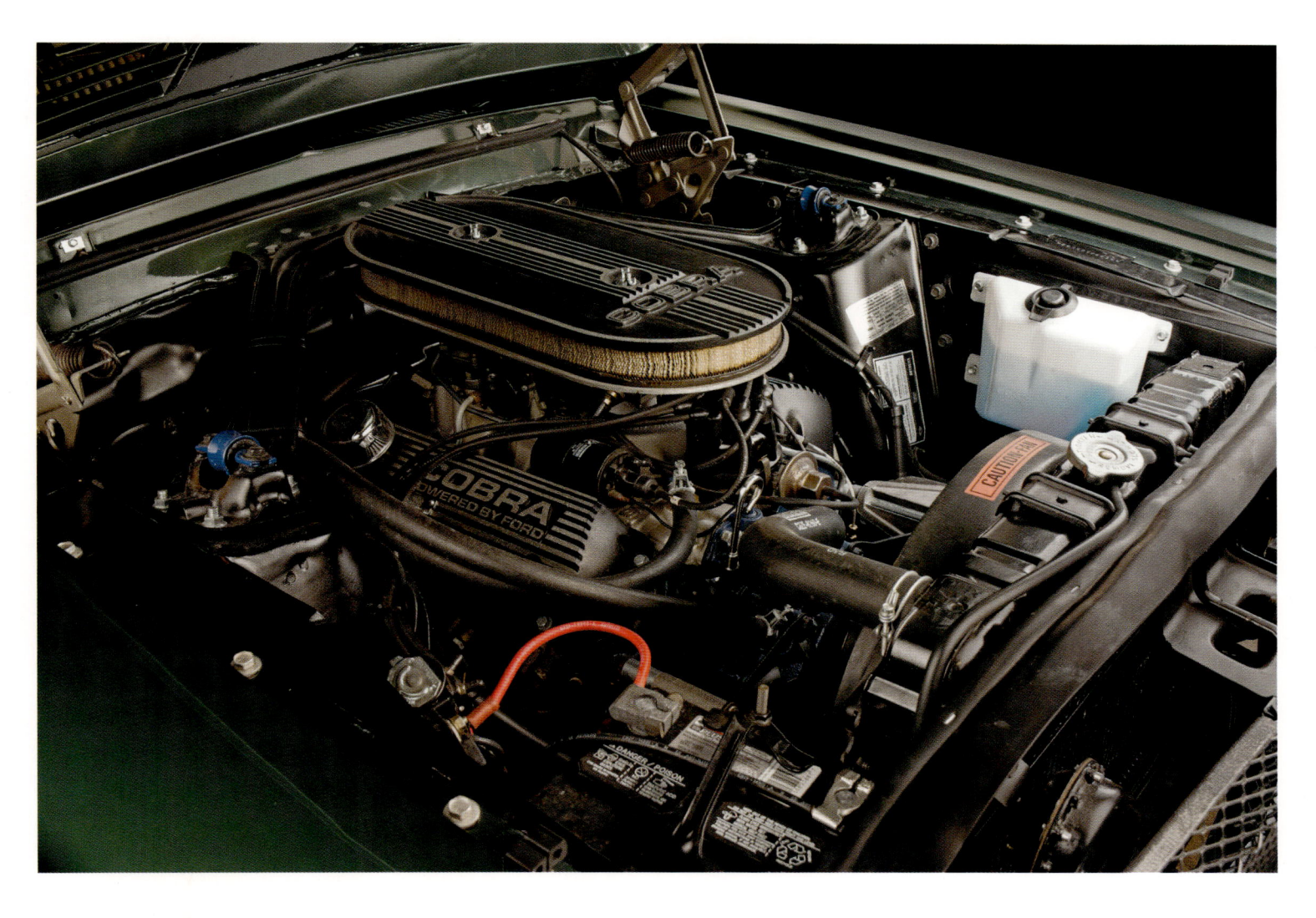

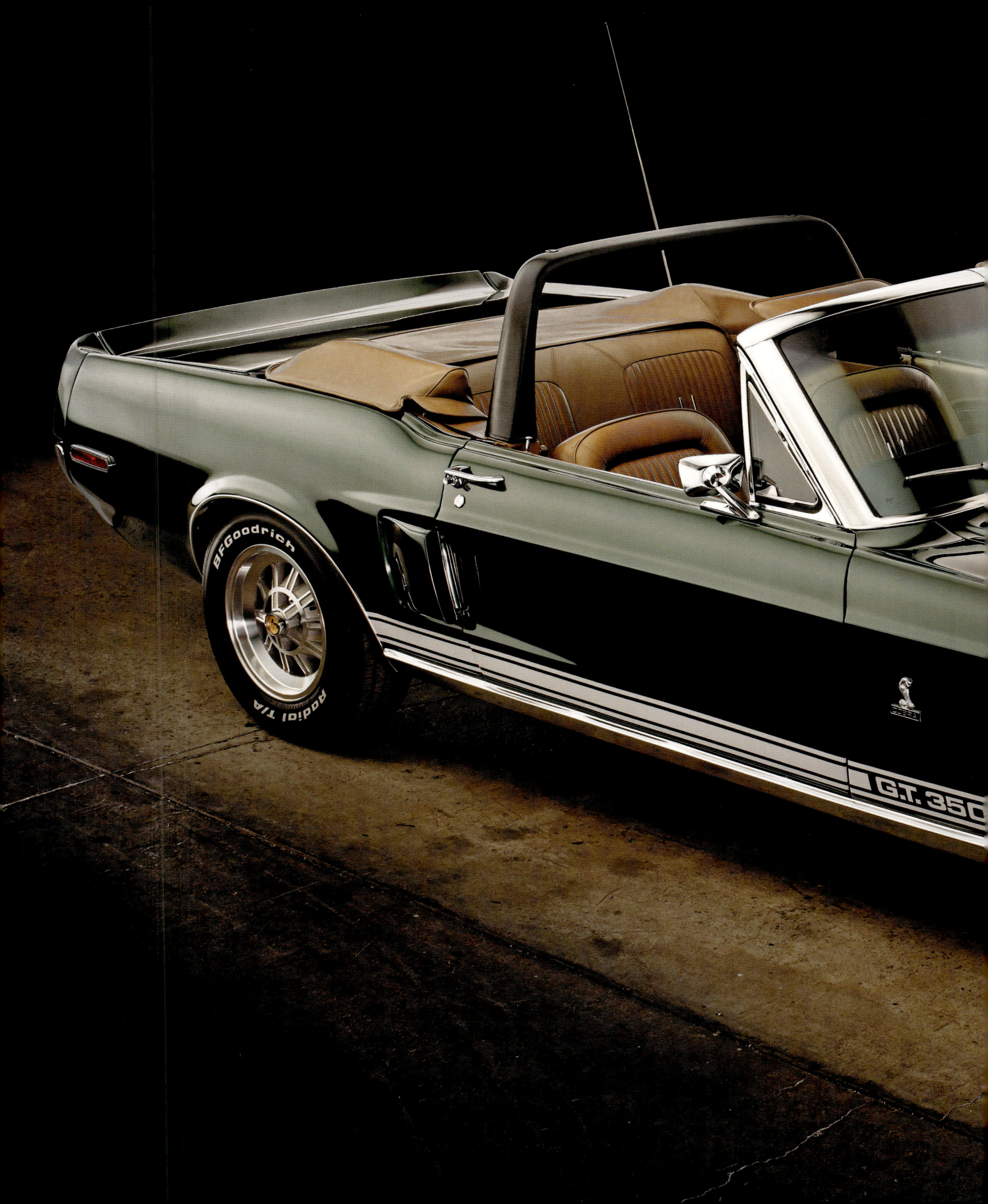
BFGoodrich
Radial T/A
G.T. 350

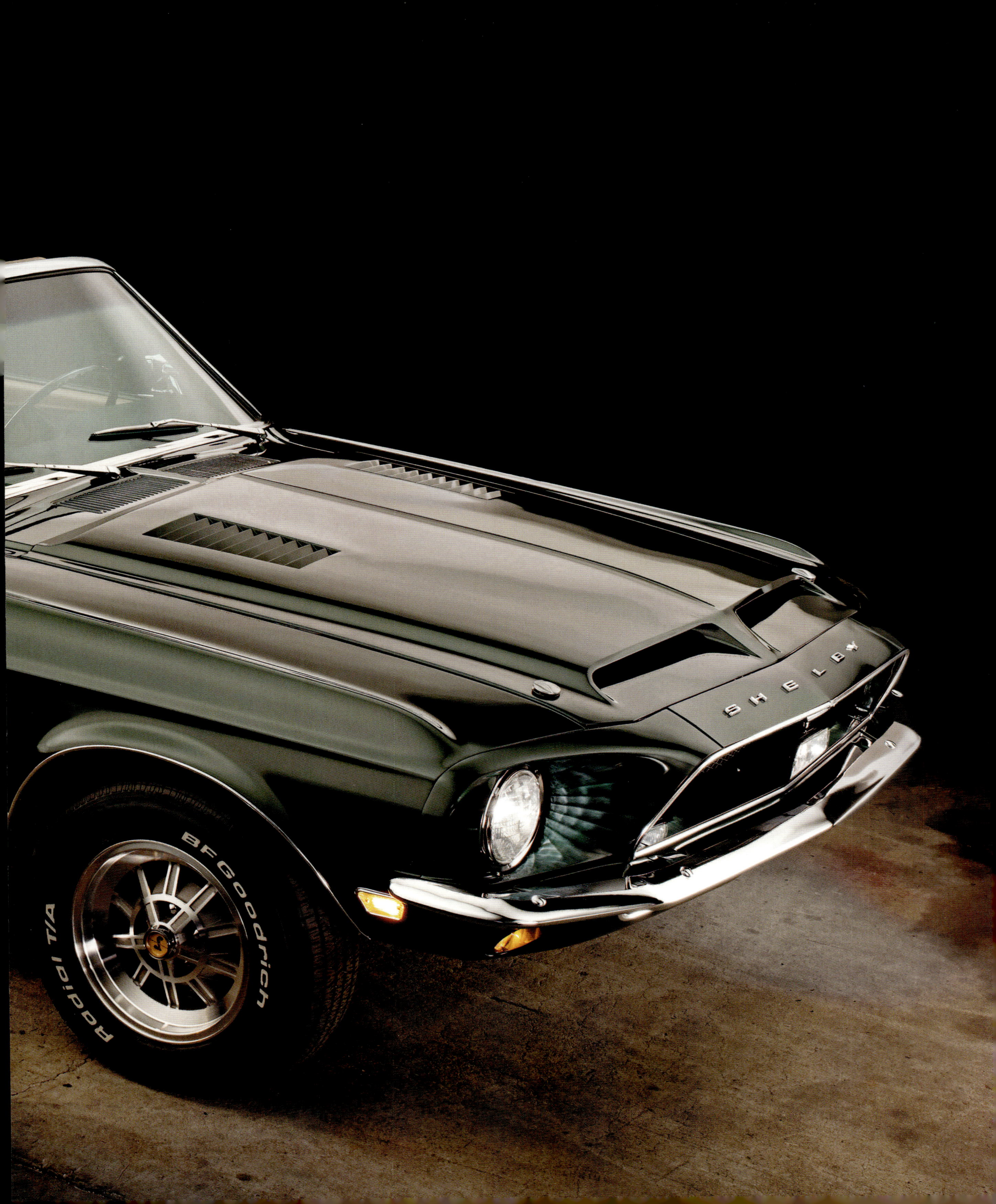
SHELBY
BFGoodrich
Radial T/A

Auch wenn sie keine ungestümen Kraftwerke für die Rennstrecke mehr waren, für ihren Einsatz in den als Luxus-GTs gedachten 1968er Shelbys waren die neuen Motoren ideal. Für den G.T. 350 wurde der 302-Kubikzoll-Small-Block mit einem 600 cfm Holley-Vergaser auf einem Aluminium-Ansaugstutzen versehen und auf 250 Pferdestärken gebracht, 20 mehr als im 302er mit Vierfachvergaser, der optional für den Standard-Mustang geordert werden konnte. Im G.T. 500 ersetzte der 428er Police Interceptor die 390er Big-Blocks und brachte es mit Hydrostößeln und Cobra-Aluminium-Ansaugstutzen mit 715 cfm Holley-Vierfachvergaser auf 360 PS. Sowohl der 302 im G.T. 350 als auch der 428 im G.T. 500 war mit einem ovalen Cobra-Luftfilter gekrönt, unter dem man zwei Vergaser vermutet hätte, wie sie im 1967er Shelby 428 auch noch wirklich vorhanden gewesen waren. Tatsächlich jedoch verband eine Platte mit zwei Stiften den Luftfilter mit einem einzigen Holley-Vergaser.

Interessanterweise wurden einige G.T. 500 mit 390er Motoblöcken ausgeliefert, wahrscheinlich aufgrund eines Streiks in den Ford-Werken, der zu Lieferengpässen führte. Den Käufern allerdings band man das lieber erst gar nicht auf die Nase.

Im April 1968 stellte Ford den neuen 428 Cobra Jet für den Mustang vor, der neue Big-Block ersetzte den 428 Police Interceptor, und damit wurde der G.T. 500 umbenannt in G.T. 500 KR, wobei das »KR« ganz bescheiden für »King of the Road« stand.

Mit exklusiver Metallic-Lackierung in Highland Green und Lederausstattung ist Ed Quinns G.T. 350 Cabrio ein gutes Beispiel dafür, dass der 1968er Shelby als Luxus-GT konzipiert war. Als er sich aus seinem Job bei einem TV-Sender zurückzog, wollte Ed einen unkomplizierten Shelby und suchte gezielt nach 1968er G.T. 350 Cabriolets. Er fand das richtige Auto im Jahr 2014 in Wisconsin: ein frisch restauriertes Exemplar mit Viergang-Handschaltung und verstellbarer Lenksäule. Aus dem Marti-Report erfuhr Ed, dass sein Shelby ursprünglich von Northwestern Ford in Milwaukee, Eds Heimatstadt, verkauft worden war. Heute öffnet Ed dank des milden Wetters in Südkalifornien mindestens einmal im Monat das Dach seines Shelby-Cabrios und cruist durch die Straßen in und um San Diego.

Frank Chirat ist der dritte Besitzer des Sunlit-goldenen G.T. 500 Fastback, der als Neuwagen von Gotham Ford in New York verkauft wurde, bevor sein Besitzer ihn 1969 mit nach Kalifornien nahm. Dort kaufte Frank den Shelby 1981 als Gebrauchtwagen: »Er hatte über 102.000 Meilen drauf und war rostfrei«, sagt Frank. »Zum Glück waren die meisten Shelby-Komponenten noch vorhanden.« In den nächsten 24 Jahren fuhr Frank ganze 4000 Meilen mit dem Wagen, denn »er war abgenutzt, stinkend und böse!« Im Jahr 2007 fanden zweijährige Restaurierungsarbeiten ihren Abschluss, bei denen so viele Originalteile wie möglich erhalten blieben. Einen Tag, nachdem Frank seinen frisch restaurierten Shelby aus der Werkstatt geholt hatte, erzielte er mit dem Wagen den ersten Platz und die Auszeichnung »Best of Show« bei einem Wettbewerb der Cobra Owners Association.

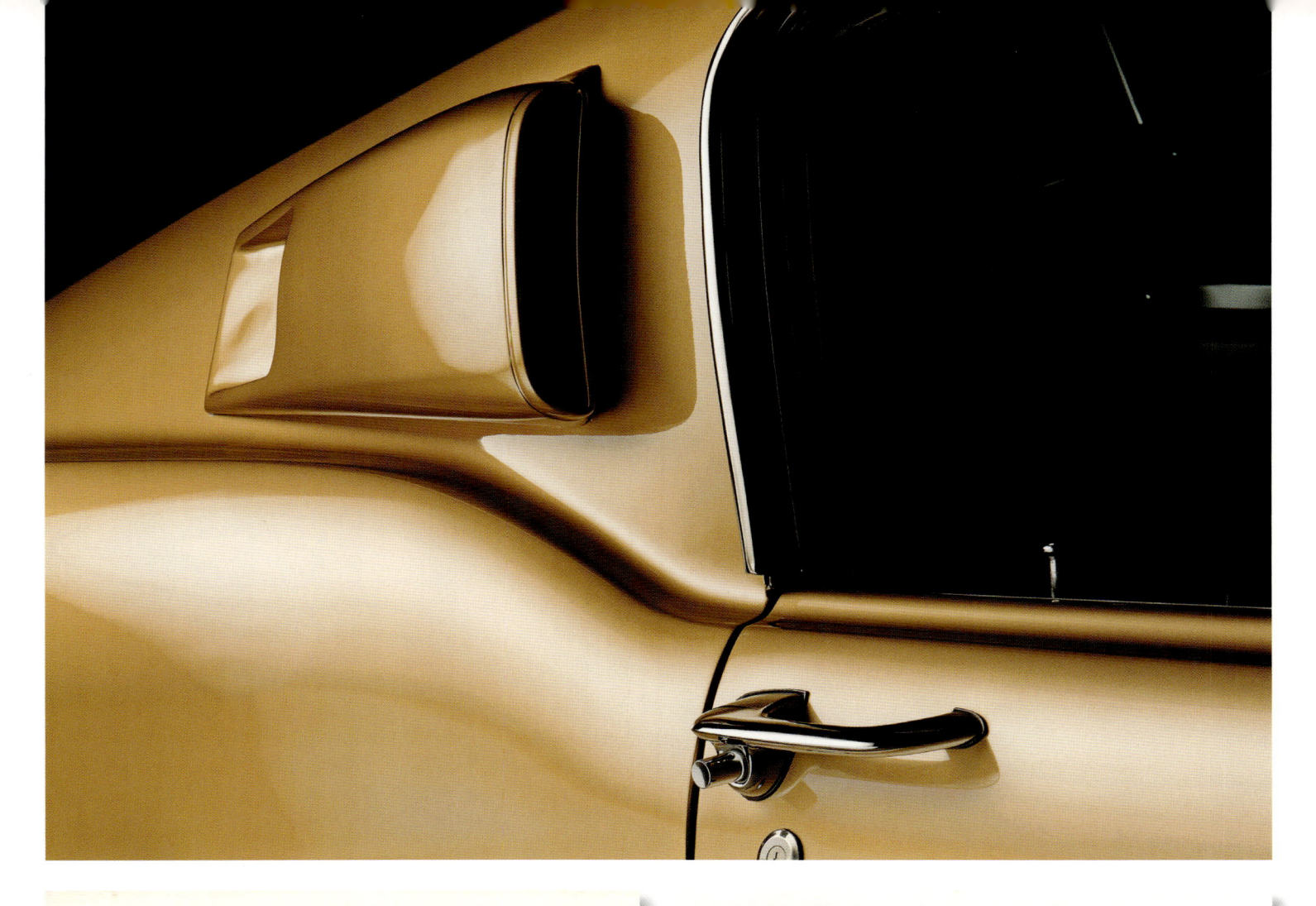

Carroll Shelby designed his COBRA GT to go like it looks

A brand-new Ford 302 cubic inch V-8 delivers for the GT 350. On the GT 500, a Ford 428 cubic inch V-8 is standard, with a new 427 V-8 powerhouse as a super-performance option. ☐ Four-speed transmissions are standard, close-coupled automatics are low-cost options. ☐ Great handling comes from competition-engineered suspension, 16-to-1 ratio power steering, adjustable shocks, heavy duty driveline and rear axle, and special high performance 130-MPH rated nylon tires. Front disc brakes, of course. ☐ And with this superb performance, Cobra GTs deliver head-turning styling *and* luxury, too. ☐ Interiors gleam with unique simulated wood grain trim on instrument panel, steering wheel, console and door panels. ☐ The exterior styling features *work* for you. ☐ Hood scoops supply extra carburetor air, fastback louvers are air extractors. ☐ Safety has not been overlooked — wide-rim wheels, integral overhead bar and shoulder harnesses are included. ☐ Carroll Shelby's unique fastbacks and new-for-'68 convertibles, are design-based on the Mustang, winner of two consecutive Trans-Am road racing championships. ☐ And that means real economy, a surprisingly low price for you. ☐ All four Cobra GTs say "Let's go!" ☐ See your Shelby Cobra dealer — and get going!

Shelby COBRA GT 350/500 POWER BY Ford

SHELBY COBRA GT 350/500
SPECIFICATIONS & FEATURES

All-new GT 350 and GT 500 convertibles feature integral overhead safety bar, many other performance, handling, safety and comfort features.

Get behind the wheel of a Shelby Cobra GT and you command a new motoring dimension. Carroll Shelby has worked a bit of racing car magic on the Ford Mustang. Result? The Shelby Cobra GT ... a *true* road performer that rivals Europe's finest limited-production cars — but for thousands of dollars less. ☐ That's not all the news. Now you can own a Cobra GT 350 or GT 500 **convertible!** Same great features as the famed GT 350 and GT 500 fastback 2+2 coupes. ☐ If you love driving, you'll appreciate the pleasure of Cobra's thrilling GT performance and exclusive styling. It's a pleasure you can afford, as your Shelby Cobra dealer will gladly prove.

ENGINE SPECIFICATIONS

GT 350
Standard: All new OHV 302 cu. in. V-8; 250 horsepower @ 4800 rpm; 310 lbs./foot of torque @ 2800 rpm; 4.0" x 3.0" bore and stroke; compression ratio 10.5:1; hydraulic valve lifters. Cobra high velocity high volume intake manifold with 4 bbl carburetor with 600 CFM flow rate.

Optional*: Cobra centrifugal supercharger, 335 horsepower at 5200 rpm; 325 lbs./foot of torque @ 3200 rpm.†

NOTE: All Cobra GT engines include high velocity high flow intake manifolds, die-cast aluminum rocker covers, low restriction oval design diecast aluminum air cleaner, chromed filler caps, high capacity fuel pumps.

GT 500
Standard: All new Cobra OHV 428 cu. in. V-8; 360 horsepower @ 5400 rpm; 420 lbs./foot of torque @ 3200 rpm; 4.13" x 3.984" bore and stroke; compression ratio 10.5:1; hydraulic valve lifters. Cobra high velocity high volume intake manifold with advanced design, 4 bbl Holley carburetor with 600 CFM (flow rate) primaries, 715 CFM secondaries. High capacity fuel pump.

Optional*: All new Cobra hydraulic OHV 427 cu. in. V-8; 400 horsepower @ 5600 rpm; 460 lbs./foot of torque @ 3200 rpm; 4.235" x 3.788" bore and stroke; compression ratio 11.6:1; hydraulic valve lifters, advanced design cathedral float 4 bbl Holley carburetor. High capacity fuel pump.**

YOUR COBRA DEALER

KOONS FORD INC.
7 CORNERS
1051 East Broad St.
Falls Church, Va.

1968 SHELBY GT350 AND GT500

The Desert Classic

Class	Year	Make	Model
H	1968	SHELBY MUSTANG	GT500 COBRA

Owner	City	State
FRANK CHIRAT	MISSION VIEJO	CA

This vehicle was sold new at Gotham Ford in New York City. One of two Shelby GT500's sold by Bill Kolb. The vehicle came to California in 1969 and retains the origional "Blue California License Plated" issued to cars coming into the state. I am the third owner. The previous owned had traded it in on a Ford Courier Pick up in 1981. I purchased it from Sunset Ford in Westminster. I worked for Ford Motor Company at the time as a Zone Service Manager and Sunset was one of my dealer accounts. It had about 102,000 miles on it and was rust free and most of the origional Shelby components were on it. For the next 24 years it was driven a total of about 4,000 miles, because it was worn out, smelly, nasty, and loud. In 2005 I made the decision to do a complete restoration which lasted 2 years. Weekly I would stop by the shop(s) and supervise, inspect, make changes, additions. I wanted to retain as many of the origional parts as possible, even if it had some patina. The first show the day after I picked it up at the shop it received a First Place 1968 Shelby and Best of Show at the Cobra Owners Concours. Shelby produced a total of 1,044 1969 GT 500's This vehicle has the 428 Police Interceptor engine. Special Shelby components such as a roll bar, shoulder harness, oil pressure and ampmeter guages, hubcaps, fiberglass hood, trunk and side scoops. Le Mans stripes and Marschal fog lamps. It has an 8-track/am radio, Hurst shifter and optional tilt-away steering wheel. Carroll Shelby has autographed the owner's manual and matching racing helmet. It has been shown on the lawn of the Playboy mansion, drag raced at California Speedway and driven to San Francisco since restoration.

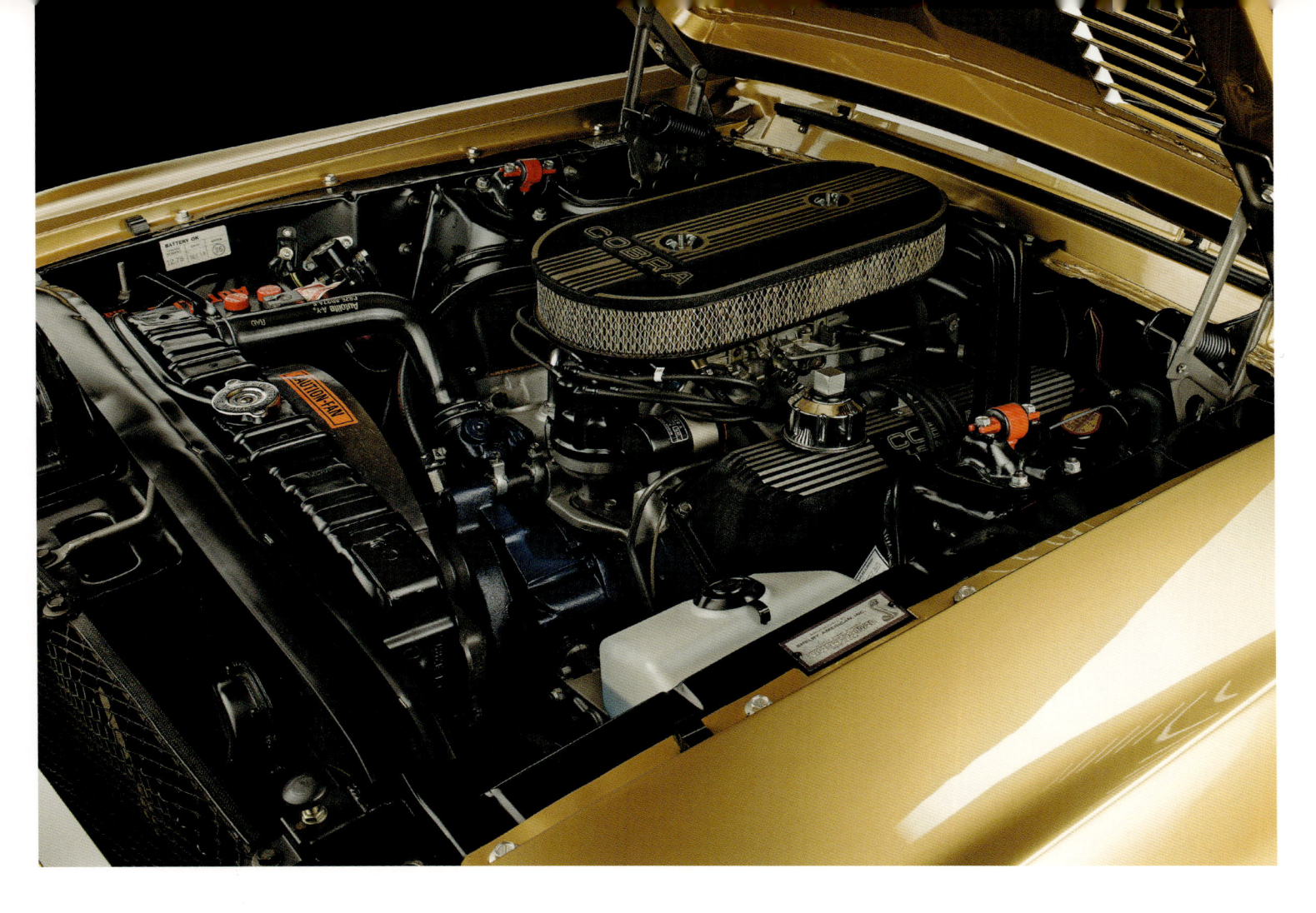

1968 SHELBY GT350 AND GT500   71

72 DIE FRÜHEN MUSTANGS

1968 SHELBY GT350 AND GT500

9

1968-½
CJ FASTBACK

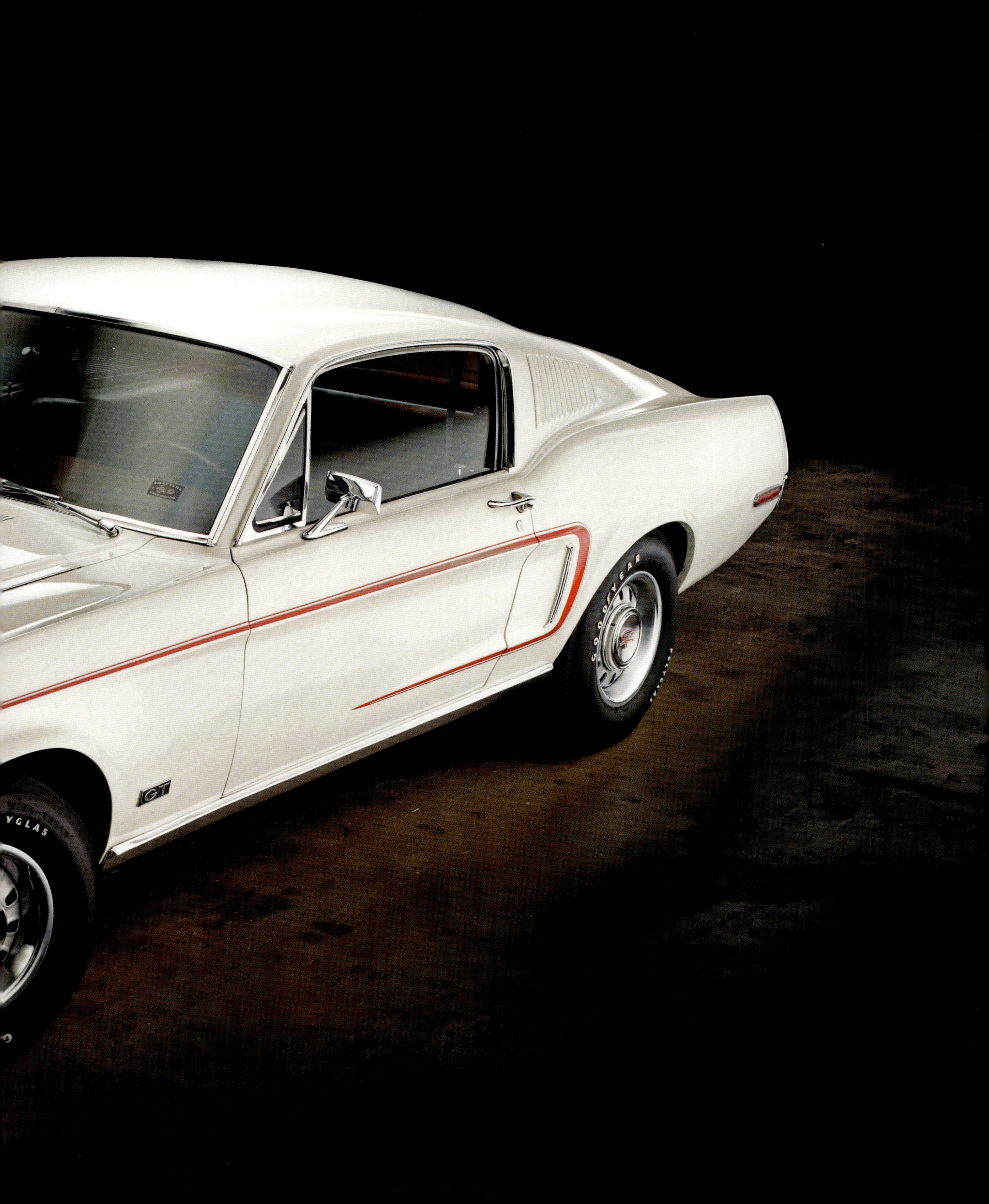

76 DIE FRÜHEN MUSTANGS

RHODE ISLANDS FORD-HÄNDLER Bob Tasca stand auf Leistung. Und so war er mit dem, was Ford Mitte der 60er Jahre an Muscle Cars anbot, nicht zufrieden. Zu Tascas Favoriten zählten da schon eher ein Chevrolet Super Sport, ein Plymouth Road Runner oder ein Pontiac GTO. Ford hatte mit dem 390er für seine GT-Modelle zwar ein Drehmoment-Monster im Angebot, aber im Vergleich zu einem Chevy Turbo Jet 396 oder dem Chrysler Hemi fehlten ihm schlicht entscheidende Pferdestärken. Bei einem Besuch des *Hot Rod Magazine* im Jahr 1967 äußerte Tasca freimütig seine Meinung zu diesem Thema.

»Der 390er Mustang ist nicht wettbewerbsfähig«, sagte Tasca gegenüber dem Redakteur Eric Dahlquist und räumte ein, dass Ford 1966 bei den wirklich stark motorisierten Fahrzeugen nur 7,5 Prozent Marktanteil hatte: »Das ist eine Schande für ein Unternehmen, das mit ›Total Performance‹ wirbt!«

Mit Hilfe von handelsüblichen Teilen aus Tascas Ersatzteillager bauten seine Mechaniker einen wirklich »heißen« 428er, der den 390er in Bob Tascas persönlichem 1967er Mustang GT Hardtop ersetzen sollte. Solchermaßen erstarkt, schaffte Bobs Mustang die Viertelmeile in 13,39 Sekunden, wie *Hot Rod* 1967 in seiner Novemberausgabe berichtete. Als der Artikel auf Lee Iacoccas Schreibtisch landete, wollte der wissen: »Was gedenken wir angesichts unseres Image-problems in Sachen Leistung zu tun?« Prompt wurde Tasca gebeten, seinen Mustang »KR-8« (für »King of the Road 1968«) in Fords Versuchs-Garage in Dearborn unter die Lupe nehmen zu lassen.

Nur wenige Wochen später, im Januar 1968, kamen vier weiße Mustang Fastbacks zu den NHRA Winternationals in Pomona, Kalifornien. Ausgestattet mit einem neuen 428er, der von Tascas Mustang inspiriert worden war, fuhren sie den Konkurrenten um die Ohren, und Al Joniec gewann mit seinem weißen Mustang die Super-Stock-Meisterschaft. Ford nannte seinen neuen Big-Block »Cobra Jet«, die Namensrechte für »Cobra« waren gerade von Carroll Shelby gekauft worden, und mit dem »Jet« zielte man direkt auf Chevrolets »Turbo Jet«.

In einem weiteren Artikel in der Märzausgabe 1968 beschrieb *Hot Rod* den neuen 428 Cobra Jet Mustang als »den schnellsten Serienwagen in der Geschichte der Menschheit«, ein Zitat, das Ford dankbar für seine Werbekampagnen aufgriff.

1968-½ CJ FASTBACK 77

Diese Publicity weckte bei Ford-Anhängern natürlich den Wunsch nach einer Straßenversion. Die kam dann mitten im Modelljahr am 1. April 1968 mit der Einführung der 428-Cobra-Jet-Option für den Mustang GT und den Fairlane, außerdem war der 428 in den Mercury-Geschwistern Cougar und Comet zu haben. Mit der eigens für Beschleunigungsrennen bewusst niedrig gehaltenen Leistungsangabe von 335 PS war der CJ im Grunde ein Personenwagen mit einem nach Tasca-Art modifizierten 428: Zylinderköpfe wie im 427, Nockenwelle aus dem 390 GT, 735 cfm Holley-Vierfachvergaser und optimierter Abgaskrümmer. In Verbindung mit der GT-Option gab es den Cobra-Jet-Motor für den Mustang in allen drei Karosserievarianten entweder mit Viergang-Handschaltung oder mit Dreigang-Automatik. Ein schwarzer Rallye-Streifen und die »Ram-Air«-Lufthutze auf der Motorhaube, die die Luft zu einer unterdruckgesteuerten Einlassklappe auf dem Luftfilter führte, unterschieden die CJ-Modelle von den anderen GTs.

Wegen der späten Einführung verkaufte Ford nur 2870 CJ-Mustangs in den verbleibenden vier Monaten des Modelljahres 1968, darunter 221 Hardtops, 552 Cabrios und 2097 Fastbacks. Aber die 428 Cobra Jets sorgten schnell für ein ganz neues Image des Mustangs in Sachen Leistung. Ford hatte sogar noch größere Pläne mit dem Cobra Jet, der 1969 auch das neue Modell »Mach 1« antreiben sollte, dessen Motorhaube dann von einer »Shaker«-Lufthutze gekrönt wurde.

Im Frühjahr 1968 blätterte der Rennfahrer Dick Greak $ 3.800 für einen weißen Cobra Jet Fastback mit roter Innenausstattung auf den Tresen von Dan Stanleys Ford-Niederlassung. In den nächsten zwei Jahren setzte Greak seinen »Stanley Screamer« CJ so ein, wie man sich das bei Ford vorgestellt hatte: bei Beschleunigungsrennen, in denen er 1968 und 1969 in seiner Klasse den Mo-Kan Dragway mit Zeiten um die 13,5 Sekunden beherrschte. Greak verkaufte den Mustang 1971, sein dritter Besitzer, Jim Wicks, ließ ihn 2008 von Billups Classic Cars restaurieren und zurück in den Originalzustand versetzen. Heute ist der Fastback mit gerade einmal 11.200 Meilen auf dem Tacho im Besitz des Big-Block-Sammlers Danny Laulom.

DIE FRÜHEN MUSTANGS

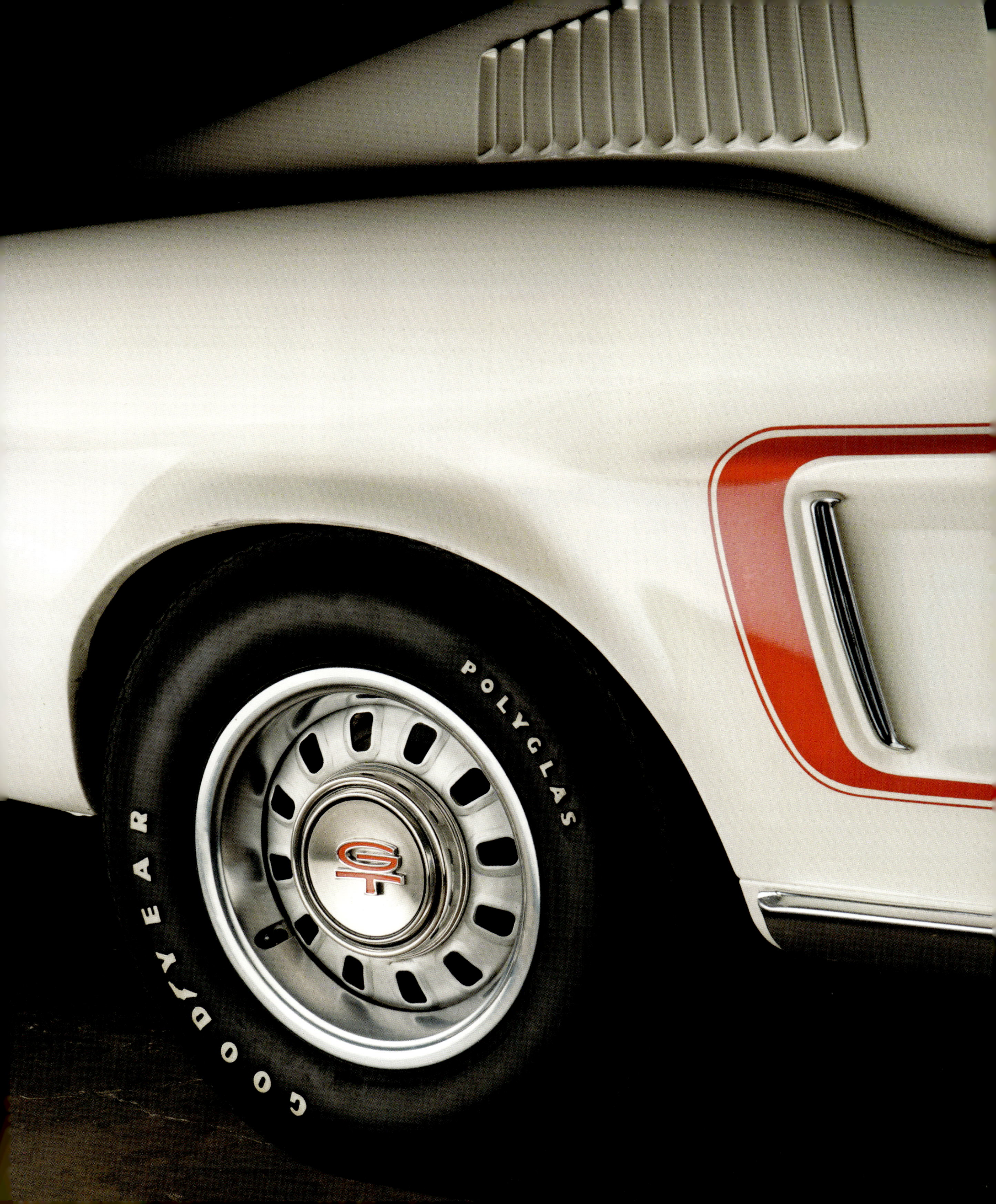
POLYGLAS
GOODYEAR

80 DIE FFÜHEN MUSTANGS

1968-½ CJ FASTBACK   81

ABSCHNITT 2 — 1969–1976

THE MUSCLE MUSTANGS

AN EINEM WARMEN SOMMERABEND im Jahr 1970 rumpelte ein Boss 302 Mustang über den Parkplatz am Sugar 'n' Spice Drive-in, einem beliebten Treffpunkt für Jugendliche und junge Erwachsene in Spartanburg, South Carolina. Die reflektierenden Seitenstreifen schimmerten unter den Straßenlaternen, und die pulsierenden Abgasstöße aus den Thrush-Sidepipes, die der Besitzer nachträglich hatte anbringen lassen, bliesen weggeworfene Pappteller und Styroporbecher aus dem Weg, als der Grabber-Blau lackierte SportsRoof, wie die Fastbacks jetzt genannt wurden, an den Falcons und Valiants vorbeifuhr, die unter den Markisen parkten. Auch ohne dass der Fahrer den Motor aufheulen oder die Räder durchdrehen ließ, wusste jeder, dass hier eines der stärksten Muscle Cars fuhr.

Das Modelljahr 1969 markierte einen Wendepunkt für den Mustang. Nachdem der einflussreiche Ford-Händler Bob Tasca 1967 Fords unzureichendes Performance-Angebot in einer Ausgabe des *Hot Rod Magazine* beklagt hatte, erschien als Antwort auf diese Klage mitten im Modelljahr 1968 der 428 Cobra Jet. 1969 kletterte der CJ dann nochmals gleich mehrere Stufen die Imageskala hinauf, als er in das neue Mach-1-Modell eingebaut wurde. Besonders nachhaltig fiel dieser Imagegewinn aus, wenn der Mach 1 noch mit der optionalen Shaker-Lufthutze daherkam. Und der Mach 1 blieb nicht allein. Zur Halbzeit des Modelljahrs 1969 präsentierte Ford zwei Modelle mit Rennsport-Genen: Den Boss 302, ein Trans-Am-Auto für die Straße, und den Boss 429, einen Mustang Fastback mit 375 PS starkem Hemi-Big-Block, homologiert für NASCAR-Rennen. Zählt man nun noch die Torino Cobras und Cougar Eliminator hinzu, war Ford im Wettstreit der Muscle Cars plötzlich auf Augenhöhe mit General Motors und Chrysler.

Aber die Euphorie währte nur kurz. Schon 1970 sahen sich Ford und die anderen Hersteller mit immer strengeren Emissions- und versicherungsrechtlichen Regelungen konfrontiert. 1972, nach einem letzten Jahr mit Leistung im Überfluss, verpackt in die 1971er Boss 351 und 429 Cobra Jets, zügelte Ford seine Mustangs, indem die Verdichtungsverhältnisse abgesenkt und die Big-Blocks gleich ganz aus dem Programm gestrichen wurden. Stattdessen konzentrierte man sich auf Luxus-Modelle wie den Grande Hardtop. Und als das Öl-Embargo der OPEC die Kraftstoffpreise steigen ließ und zu langen Schlangen an den Zapfsäulen führte, erwies sich der kleinere und kraftstoffsparende Mustang II als genau das richtige Auto zur richtigen Zeit. Zwar versuchte Ford, den alten Geist der Muscle Cars mit Cobra-II- und King-Cobra-Modellen noch einmal aufleben zu lassen, aber die bunten Rallye-Streifen konnten nicht darüber hinwegtäuschen, dass ein schlichter 302 mit Doppelvergaser unter der Haube war.

Auf Auktionen sind es heute zwar die High-Performance-Mustangs der Jahre 1969–1971, die die Top-Preise erzielen, aber auch die Mustang-II-Modelle, vor allem die Cobra-II- und die King-Cobra-Versionen, haben eine kleine, aber treue Anhängerschaft.

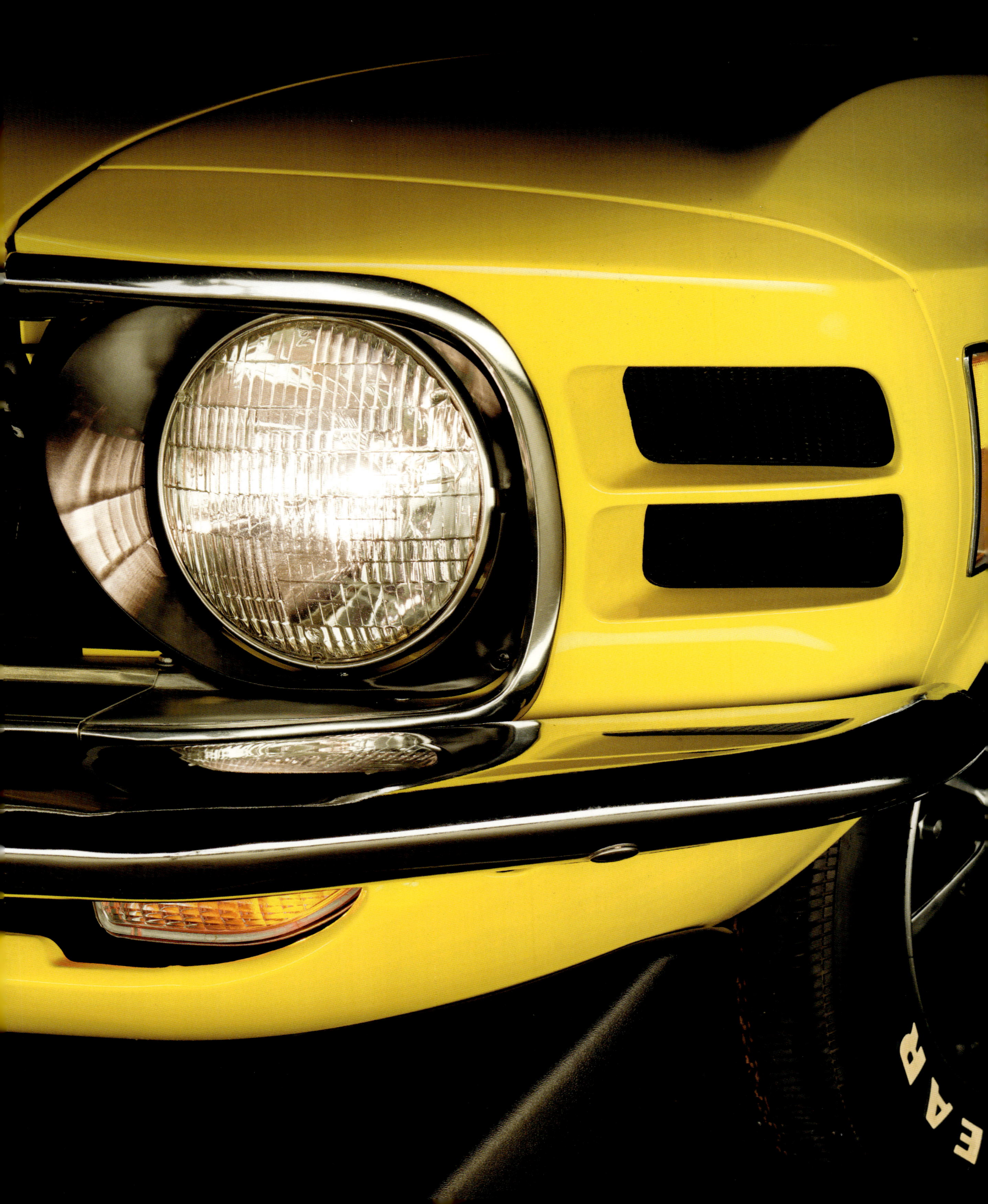

10

1969 BOSS 429

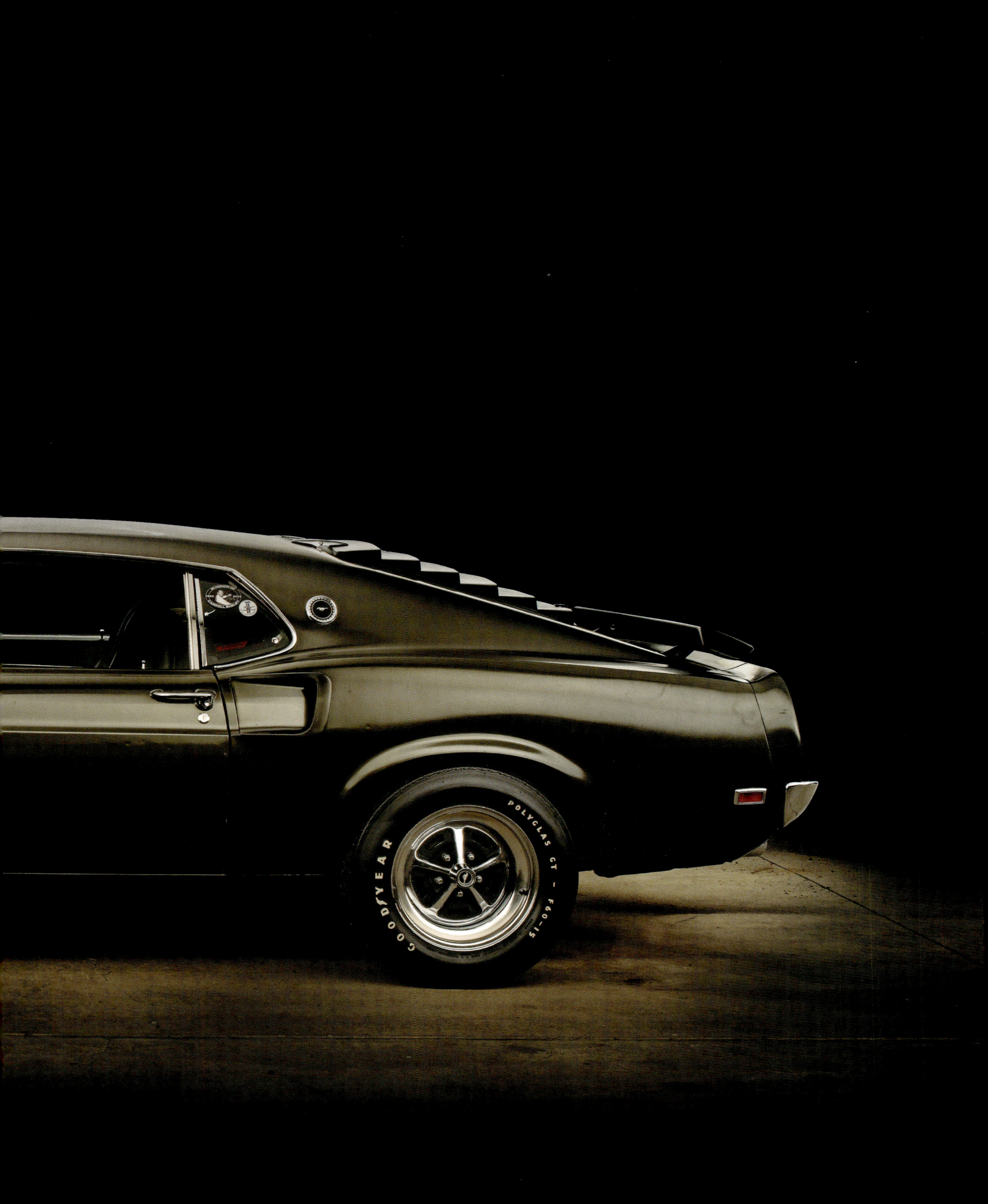
GOODYEAR
POLYGLAS GT – F60-15

CHRYSLER HATTE BEREITS DEN 426 HEMI, als Ford den Wettbewerb noch immer mit seinem Side-Oiler-427 bestritt, einer Keilkopf-Maschine, die in den frühen 1960er Jahren entwickelt worden war. Um seine Serie von sechs seit 1963 aufeinanderfolgenden NASCAR-Markenmeisterschaften nicht zu gefährden, brauchte Ford dringend einen modernen Motor.

Die Ingenieure schufen daraufhin den Boss 429.

Der aus Nascar-Genen entwickelte 429-Motor in der Boss-Ausführung basierte auf Fords neuer 385er-Big-Block-Motorenfamilie. Anders als beim Standard-429er allerdings waren Kurbelwelle und Pleuel bei ihm geschmiedet und nicht gegossen, der Zylinderkopf bestand aus einer Aluminiumlegierung und die Brennräume waren – ähnlich wie beim Chrysler-Hemi – halbkugelförmig. Diese Form der Brennräume führte bei Ford dazu, dass der Motor intern »Blue Crescent« genannt wurde – »blauer Halbmond«. Der Boss 429 war schließlich auch einer der Gründe für Chryslers Starpiloten Richard Petty, 1969 zu Ford zu wechseln, um dort den neuen Talladega zu fahren. Das war ein Fastback-Torino, dessen Kühlergrill bündig in die um sechs Zoll verlängerte Front eingelassen war, um die Aerodynamik auf Hochgeschwindigkeitsstrecken zu verbessern.

Für die NASCAR-Homologation musste Ford 500 Exemplare sowohl vom Boss-429-Motor als auch vom Talladega verkaufen. Das hieß aber nicht, dass alle NASCAR-Autos auch von einem NASCAR-Motor angetrieben werden mussten. Und so ging der Torino Talladega im Frühjahr 1969 mit dem 428 Cobra Jet in den Verkauf, während die Serienversion des Boss 429 in den 1969er Mustang SportsRoof eingepflanzt wurde.

Aber da gab es ein Problem: Zylinderköpfe und Ventildeckel des Boss 429 waren für den Motorraum des Mustangs zu breit. Deshalb wurde die endgültige Fertigung an Kar Kraft vergeben, die in Brighton, Michigan, fast fertige Mach-1-Modelle in Mustangs des Typs Boss 429 umwandelten. Dabei wurden die inneren Kotflügel so bearbeitet, dass es auf jeder Seite einen Zoll mehr Platz gab – gerade genug, um den Boss-Motor unterbringen zu können.

Im Vergleich zu anderen Muscle Cars der damaligen Zeit sah der Boss 429 Mustang noch recht zahm aus. Angeboten in fünf Farben, sah der 1969er Boss 429 sogar dem Basis-Sechszylinder SportsRoof ähnlich – einmal abgesehen von seinen 15-Zoll-Magnum-500-Rädern, dem Frontspoiler und der großen Lufthutze. Sicher identifizieren ließ sich der Wagen an der Aufschrift »Boss 429« auf den vorderen Kotflügeln und an der unterhalb der Türverriegelung neben der Garantie-Plakette des Autos angebrachten, fortlaufend nummerierten »KK 429 NASCAR«-Markierung.

1969 BOSS 429

Ford gab für den Boss 429 eine Leistung von 375 PS an, stärker war noch kein Mustang zuvor gewesen. Doch für die Straße wurde er »abgerüstet«, erhielt eine mildere Nockenwelle und einen 735 cfm Holley-Vergaser, was ihm viel von seiner Power nahm. Aber neuerlich modifiziert mit einer Nockenwelle mit größerem Hub und einem größeren Vergaser, war der Boss 429 immer noch gut für eine Viertelmeile in elf Sekunden. Ohnehin reichte schon der bloße Anblick des großen Big-Blocks unter der Haube, um die meisten potenziellen Herausforderer abzuschrecken.

859 Boss 429 Mustang hatte Ford 1969 hergestellt, mehr als genug für die NASCAR-Homologation. Weitere 500 Exemplare des Boss 429 wurden 1970 produziert, sie waren in einer größeren Vielfalt von Lackierungen erhältlich, darunter auch die populären »Grabber«-Farben.

Obwohl der Boss 429 bis Mitte 1969 nicht für NASCAR-Rennen zugelassen war, erfüllte die neue Maschine, eingebaut in den aerodynamischen Torino Talladega (und dessen Mercury-Pendant, den Cyclone Spoiler II), ihren Zweck, indem sie Ford 1969 die NASCAR-Marken-Meisterschaft einbrachte. David Pearson gewann den Fahrer-Titel, nachdem er mit seinem Holman-Moody-Talladega in elf Rennen den Sieg davongetragen hatte.

Mit ihrer enormen Leistung, ihrer NASCAR-Herkunft und den geringen Stückzahlen gehören die 1969er und 1970er Boss 429 heute zu den begehrtesten Sammlerautos aus der Muscle-Car-Ära. Aber für Marc Bodrie aus San Diego spielte das keine Rolle, als er im Jahr 1986 den jadeschwarzen 1969er Boss 429 von dessen zweitem Besitzer kaufte – kurz bevor die Preise in schwindelnde Höhen zu steigen begannen. Mit weniger als 28.000 Meilen auf dem Tacho, blieb KK 1351 in unrestauriertem Zustand, einschließlich der nicht originalen Heckspoiler und Heckfenster-Lamellen, die Marc vor vielen Jahren anbringen ließ.

Here's what happens when you put a 10.5:1 cr, 429 cid, V-8 in a Mustang...
Boss 429!

The cars in Ford's Performance Corner have to be winners. So we called all our competition engineers together and built a new road car—Boss 429.

We start with the same 429 block casting the NASCAR boys get. We four-bolt the mains, put in a forged steel crank, forged rods with ⅜ inch bolts, and forged pop-up pistons. She redlines at six and a half grand.

On top we went a little ape. Aluminum heads mated to the deck, huge canted valves that open way up on hydraulic lifters and forged rocker arms that just don't bend. Ports are oversized, chambers are crescent shaped. Manually controlled Ram-Air induction comes on strong via a 735 cfm 4-barrel Holley and aluminum high riser manifold. It all adds up to 375 horsepower, and that's understating it considerably.

We put the power on the ground through a 4-speed, heavy-duty box and a 3.9-to-1 Daytona type locker axle driving 7-inch chrome-styled-steel wheels carrying F60 x 15 Polyglas belted wide ones. The car stays where you point it with high-rate springs and shocks, plus heavy-duty roll bars fore and aft. Staggered shocks handle the torque problem. Power front discs do the stopping; power steering directs all the action.

What's the model? Thought you'd never ask! Mustang SportsRoof with dual racing mirrors, bright exhaust extensions, tach, front spoiler and full instrumentation. Another Going Thing. You'll find it at your Ford Dealer's Performance Corner. Or at the strip.

For your free copy of Ford's 1969 Performance Buyer's Digest, write: Performance Digest, Department HR, P.O. Box 1000, Dearborn, Michigan 48121

Ford-Powered Double A Fuel Dragster.

MUSTANG Ford

1969 BOSS 429

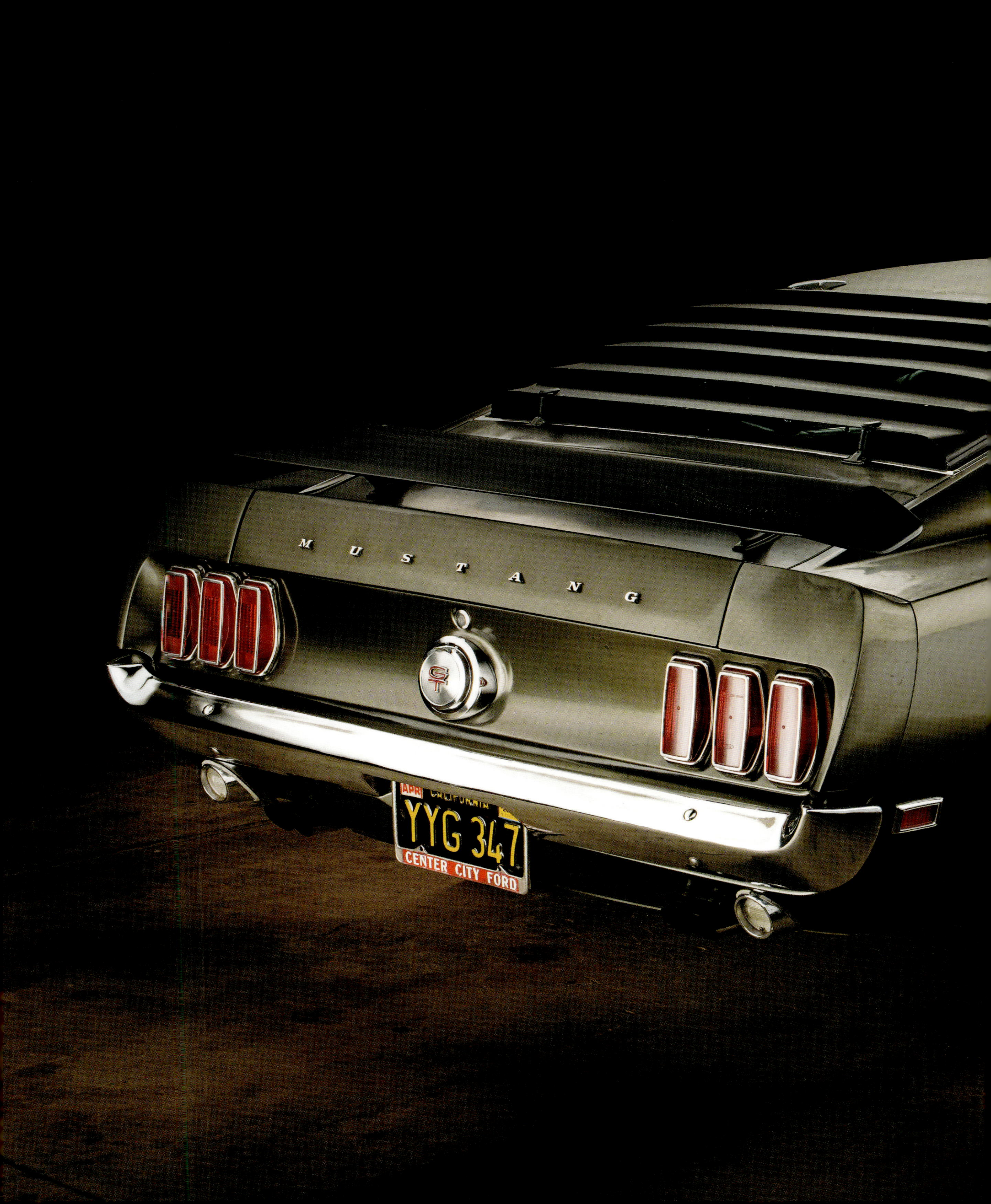
MUSTANG
GT
CALIFORNIA
YYG 347
CENTER CITY FORD

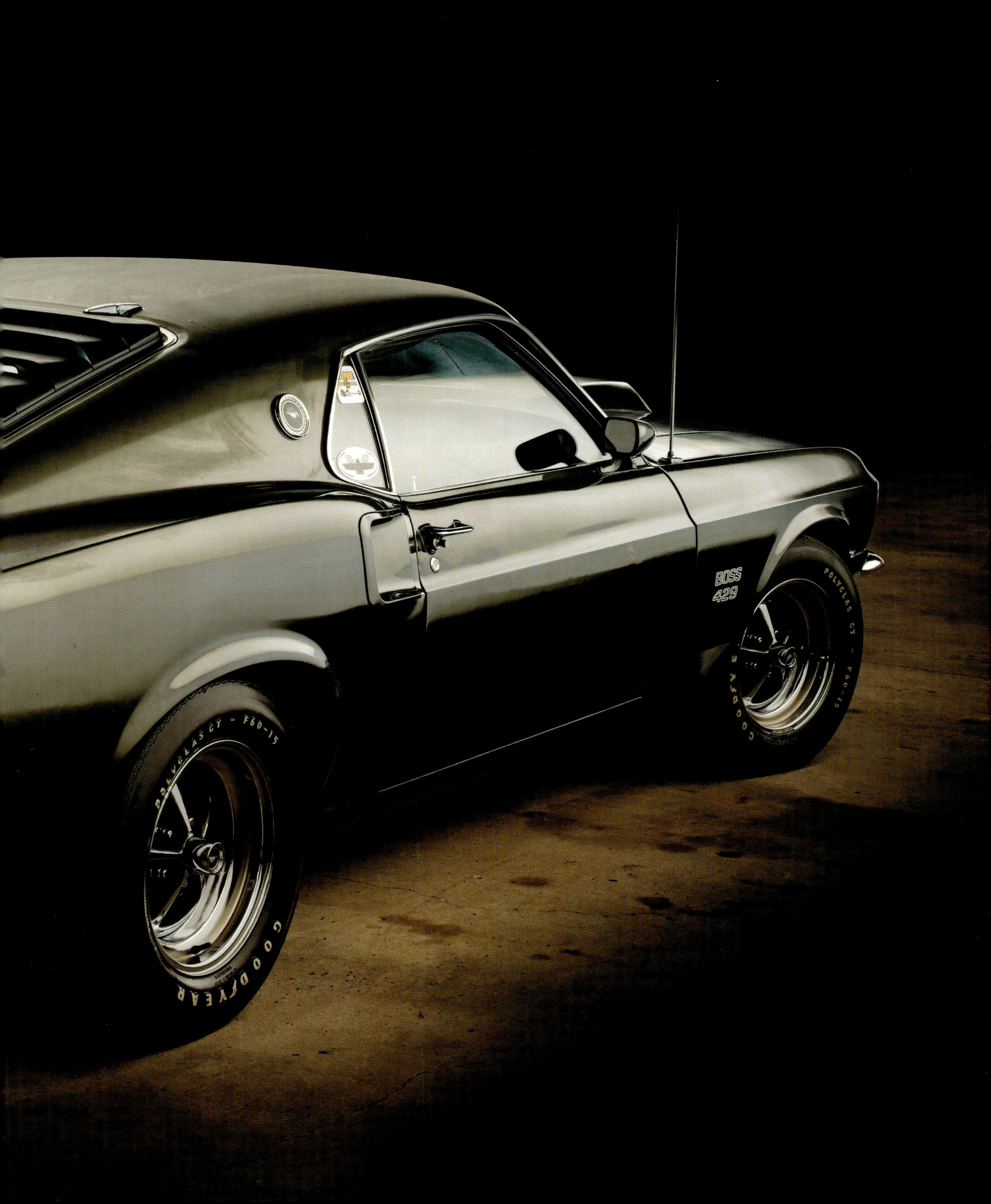
BOSS
429
POLYGLAS GT - F60-15
GOODYEAR

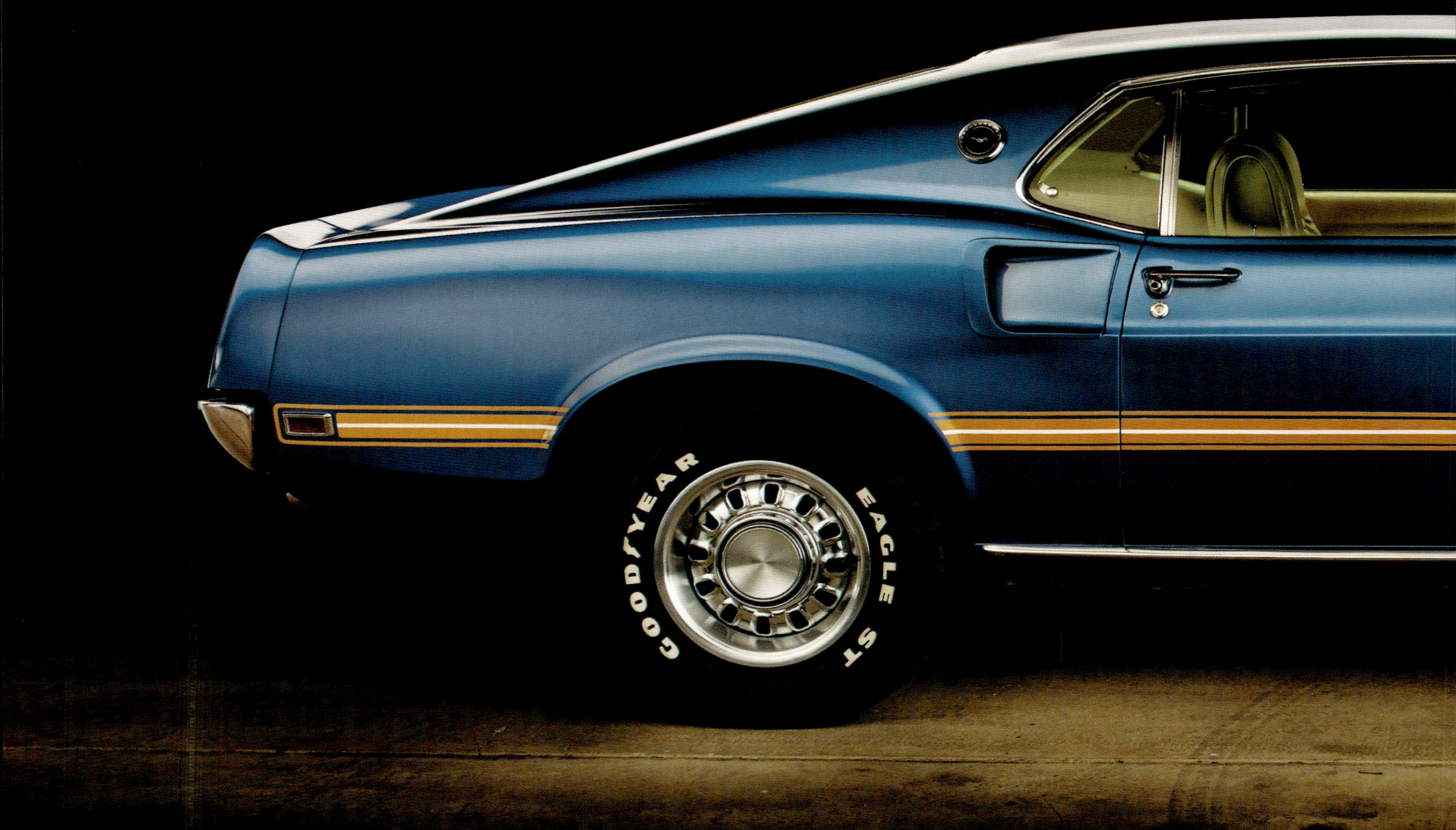
GOODYEAR EAGLE ST

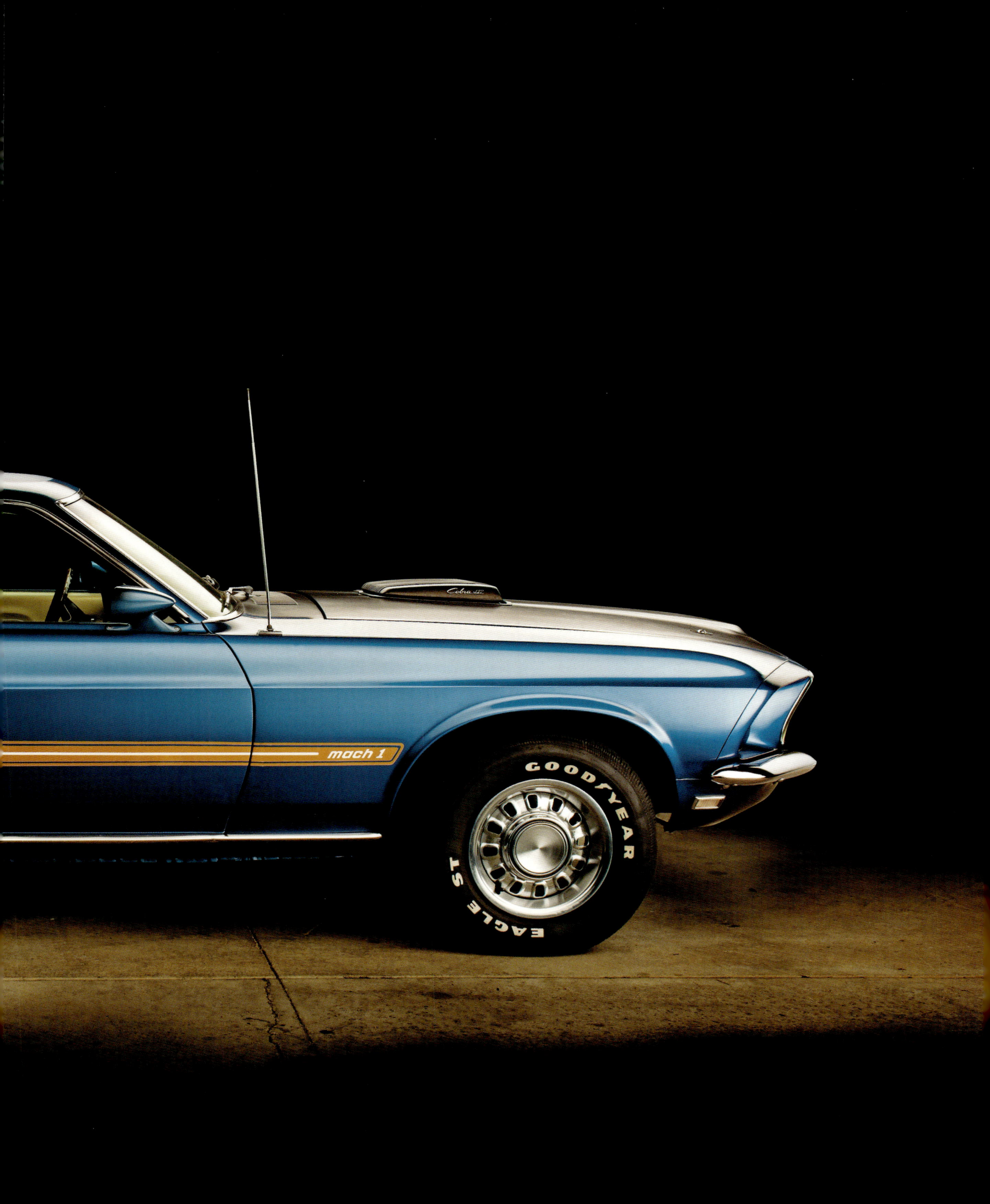
mach 1
GOODYEAR
EAGLE ST

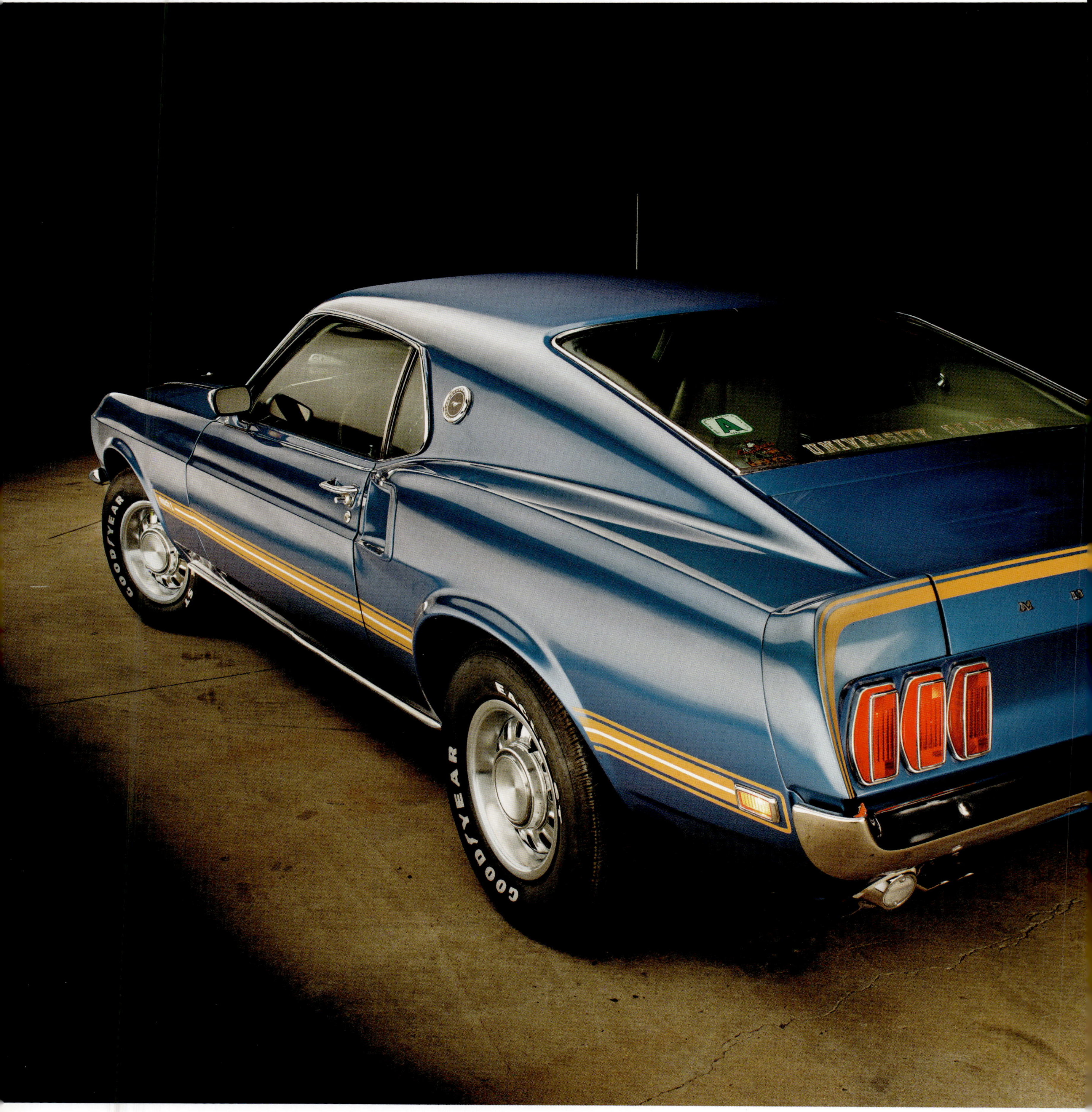

GEGEN ENDE DES JAHRES 1968 machte Ford Fortschritte in seiner ganz auf Muscle-Car-Enthusiasten ausgerichteten Marketing-Kampagne. Nur ein Jahr zuvor hatte der einflussreiche Ford-Händler Bob Tasca öffentlich Fords langweiliges Image kritisiert und beklagt, dass die 390 GTs keine Gegner für die 375 PS starken Chevy Super Sports und Pontiac GTOs waren. Als der *Hot-Rod*-Artikel auf dem Schreibtisch von Ford-Präsident Lee Iacocca landete, forderte dieser in einem Memo nur eine »Lösung für Fords Image-Problem«.

Der 1969er Mach 1 war der erste Mustang, der vollständig auf Iacoccas Forderung einging. Obwohl sein Standard-Motor »nur« ein 351er mit Doppelvergaser war, war der neue SportsRoof ein ausgesprochener Imageträger mit seiner schwarzen Motorhaube mit Lufthutze und rennmäßigen Schnellverschlüssen, mit Seitenstreifen, hohen Schalensitzen und chromblitzenden Stahlrädern. Und schon der Name implizierte schlicht »Schallgeschwindigkeit«. Bis Ende des Modelljahres hatte Ford mehr als 72.000 Mach 1 verkauft.

Der Mach 1 war auch die perfekte Plattform für Fords neue 428-Cobra-Jet-Maschine, die Mitte des Jahres debütierte, nachdem Tasca 1968 sein eigenes KR-8-Projekt realisiert hatte, einen 1967er Mustang mit 428-Motor, kräftig getunt mit handelsüblichen Komponenten aus dem Ford-Ersatzteillager. 1969 wurden die 428 CJs in zwei Konfigurationen angeboten: als Standard-Q-Code oder als R-Code mit einer auf den Luftfilter montierten »Shaker«-Lufthutze, die durch die Haube emporragte und dem Motor bei Vollgas kühlere Außenluft zuführte. Beide Varianten wurden tiefstapelnd mit 335 PS angegeben, wahrscheinlich, um die Bosse der NHRA (National Hot Rod Association) nicht zu beunruhigen und/oder keinen Ärger mit den Versicherungsunternehmen zu bekommen. Einige Fachblätter jedenfalls berichteten, dass die tatsächliche Leistung bei deutlich über 400 PS gelegen haben dürfte.

Der 428 Cobra Jet war ganz klar für Beschleunigungsrennen konzipiert, ob auf dem Drag Strip oder – inoffiziell – auf der Straße. Um die Vorteile des enormen Drehmoments und des Beschleunigungsvermögens des CJ nutzen zu können, bot Ford kürzere Hinterachsübersetzungen von 3,91:1 und 4,30:1 mit Traction-Lok- oder Sperrdifferenzial an. In der Annahme, dass Kunden, die diese Übersetzungen orderten, wahrscheinlich auch an entsprechenden (legalen oder illegalen) Rennen teilnehmen würden, verstärkte Ford die 428-Motorblöcke mit 427-»LeMans«-Pleueln und Zylinderkopfschrauben, um kostspielige Garantiefälle zu vermeiden. Obwohl die offiziellen Leistungsangaben nicht verändert wurden, wurden die Q-Code- und R-Code-428-Motoren in 3.91- und 4.30-übersetzten Mustangs bekannt als »Super Cobra Jets«.

Die Erprobung bei Ford hatte auch ergeben, dass über einen längeren Zeitraum höhere Motordrehzahlen mit den 3.91- oder 4.30-Getrieben zu Überhitzung führen konnten, weshalb diese Fahrzeuge mit einem externen Ölkühler ausgestattet wurden.

Etwa im Februar 1969 begann Ford damit, die kürzer übersetzten Getriebe in Verbindung mit dem externen Ölkühler als optionales »Drag-Pack« zu vermarkten, das dann auch 1970 noch für Mustangs mit dem 428-Cobra-Jet-Motor erhältlich war.

Mit einem R-Code-428er und dem Drag-Pack ist Mark Tomeis 1969er Mach 1 genau das, was Ford mit seiner damaligen Marketing-Kampagne im Sinn hatte. Mark erwarb seinen Mach 1 Mitte der 1980er Jahre von dessen zweitem Besitzer, J. Bittle, der das Auto bereits für seinen ursprünglichen Besitzer gewartet hatte. Bittle sagt heute, er habe den SCJ Mach 1 »in einem schwachen Moment verkauft, ich hätte ihn behalten sollen«.

Auf der Suche nach einem Ersatz für sein 1969er CJ Torino Coupé, das er vorher besessen hatte, griff Mark kurzerhand zu, als ihm der Mach 1 mit dem 428 Super Cobra Jet, ShakerLufthutze, Viergang-Getriebe und 3.91er Drag-Pack in Acapulco-Blau mit weißem Interieur angeboten wurde. Es handelt sich bei diesem Exemplar aber auch wirklich um einen ultimativen Mach 1, um einen, wie Mark sagt, »der dich beim Beschleunigen mit Sicherheit in den Sitz presst«.

Mark kaufte den Mach 1 mit weniger als 90.000 Meilen auf dem Tacho, und bis heute ist die 90.000-Meilen-Marke auf dem Instrument noch immer nicht überschritten. »Ich hatte schon immer ein viertüriges Auto für Arbeit und Alltag«, sagt Mark, »und so habe ich den Mach 1 in den vergangenen 17 Jahren hauptsächlich in der Garage stehen lassen.«

1969 MACH 1 SCJ

DIE MUSCLE-MUSTANGS

1969 MACH 1 SCJ   99

12

1970 BOSS 302 and BOSS 302 BARN FIND

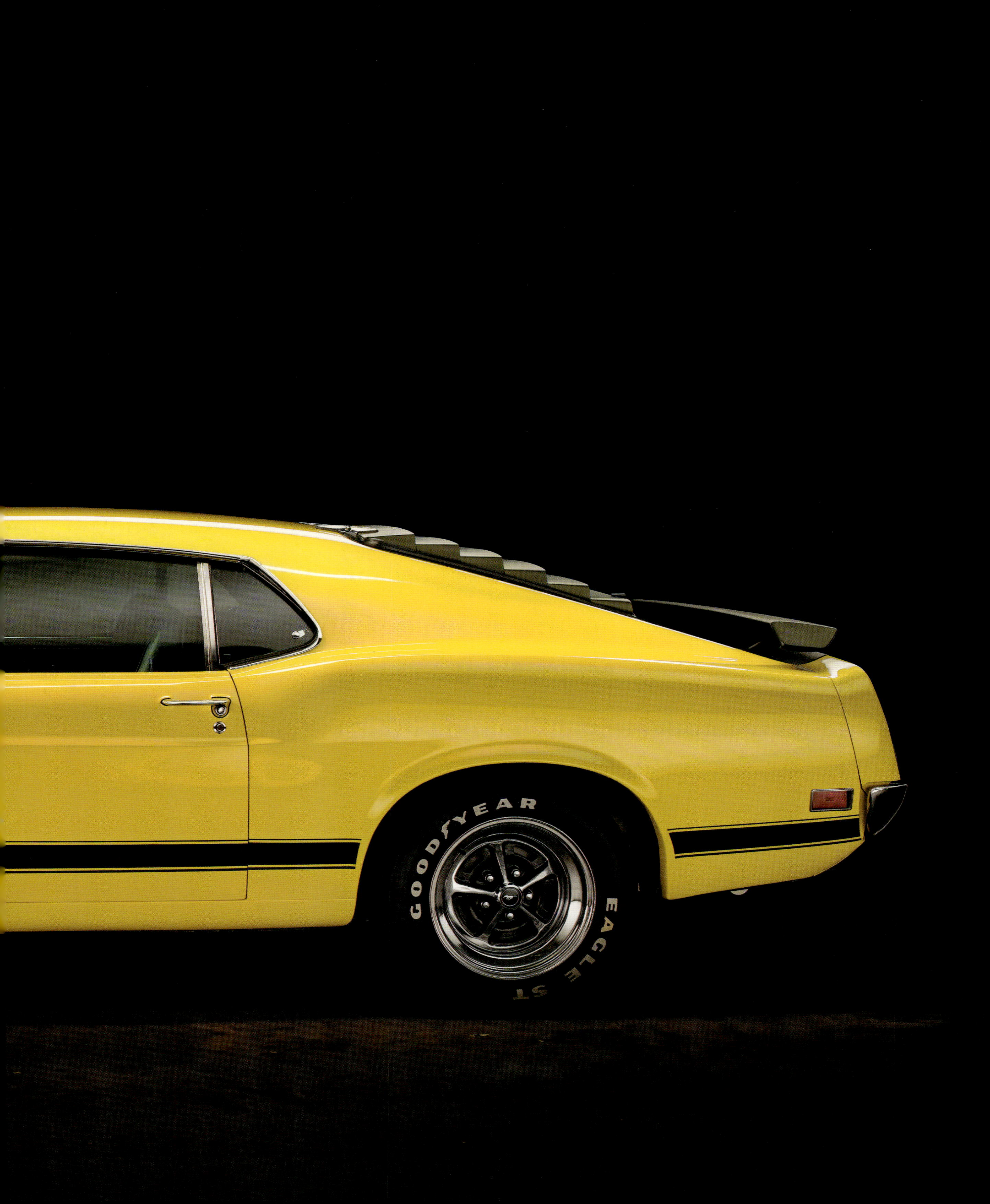
GOODYEAR
EAGLE ST

ALS JUNGER INGENIEUR 1968 in Fords Motorentwicklung in seinem Traumjob tätig, erinnert sich Lee Morse noch heute gut an den Moment, als entschieden wurde, Prototypen des 351er Cleveland-Zylinderkopfs auf eine Rennversion des 302er-Motorblocks zu setzen.

Diese spontane Idee sei sehr gut gewesen, meinte Morse Jahre später. »Wir erhielten die gleiche oder sogar eine noch höhere Leistung als mit dem 1968er Tunnel-Port.«

Die Cleveland-Köpfe, die große Einlasskanäle und Ventildurchmesser ermöglichten, lösten zwei Probleme für Ford. Zum einen arbeiteten sie besser als die Tunnel-Port-Köpfe, die für Spitzenleistungen zerstörerisch hohe Drehzahlen erforderten. Und zum anderen sollten sie 1970 in Serie produziert werden, was sie kostengünstiger machte, auch wenn kleinere Modifikationen am Wassermantel erforderlich waren, bevor sie auf dem 302-Windsor-Block installiert werden konnten. Der Tunnel-Port-302 von 1968 hingegen war nie in einen Serien-Mustang eingebaut worden. Aber für 1969 benötigte Ford eben eine Maschine, die für Trans-Am-Rennen homologiert war und mit dem Chevrolet Z/28 Camaro konkurrieren konnte.

Designer Larry Shinoda brachte den Namen »Boss« ins Spiel. »Wir wollten mit dem Namen auch ein Zeichen setzen«, sagte Shinoda 1981 in einem Interview. »›Boss‹ wurde gewählt, weil schon allein mit dieser Bezeichnung die Leistungsfähigkeit des Wagens zum Ausdruck kam. Außerdem hatte der Name Charisma.«

Der nur als SportsRoof gelieferte Boss 302 Mustang ging im April 1969 als Trans-Am-Rennwagen für die Straße in den Verkauf. Mit einer Nockenwelle mit mechanischen Stößeln und 780 cfm Holley-Vergaser auf einem Aluminium-Ansaugstutzen lieferte der einzigartige Small-Block mit Cleveland-Zylinderkopf 290 PS, ebenso viel wie der Z/28. Den Boss gab es ausschließlich mit Vier-Gang-Handschaltung, eine Klimaanlage wurde nicht angeboten. Aus Gewährleistungsgründen schützte Ford die hochdrehenden Motoren mit einer elektronischen Drehzahlbegrenzung. Alles war auf höchste Beanspruchungen ausgelegt, von der neun Zoll starken Hinterachse mit versetzt angeordneten Dämpfern bis zur Extra-Verstrebung an den vorderen Dämpferbrücken, die Ermüdungsbrüchen vorbeugen sollte: Immerhin konnten die massiven F60x15-Reifen enorme Kräfte übertragen.

Zum Boss gehörte auch das Shinoda-Grafikpaket, bestehend aus reflektierenden schwarzen Seitenstreifen, Frontspoiler und schwarzer Folie auf der Motorhaube, in den Einfassungen der Frontscheinwerfer und am Heck. Ein Heckspoiler und die Heckscheiben-Lamellen waren optional.

Technisch ging der Boss 302 mit nur kleineren Updates in das Modelljahr 1970. Deutlicher fielen da schon die äußeren Veränderungen aus, allen voran die Rückkehr zu zwei statt vier Scheinwerfern.

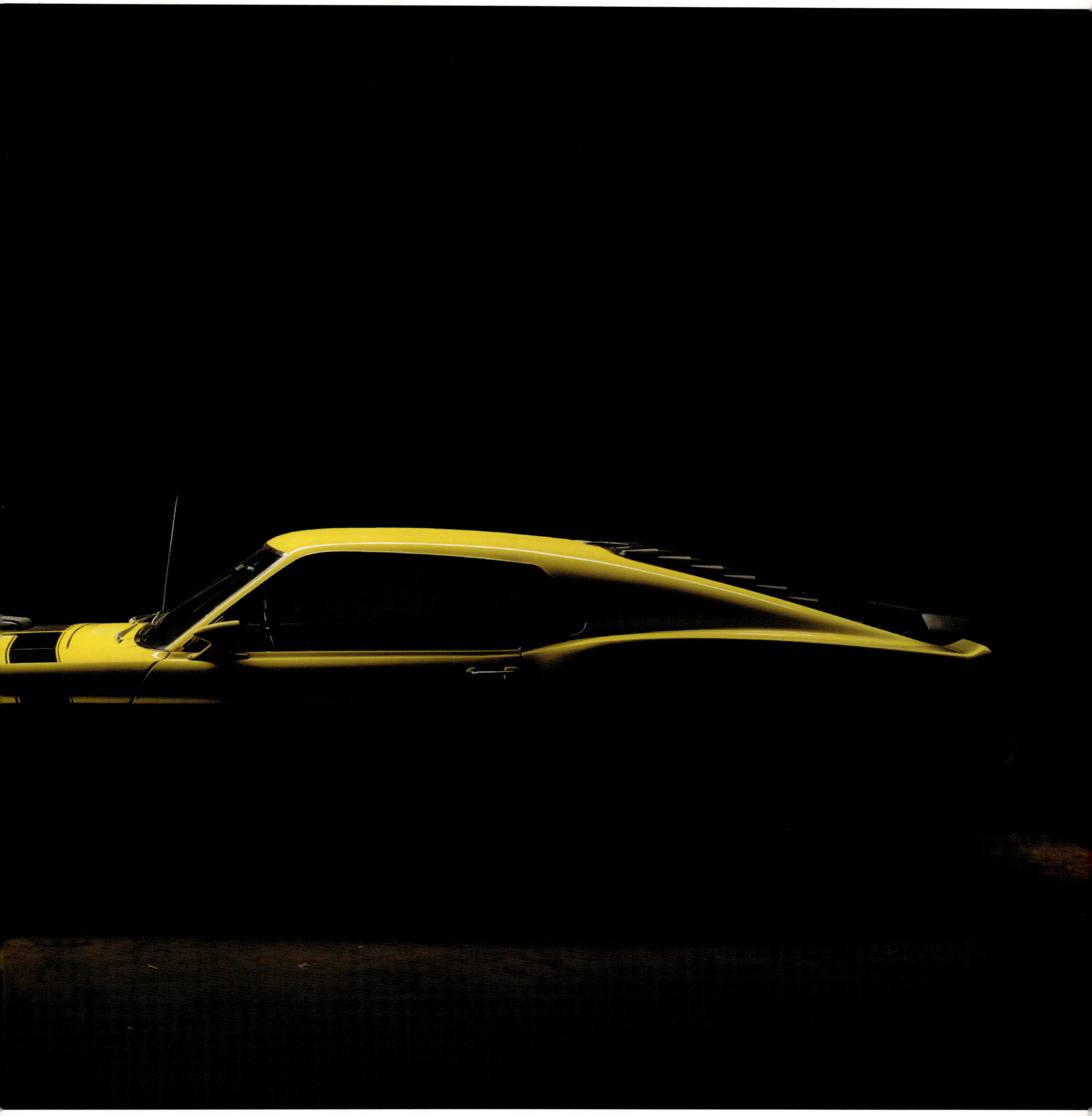

DIE MUSCLE-MUSTANGS

'70 Boss 302—Son of Trans-Am.

The Mustang Boss 302 is what comes from winning Trans-Am races year after year. It's designed to go quick and hang tight. The standard specs sound like a $9,000 European sports job instead of a reasonably priced, reliable American pony car. Boss 302 comes in just one body style—the wind-splitting SportsRoof shape. The engine is Ford's high output 302 CID 4V V-8, with new cylinder heads to permit canting the valves for better gas flow and larger diameter. That's what gives you a big 290 horsepower from a small, lightweight 302 CID engine.

Choose either close or wide ratios on Boss 302's buttersmooth, fully synchronized 4-speed. We've made it an even quicker box by adding a T-Handle Hurst Shifter®.

Brakes are power boosted, ventilated floating-caliper front discs. When we tell you the suspension is competition type with staggered rear shocks to combat rear wheel hop on takeoff, don't take our word for it, give it a try. We glue the Boss to the road on 15-inch wheels shod with F60-15 superwide fiberglass belted, bias ply tires. All this leaves you little to option but the fun things—like Magnum 500 chrome wheels, and those great Sport Slats for the tinted backlite. That's Boss 302. Your only problem . . . deciding whether to drive it or "Trans-Am" it.

For the full story on all the performance Fords for 1970, visit your Ford Dealer, and get our big 16-page 1970 Performance Digest. Or write to:

FORD PERFORMANCE DIGEST, Dept. CL-7,
P.O. Box 747, Dearborn, Michigan 48121.

MUSTANG Ford

Season after season of Trans-Am wins with specially prepared Mustangs taught us how to set up Boss 302.

Paint a number on your Boss 302, put a big gas tank in it, and call yourself Parnelli Jones.

106   DIE MUSCLE-MUSTANGS

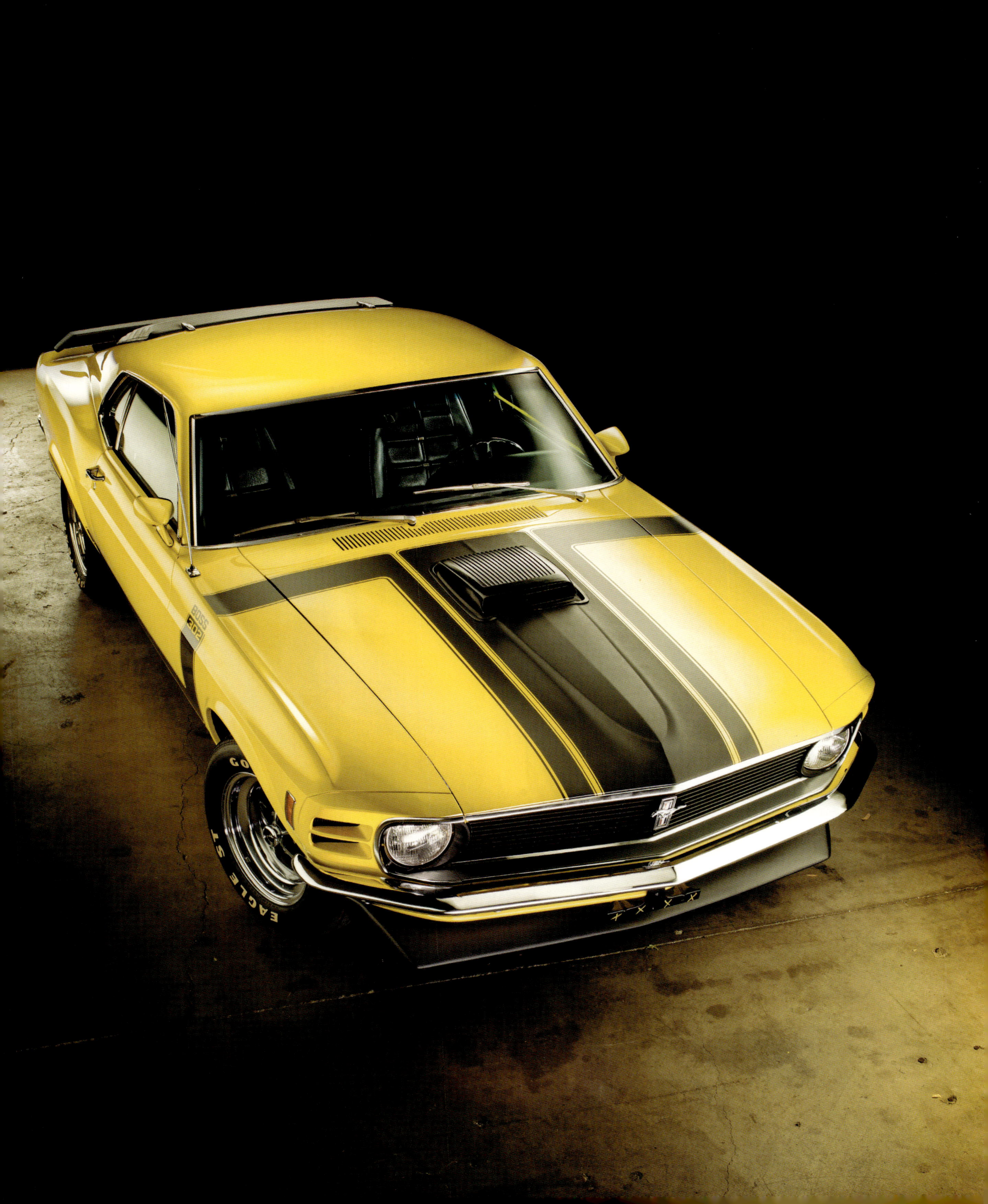
BOSS
302
EAGLE ST

Aber es waren Shinodas Zierstreifen, die die 1970er Boss 302 auf den ersten Blick von jedem anderen Muscle Car unterschieden. Die Folienstreifen liefen über die gesamte Länge des Autos: Beginnend an der Vorderkante der Motorhaube, gabelten sie sich kurz vor den Lüftungsschlitzen und liefen nach außen über die Kotflügel, wo sie an der Flanke kurz vom »Boss 302«-Schriftzug unterbrochen wurden, um dann als »Hockeyschläger«-Seitenstreifen aus reflektierendem 3M-Material bis zu den hinteren Stoßfängern zu führen.

1969 war der Boss 302 nur in vier Farben erhältlich, erst 1970 gab es auch den Boss in jeder lieferbaren Mustang-Farbe. Die beliebteste war »Bright Yellow«, das leuchtende Gelb, in dem auch der Wagen von David Kelly lackiert ist. David hatte sich 2004 auf die Suche nach einem 1970er Boss 302 gemacht – als Ergänzung zu seinem 1967er Shelby G.T. 500. »Ich fand den Wagen auf eBay und flog nach Pennsylvania, um ihn mir anzusehen. Mit nur 43.000 Meilen stand er sehr gut da«, erzählt David.

Mit dem Boss zurück in Kalifornien startete David eine zwei Jahre dauernde Restaurierung. Dabei entdeckte er unter einem der Sitze das Build Sheet mit den Produktionsdaten des Wagens, das es ihm erlaubte, die Erstausrüstung des Wagens nachzuvollziehen, einschließlich Heckspoiler, Heckfenster-Lamellen, Deluxe-Ausstattung, Drehzahlmesser, Radio/8-Spur-Kassetten-Stereoanlage und 3,91er Hinterachse. Bei der Demontage erkannte David, dass sein Boss bis hin zu Vergaser, Verteiler und VIN am Motorblock ein Exemplar mit matching numbers ist, ein seltener Fund, weil die meisten Boss-Motoren wegen eines Kolbenproblems noch in der Garantiezeit ausgetauscht wurden.

Der ebenfalls in Bright Yellow lackierte Boss 302 von Jordan Besenburch wurde erst 2014 aus einem Avocado-Hain gezogen, in dem er 27 Jahre lang auf seine Wiederentdeckung hatte warten müssen. Jordan ist der Enkel des ursprünglichen Besitzers, der den Mustang dort 1988 unter einer Plane abgestellt hatte, nachdem der Motor bei einem Straßenrennen explodiert war. Im Gedenken an seinen Großvater will Jordan an seinem Boss die ursprüngliche Lackierung samt Patina weitgehend erhalten, dem Wagen aber einen langhubigen 347er Boss-Motor von JBA Racing einpflanzen.

1970 BOSS 302 UND BOSS 302 SCHEUNENFUND 109

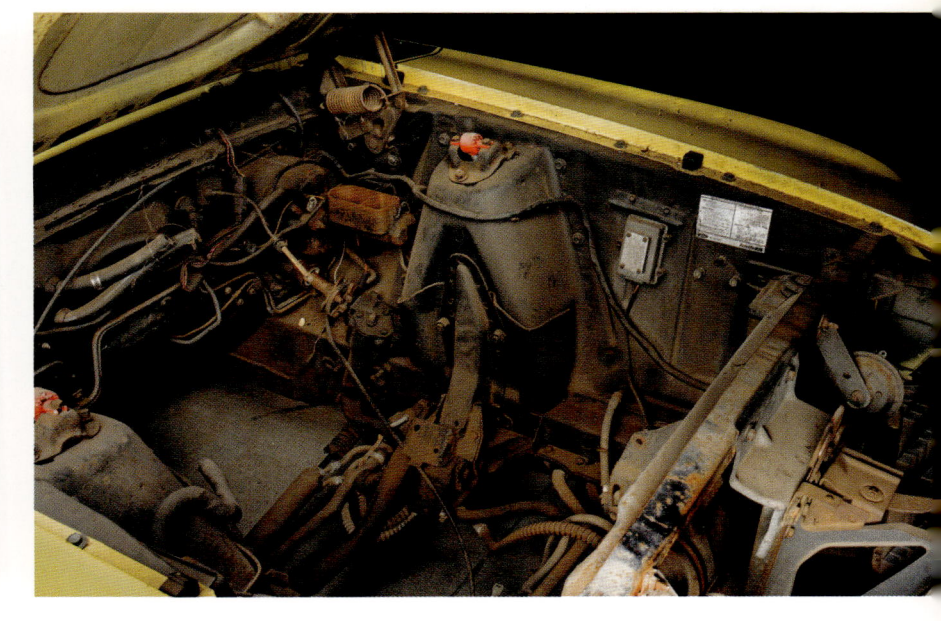

110   DIE MUSCLE-MUSTANGS

1970 BOSS 302 UND BOSS 302 SCHEUNENFUND 111

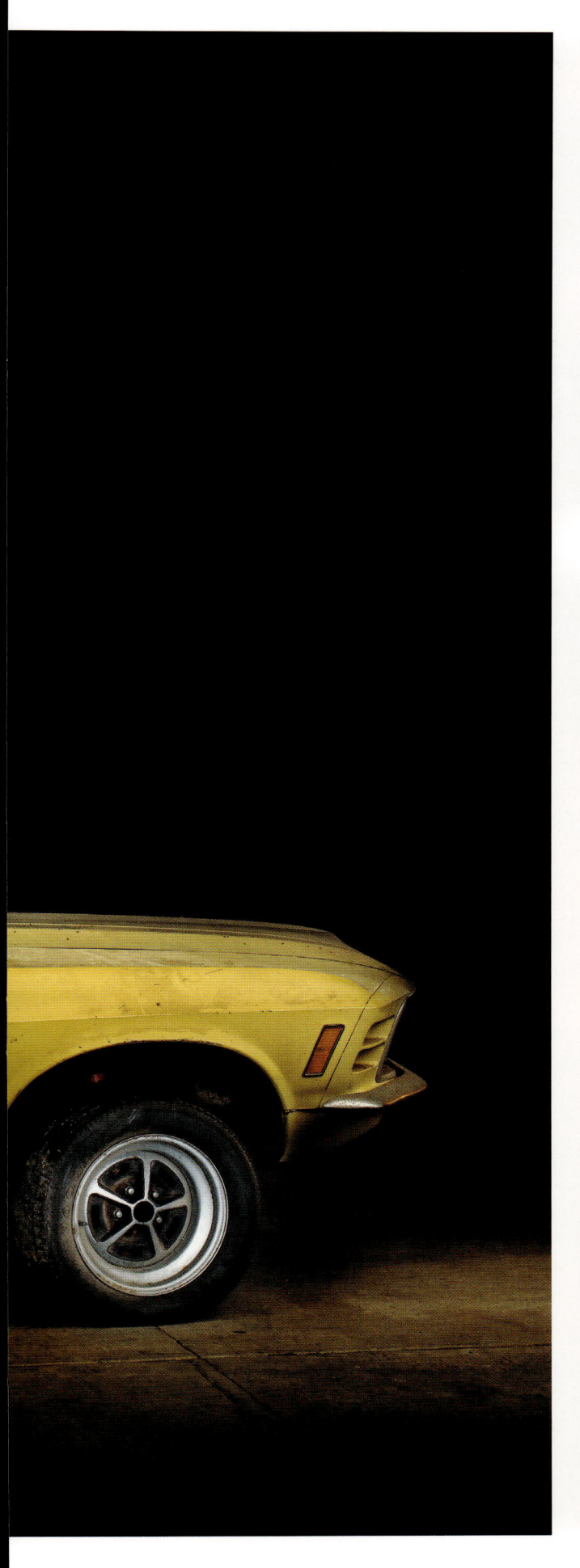

13

1971 BOSS 351

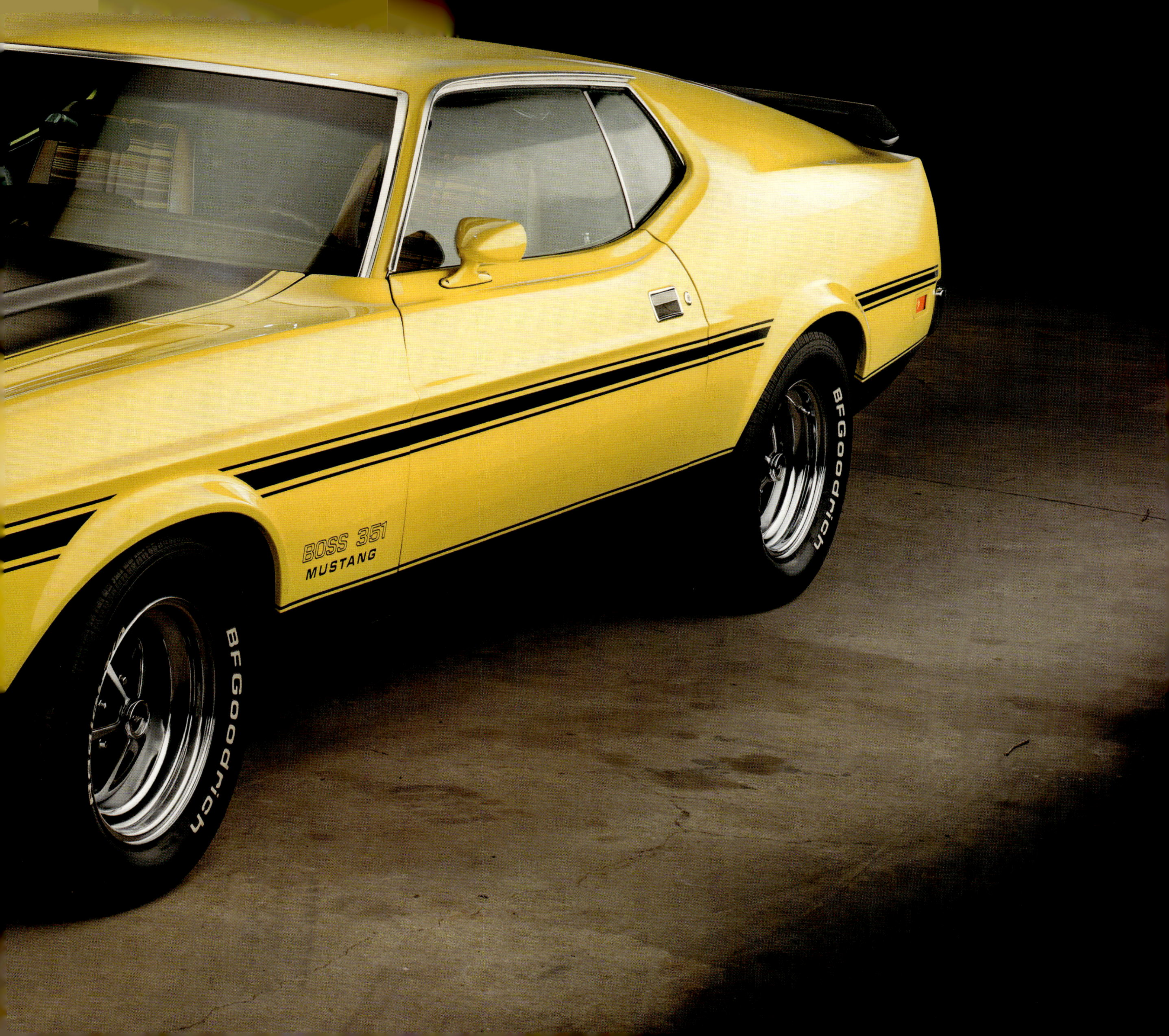
BOSS 351
MUSTANG
BFGoodrich
BFGoodrich

114 DIE MUSCLE-MUSTANGS

IM NOVEMBER 1970, zwei Monate nach der Einführung der 1971er Modelle, platzierte Ford den Boss 351 ganz unauffällig in der Mustang-Modellpalette. Es gab keine Fanfaren, keine Pressevorführung, nicht einmal eine Anzeige in den großen Autozeitschriften. Der Boss 351 erschien einfach auf den Bestellformularen der Händler, und allenfalls den klügsten Muscle-Car-Enthusiasten dürfte klar gewesen sein, dass hier der letzte – und wohl auch der beste – Boss Mustang die Bühne betreten hatte. Und zwar im vorerst letzten Jahr, in dem solch hoch verdichtende Hochleistungs-Sportwagen angeboten werden sollten.

In den zwei Jahren zuvor dienten die Boss Mustangs auch der Homologation ihrer speziellen Motoren für den Rennsport – des 302 für Trans-Am- und des 429 für NASCAR-Rennen. Beiden waren für die Straße bessere Manieren anerzogen worden, aber nachdem sich Ford im Sommer 1970 aus den Rennen zurückgezogen hatte, gab es keinen Grund mehr, nur Hemis zu bauen oder die Motoren im Hubraum zu begrenzen.

Befreit von solcherlei Beschränkungen, hatte der Boss 351 jetzt auch den entsprechenden Hubraum unter den Cleveland-Zylinderköpfen, die im Wesentlichen die gleichen waren, die auch auf den Motorblock des früheren Boss 302 geschraubt worden waren. Basierend auf Fords neuer 351er Cleveland-Motorenfamilie, erreichte der Boss 351 dank seiner Nockenwelle mit mechanischen Stößeln, einer Verdichtung von 11.0:1 und 750 cfm Autolite-Vierfachvergaser auf einem Aluminium-Ansaugstutzen mit 330 PS und 370 Nm die Leistungswerte des Camaro Z28.

Ausschließlich als SportsRoof erhältlich, gab es den Boss 351 mit ausgesuchten Zutaten wie Vierganggetriebe mit Hurst-Schalthebel, 9-Zoll-Hinterachse mit 3,91er Übersetzung, Rennfahrwerk mit versetzt angeordneten hinteren Stoßdämpfern und NACA-Lufthutzen in der Motorhaube. Äußerlich ließ sich der Boss 351 gut an seiner Motorhaube in Schwarz oder Silber erkennen, an den Hockeyschläger-Zierstreifen, am Frontspoiler und natürlich an den »Boss 351«-Schriftzügen auf den vorderen Kotflügeln und auf dem Kofferraum. Magnum-500-Räder und ein Heckspoiler waren beliebte Optionen.

MartiAutoWorks

"CONCOURSE QUALITY, HOBBYIST PRICE"

12007 W. PEORIA AVENUE
EL MIRAGE, AZ 85335
(623) 935-2558
(623) 935-2579 FAX

THE 1971 MUSTANG

Of the
149,682 1971 Mustangs,
60,453 were Sportsroofs. Of them,
1,806 were built with 351-4V Boss Engines. Of those,
344 were painted Grabber Yellow, of which
2 had Ginger Cloth Bucket Seats.
1 of these had Magnum 500 Chrome Wheels.
1F02R140586 is that Mustang.

Kevin Marti

The material contained in this report is copyrighted. The production data may not be used without written permission of Ford Motor Company and Marti Auto Works. The data is not available from other sources, so the appearance of it in published form by other authors or publishers without said written permission will result in prosecution under applicable laws. Single statistics may be quoted when accompanied by the statement, "Statistic courtesy of Marti Auto Works and copyrighted."

For Mustang, Thunderbird, Cougar, Falcon, Fairlane, Lincoln, Torino, and other Ford Products from 1954-1989

BOSS 351
MUSTANG

Auch wenn es so gut wie keinen Wirbel um seine Einführung gab, entging der Boss 351 doch keineswegs der Aufmerksamkeit der Autozeitschriften. *Sports Car Graphic* berichtete, »Das Ding geht wie der Teufel!«, nachdem das Blatt eine 13,9-Sekunden-Zeit für die Viertelmeile gestoppt hatte, eine ganze Sekunde weniger als beim Vorgänger Boss 302. *Car & Driver* kritisierte die Größen- und Gewichtszunahme beim 1971er Mustang, schrieb aber über den Boss 351, er produziere »reichlich Leistung für seine Größe« und verfüge dabei noch über ein »bemerkenswertes Handling.«

Dan Ingebretson las diese Berichte, als er bei der US Air Force diente, und während er noch in Südostasien stationiert war, fragte er bei Keystone Ford in Norwalk, Kalifornien, nach einem neuen Boss 351. »Der Händler machte schließlich einen Boss 351 bei einer Ford-Niederlassung in Bishop, Kalifornien, aus«, erinnert sich Dan. »Jemand war dort vom Kauf zurückgetreten, und der Händler wollte ihn loswerden. Als ich nach Hause zurückkehrte, brachte ich im Händler-Austausch einen F150 Pickup nach Bishop.«

Und Dan hat seinen 1971er Boss 351 in Grabber-Gelb noch heute. Bis die vier Kinder groß waren, diente er erst einmal als Familienauto und auch als Zugfahrzeug für seinen Strand-Buggy. In den 1990ern wurde er neu lackiert und sein Motor generalüberholt, und danach tat der Boss nur noch an Wochenenden Dienst. Erst kürzlich allerdings, so berichtet Dan, habe er mit seinem Boss eine 13,3-Sekunden-Zeit auf der Viertelmeile in Fontana Raceway gestoppt. Laut Kevin Martis Ford-Produktionsdatenbank wurden überhaupt nur zwei Exemplare des Boss 351 in Grabber-Gelb mit rötlich-braunem Interieur produziert.

Immer strengere Abgasvorschriften sorgten dafür, dass Muscle Cars vom Schlage eines Boss 351 Mustang im Jahr 1971 zu einer aussterbenden Art gehörten. Ford hatte sich auch aus dem Renngeschehen zurückgezogen, weshalb der Boss 351 dem Magazin *Car & Driver* erschien »wie ein einzelnes Blatt, das noch am Ende eines bereits abgeschnittenen Astes baumelt«.

1972 begann Ford – wie die anderen Automobilhersteller auch – damit, die Kompressionsraten zu reduzieren. Wirkliche Hochleistungsmotoren wurden nicht mehr gebaut, die Muscle-Car-Ära war definitiv beendet.

Der Boss 351 war die letzte Rose dieses Sommers.

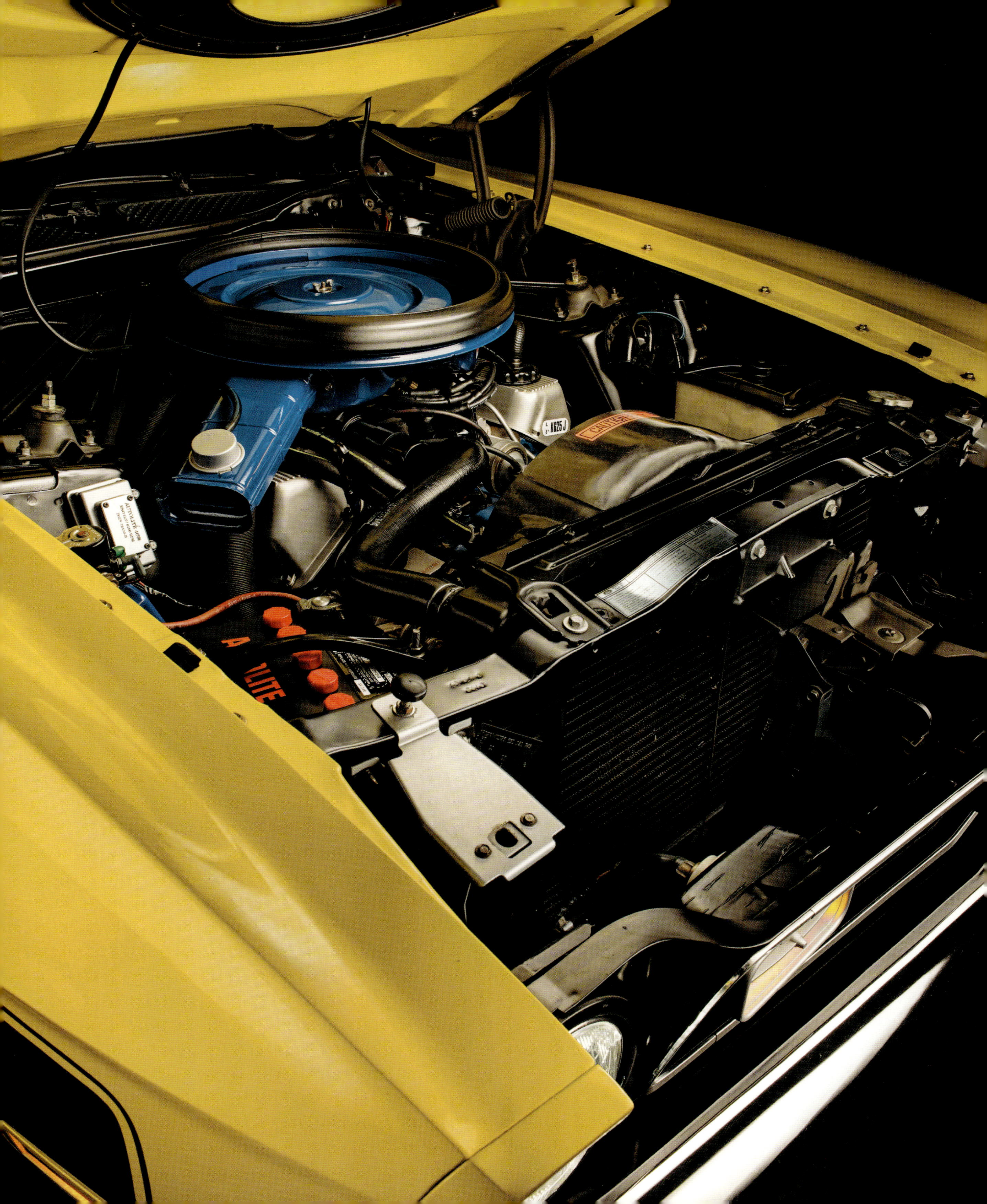

K625 J
CAUTION

14

1972 GRANDE

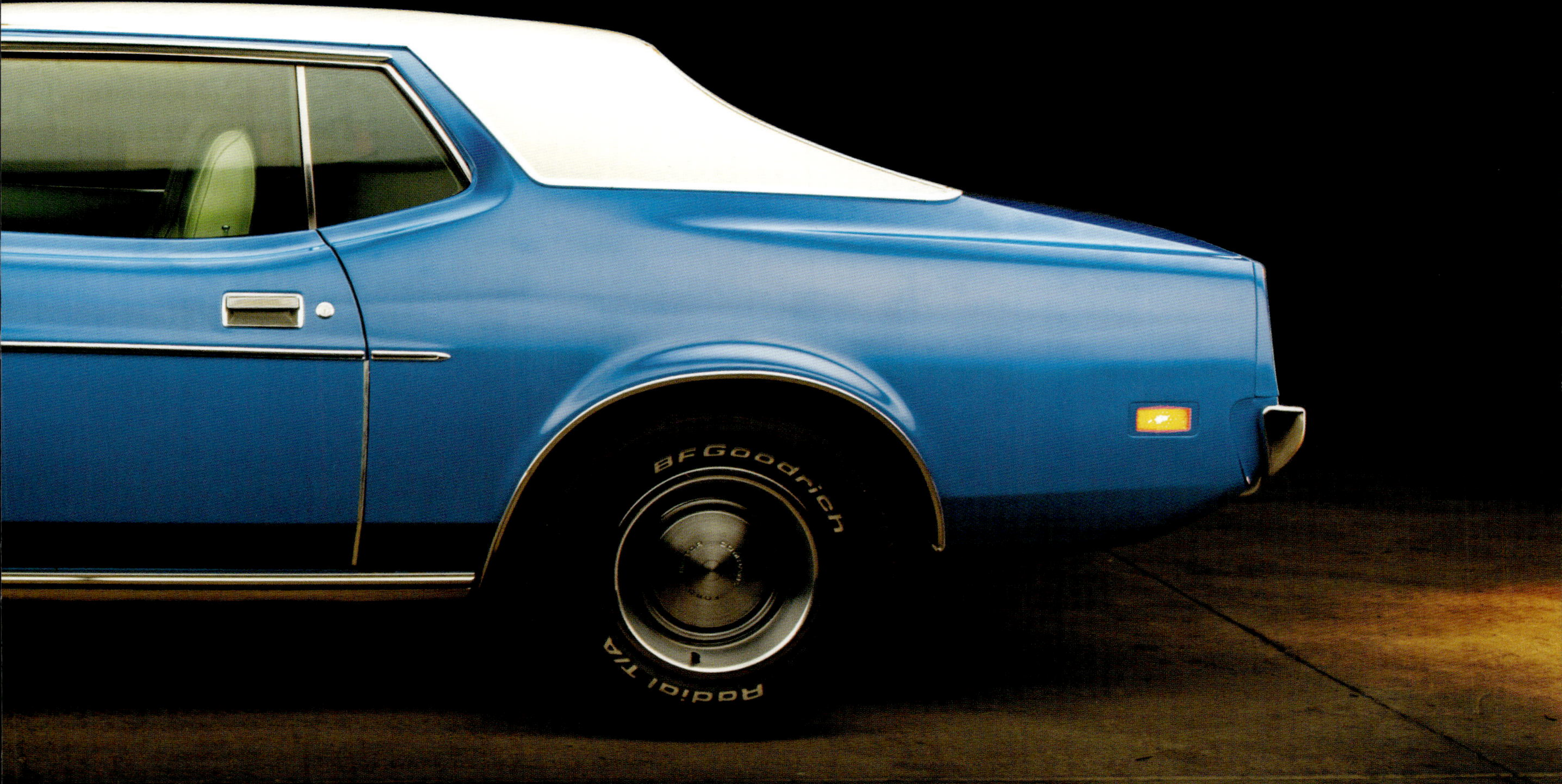
BFGoodrich
Radial T/A

DER 1972 MUSTANG GRANDE wurde in den Verkaufsprospekten beschrieben als »das Nonplusultra in Optik, Haptik und Fahrgefühl eines sportlichen Luxusautos.« Aufgrund gesetzlicher Vorschriften wurden Muscle Cars wie der Boss 351 und der Mach 1 mit dem 429-Cobra-Jet-Motor nicht mehr gebaut, stattdessen versuchte Ford, seine Mustangs als »Fahrmaschinen« zu verkaufen, die in einem zweitürigen Pony Car Luxus und gehobenen Stil boten. Um diesen Anspruch zu unterstreichen, wurde der Grande auf vier vollen Seiten in den Verkaufsprospekten vorgestellt.

Drei Jahre zuvor hatte der Grande sein Debüt als völlig eigenständiges Mustang-Modell, parallel zu dem damals neuen 1969er Mach 1. Ausschließlich als Hardtop angeboten, fanden sich in und am 1969er Grande edelste Mustang-Zutaten wie Speichenräder, Vinyldach und gehobene Ausstattung inklusive Deluxe-Interieur. Es war der erste »Luxus«-Mustang.

Aber als die 1969er Grande zu den Händlern kamen, war Ford längst damit beschäftigt, die weitere Zukunft des Mustangs zu planen. In Erwartung größerer Hubräume und ungezügelten Leistungspotenzials wuchs der Mustang in den Jahren 1971–1973 in der Breite wie in der Länge um zwei Zoll, und sein Gewicht stieg gegenüber dem Vorgänger von 1969–1970 um 600 pounds (etwa 270 kg). Die größeren Dimensionen brachten auch mehr Platz im Innenraum für Fahrer und Passagiere, und eine komplett überarbeitete Aufhängung sorgte für einen Fahrkomfort, der an den eines Galaxie LTD heranreichte. Aber leider lagen die Produktplaner mit ihren Voraussagen ziemlich daneben: Strengere Versicherungsbestimmungen und rigidere Abgasnormen des Gesetzgebers verhinderten, dass es zu den erwarteten Leistungszuwächsen kam. Fords Entscheidung, beim Mustang den Schwerpunkt künftig auf Luxus statt auf Leistung zu legen, war also richtig: Der Grande der Modelljahre 1971–1973 entpuppte sich als genau das richtige Modell zur richtigen Zeit.

Der in hellem Grabber-Blau lackierte Hardtop von Jake Klempner hat ein weißes Dach und eine weiße Innenausstattung, für einen 1972er Grande eine eher ungewöhnliche Farbkombination. Die meisten Grandes wurden damals in Fords kräftigen Metallic-Farben bestellt. Laut Kevin Martis Ford-Produktionsdatenbank wurden gerade einmal 152 von den 18.045 im Modelljahr 1972 gebauten Grandes in Grabber-Blau ausgeliefert.

1972 GRANDE 123

Als Ford dem Grande ein »Alleinstellungsmerkmal an der Spitze seiner Klasse« zuschrieb, war das nicht einmal übertrieben, denn von den Pony-Car-Konkurrenten Camaro, Firebird, Challenger und Barracuda gab es zu dieser Zeit schlicht kein ausgewiesenes Luxusmodell. Zur Grande-Ausstattung gehörten 1972 in Wagenfarbe lackierte Renn-Außenspiegel, Chrom-Seitenschweller und Zierleisten, Vinyldach und spezielle Radkappen. Im Inneren hob sich der Grande von den Basis-Mustangs unter anderem ab durch seine Sportsitze mit hoher Rückenlehne, einen Aschenbecher im Fond, eine Uhr und Zierleisten in Holzmaserung.

Aber das war nur der Anfang vom Luxus im Grande. Mit der richtigen Zusatzausstattung rückte der Mustang Grande in puncto Komfort und Bequemlichkeit schon an einen Lincoln heran. Hatten die Käufer auf dem Bestellschein die richtigen Kästchen angekreuzt, konnten sie sich anschließend über Goodies wie Klimaanlage, elektrische Fensterheber, Stereo-Radio mit Acht-Spur-Kassettengerät, Servolenkung und fünffach verstellbares Lenkrad in ihrem Grande freuen. Standardmäßig war der 250-Kubikzoll-Reihensechszylinder im Grande verbaut, es standen aber auch alle anderen Mustang-Motorvarianten zur Verfügung, bis hin zum 351er Cleveland-Motor mit Vierfachvergaser.

Als die Motorleistung in den frühen 1970er Jahren an Bedeutung verlor, stiegen die Grande-Verkäufe in den Jahren 1971–1973 kontinuierlich an. Insgesamt wurden in diesen drei Jahren fast 61.000 Mustang Grande produziert. Aber leider gab es den Grande nur fünf Jahre lang; das Luxusmodell der zweiten Mustang-Generation, die 1974 auf den Markt kam, erhielt den Namen »Ghia« in Anlehnung an das italienische Styling-Studio, das an der Gestaltung des neuen, kleineren Mustangs für die zweite Hälfte der 70er Jahre mitgewirkt hatte.

1972 GRANDE 125

15

1976 COBRA II

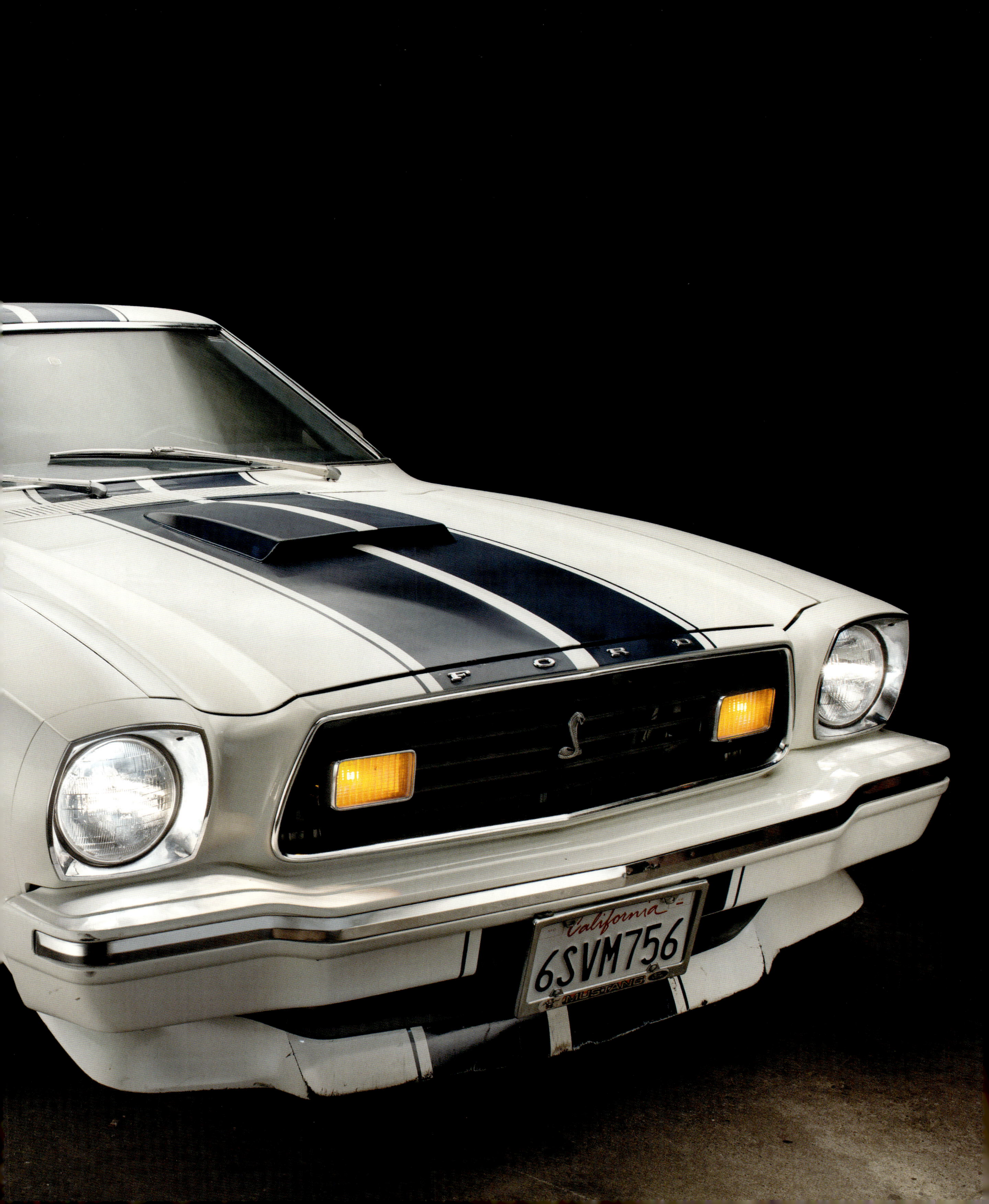
F O R D
California
6SVM756
MUSTANG

128 DIE MUSCLE-MUSTANGS

VIELE JUNGE MÄNNER waren in den 1970er Jahren begeistert vom Anblick der blonden Farrah Fawcett, wenn sie in der beliebten Fernsehserie *Drei Engel für Charlie* in ihren 1976er Cobra II stieg. Shawn McClure erging es nicht anders: Das Bild des weißen Mustangs mit den blauen Streifen ging ihm nicht wieder aus dem Kopf, und 35 Jahre später begann er dann seine Suche nach genau so einem Wagen.

Merkwürdigerweise war es Jim Wangers, der in den 1960er Jahren den Pontiac GTO vermarktet hatte, der dem Mustang II zu einem gewissen Pep verhalf, als dieser – annähernd wieder auf die ursprüngliche Mustanggröße geschrumpft – im Jahr 1974 debütierte. In den frühen 1970er Jahren nämlich waren die Mustangs deutlich gewachsen, und Ford-Präsident Lee Iacocca, der in den frühen 1960er Jahren die Idee eines sportlichen Viersitzers verfolgt hatte, wollte mit seinem Pony Car zu dessen Wurzeln zurückzukehren. Schließlich hießen die wahren Konkurrenten für den Mustang in den 1970er Jahren Toyota Celica und Datsun 240Z, nicht Camaro Z/28 oder Hemi 'Cuda.

Zwar wird John DeLorean, Russ Gee und Bill Collins das Verdienst zugeschrieben, einen 389-Kubikzoll-Motor in den Pontiac Tempest verpflanzt und so den GTO geschaffen zu haben, doch es war Wangers, der Amerikas erstes wirkliches Muscle Car unsterblich machte. Wangers machte den GTO bei Jugendlichen populär, indem er den Hit »G.T.O.« von Ronnie and the Daytonas in der Werbung einsetzte und die Monkees dazu brachte, einen GTO in ihrer beliebten Fernsehshow zu fahren. Wangers Werbefeldzüge für Pontiacs, einschließlich dem für den 1969er GTO Judge, hatten den General-Motors-Ableger in den 60er Jahren zu einem der Top-Anbieter von Muscle Cars gemacht.

Als aber in den frühen 1970er Jahren auch Pontiac mit immer strengeren Versicherungs- und Emissionsvorschriften zu kämpfen hatte, stieg Wangers bei General Motors aus und gründete die Motortown Corporation, ein Karosseriebau-Unternehmen, das auch Kfz-Zubehör fertigte. Für die Motortown Corporation schloss er einen lukrativen Vertrag mit Pontiac über den Bau einer Can-Am-Variante des LeMans. Als der Mustang II 1974 in die Verkaufsräume der Ford-Händler rollte, bot Wangers dem inzwischen in den Vorstand aufgerückten Edsel Ford II einen Entwurf für ein Modell Cobra II in 1976 an. Bestrebt, das Image des Mustangs II nachzuschärfen, hielt Edsel die Cobra II für eine großartige Idee.

In einem Werk in der Nähe von Dearborn baute Motortown schließlich Mustangs II unter Verwendung von selbst hergestellten Teilen zu Cobras II um. Und tatsächlich ließ die 1976er Cobra II mit ihren Rallye- und Seitenzierstreifen, Lufthutze, schwarzem Kühlergrill mit Cobra-

Emblem und Entenbürzel-Heckspoiler die alte Shelby-Magie noch einmal aufleben. Auch die verfügbaren Farbkombinationen glichen denen der früheren Shelbys: Blau mit Weiß, Weiß mit Blau und (ähnlich wie bei den Hertz-Shelbys) Schwarz mit Gold. Einen Hauch moderner waren da schon Extras wie die Seitenscheiben-Lamellen oder im Interieur ein Armaturenbrett und Türverkleidungseinsätze aus gebürstetem Aluminium. Die Cobra II stand entweder auf Mustang-II-Standard-Rädern oder auf optionalen Alu-Rädern, beides 13-Zöller und beide mit schwarzen, zusammengerollten Cobras auf den Radnabenabdeckungen.

Eigentlich als limitiertes Modell geplant, überraschte die 1976er Cobra II selbst Edsel Ford II mit insgesamt 25.259 verkauften Einheiten, ein Erfolg, an dem ihr Auftreten in den *Drei Engeln für Charlie* nicht unerheblichen Anteil gehabt haben dürfte. Das Modell erwies sich schließlich sogar als so populär, dass Ford die Produktion in den Jahren 1977–1978 selbst übernahm.

Shawn McClure gibt gerne zu, dass er von der Cobra II auch deshalb so fasziniert war und ist, weil die von Fawcett in den *Drei Engeln für Charlie* gespielte Jill Munroe diesen Wagen fuhr. 2011 machte er sich schließlich auf die Suche nach einer Cobra II. »Ich habe im Internet sofort eine gefunden«, erzählt Shawn. »Sie hatte die richtige Farbe und war in einem guten Zustand.« Shawn erfuhr, dass die Großmutter des Verkäufers die Cobra II einst als Neuwagen gekauft und sie nur wenig – und im Winter gar nicht – gefahren habe. So hatte sie nur 32.000 Meilen auf dem Tacho. »Es war mein Glückstag«, meint Shawn, der den Mustang in seinem Originalzustand kaufte und später mit Vierloch-Alurädern im Minilite-Stil ausstattete. Heute bewegt Shawn seine Cobra II überwiegend bei Wochenendausfahrten rund um San Diego.

ABSCHNITT 3 1984–2003

THE FOX-BODY MUSTANGS

DIE UMFANGREICHE ÜBERARBEITUNG für das Modelljahr 1979 kostete den Mustang viel von seinem ursprünglichen Charakter. Entscheidende Designelemente vom breiten Kühlergrill bis hin zu den Dreifach-Rücklichtern waren einfach verschwunden. Basierend auf Fords neuen Fox-Fahrgestellen, erhielt der 1979er Mustang einen mehr europäischen Charakter. Verantwortlich für die Umgestaltung war Fords Designer Jack Telnack, der nach einer Tätigkeit als Vizepräsident des Designs bei Ford of Europe nach Dearborn zurückgekehrt war. Zunächst wurden die neuer Fox-Body-Mustangs mit Vierzylindern und kleinen V8s bis zu 255 Kubikzoll bestückt. Aber am Horizont zeichnete sich bereits eine neue Ära leistungsstarker Fahrzeuge ab, eine Ära, in welcher der Mustang an die Spitze der amerikanischen Sportwagen-Szene zurückkehren sollte.

Das Cover der *Motor Trend* vom September 1981 sagte alles: »Der Boss ist zurück – 302 GT Mustang«. Mit 157 PS aus dem neuen 5,0-Liter-HO-Motor war dies der stärkste Mustang seit 1973. Das war gewiss ein Schritt in die richtige Richtung – und der Auslöser für eine neuerliche Leistungsexplosion bei den Mustangs. 1983 erhielt der 5,0-Liter-V8 einen Vierfachvergaser und leistete damit 175 PS. 1985 kamen eine Nockenwelle mit Rollenschlepphebeln, ein neuer Abgaskrümmer und eine zweiflutige Auspuffanlage hinzu, die Leistung stieg um 35 auf nunmehr 210 PS. 1986 gab es erstmals eine elektronische Kraftstoffeinspritzung, die Leistung betrug nun 200 PS, doch schon ein Jahr später, 1987, erhielt der V8 andere Zylinderköpfe und größere Ansaugkanäle, womit die Leistung auf jetzt 225 PS stieg. Für die nächsten fünf Jahre blieb sie dann unverändert.

Und die wiedererstarkten Mustangs fanden schnell Anhänger. Kraftvoll, leicht und mit rund 12.500 Dollar für einen brandneuen 5,0-Liter-LX durchaus preiswert, wurde der Fox-Body-Mustang die Waffe der Wahl der Drag Racer, vor allem, nachdem die »Hot Rodder« entdeckt hatten, dass sich die Elektronik für die Benzineinspritzung modifizieren und damit sogar auf den Betrieb mit Lachgaseinspritzung, Kompressor- oder Turboaufladung einstellen ließ.

Bald gab es landesweit erste Berichte über erstaunlich schnelle Viertelmeilen-Zeiten von 5,0-Liter-Pionieren. Anfang 1990 stellte das Magazin *Super Ford* drei Mustangs vor, bei denen auf drei verschiedene Arten mehr Leistung aus den Maschinen gekitzelt worden war. In New York hatte »Stormin' Norman« Gray mit einem Schuss Lachgas die Viertelmeile in 11,8 Sekunden zurückgelegt. In Florida hatte Tom Hartsell einen Paxton-Kompressor in seinen 1988er Hatchback eingebaut und damit eine Zeit von 12,0 Sekunden hingelegt. Und in Michigan hatte Ford-Ingenieur Brian Wolfe Fords SVO (Special Vehicle Operations Department) seinen 1986er GT als Testwagen angeboten, was ohne Aufladung, dafür aber mit experimentellen GT-40-Zylinderköpfen und Ansaugstutzen im Ergebnis eine Zeit von 11,6 Sekunden brachte. Das sprach sich herum. Bald tummelten sich auf Amerikas Drag Strips lauter 5,0-Liter-Mustangs, und es entstanden nationale Rennserien im Rahmen der Fun Ford Weekends oder bei der National Mustang Racers Association.

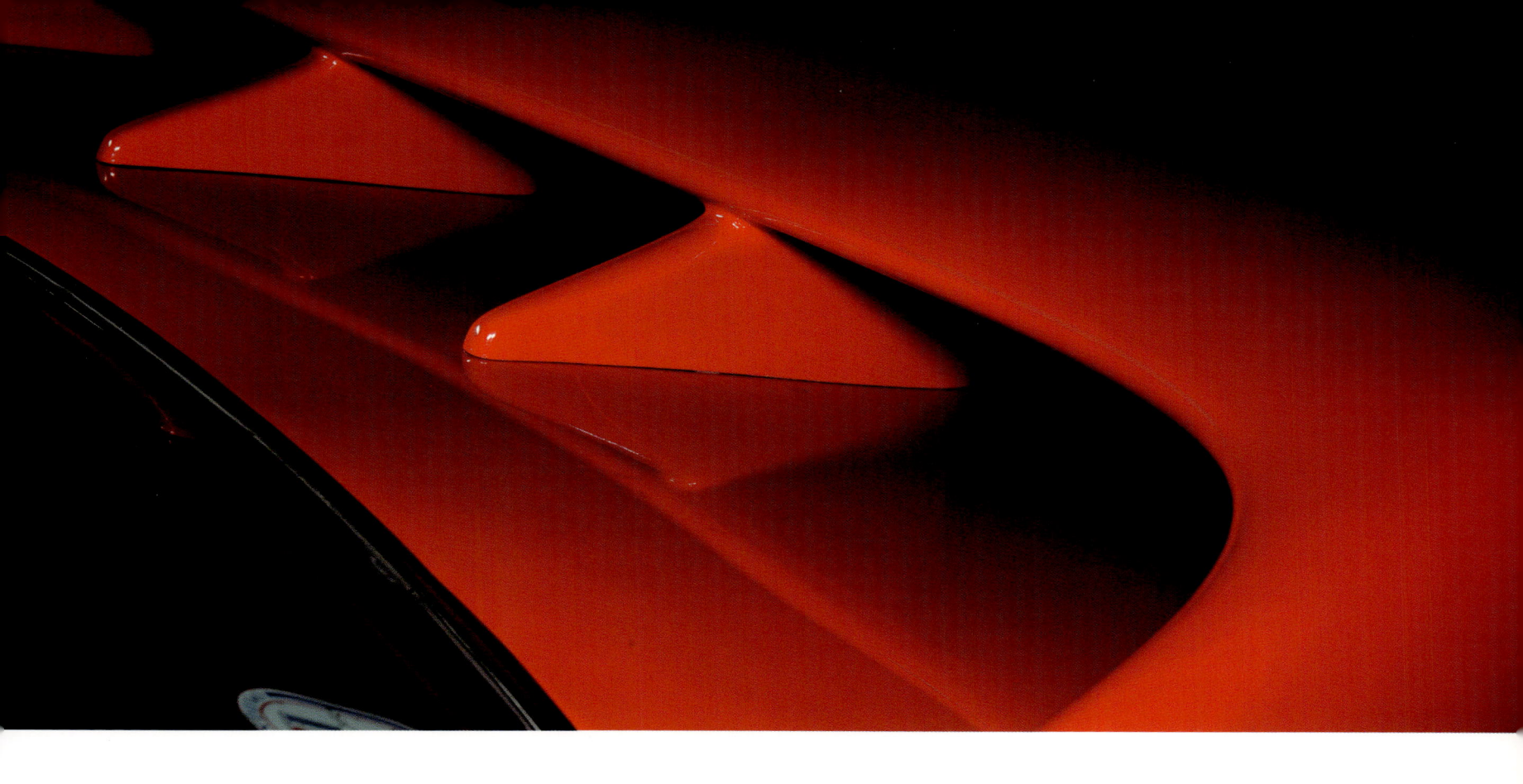

Während der 5,0-Liter-Mustang also in den frühen 1990er Jahren seine neugewonnene Popularität genießen konnte, war auf den Ford-Fluren hinter vorgehaltener Hand davon zu hören, dass Führungskräfte darüber nachdächten, im Mustang den Heck- durch einen Vorderradantrieb zu ersetzen, um sich so besser gegen den Zustrom von sportlichen Fronttrieblern aus Fernost behaupten zu können. Als jedoch das Magazin *AutoWeek* diese Pläne öffentlich machte, ging ein Aufschrei durch die Reihen der Mustang-Fans, der Ford zwang, die Strategie noch einmal zu überdenken. Und so wurde insgeheim unter der Führung von Ingenieur John Coletti ein komplett neuer Mustang entwickelt, immer noch auf der Grundlage der Fox-Fahrgestelle, aber mit einer Karosserie, die viele der ursprünglichen Mustang-Designelemente wieder aufgriff. Aus dem Frontantriebs-Projekt wurde übrigens der Ford Probe, dem allerdings nur ein kurzes Dasein beschieden war.

Das war knapp, aber wohl die richtige Entscheidung gewesen, denn sie führte letztlich zu einer Wiederbelebung der Marke Mustang. Fords Special Vehicle Team Division, wie das SVO ab 1993 hieß, verlieh dem Mustang-Image 1993 dann noch mehr Glanz, indem es sein Cobra-Modell präsentierte und dieses, trotz einiger Rückschläge, beständig weiterentwickelte bis zur kompressorbestückten 390-PS-Cobra des Modelljahrs 2003, die bei Ford unter dem Codenamen »Terminator« lief. Parallel dazu entwickelte Ford-Ingenieur Scott Hoag die Sondermodelle »Bullitt« (2001) und »Mach 1« (2003–2004).

16

1984 20th ANNIVERSARY GT350

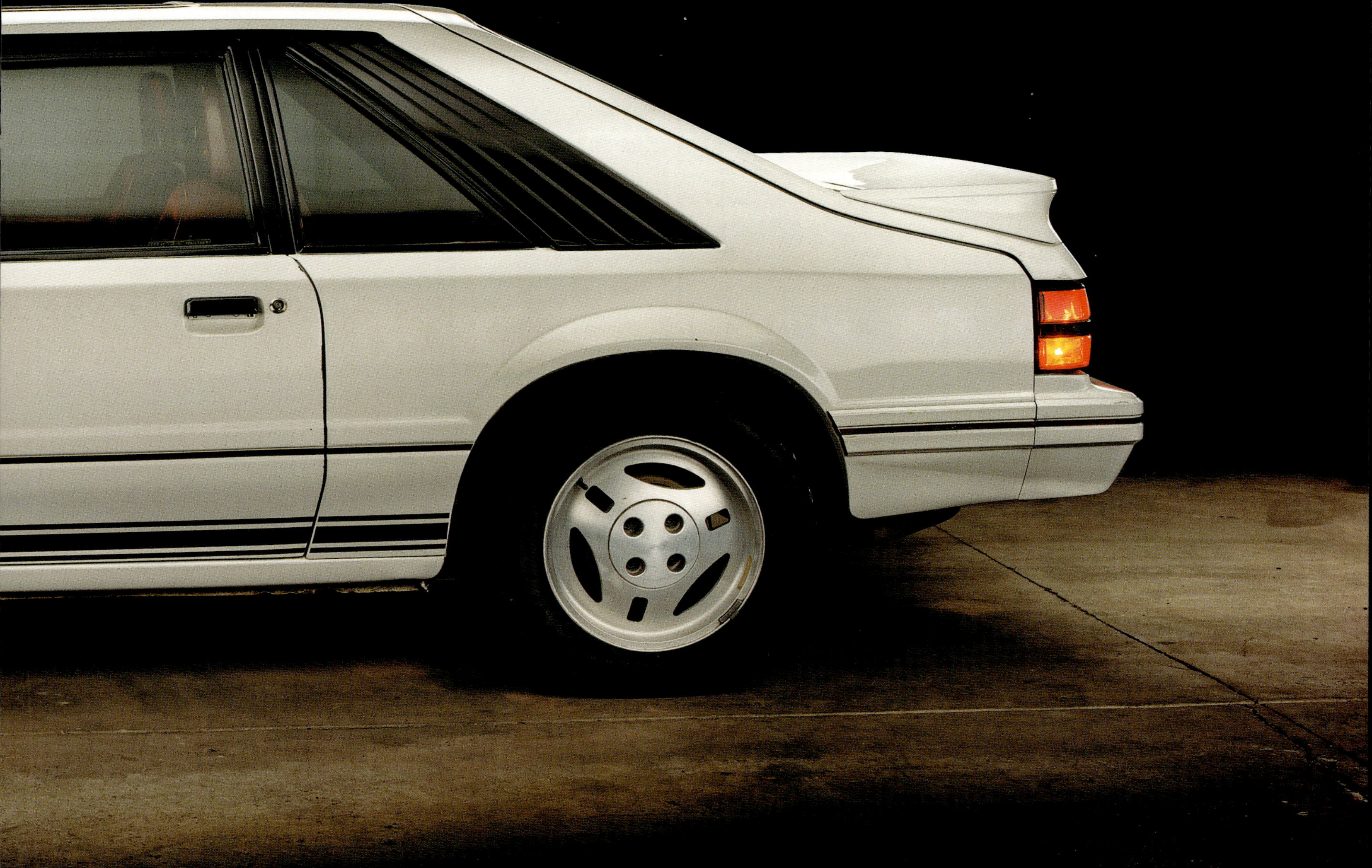

DIE ZWANZIG JAHRE waren ganz schön lang gewesen, nach denen Ford zum 20. Geburtstag des Mustangs im Frühjahr 1984 ein limitiertes Sondermodell präsentierte. Lyndon Johnson, die Beatles in der Show von Ed Sullivan und ein Benzinpreis von 25 Cent pro Gallone – das alles waren nur noch ferne Erinnerungen im Rückspiegel. In den Ford-Verkaufsräumen jedenfalls erschien zum 20. Geburtstag ein Mustang mit europäisch anmutendem Design als Fließheck oder Cabrio – und ganz ohne Ähnlichkeit mit dem sportlichen Viersitzer, der am 17. April 1964 als Mustang debütierte.

Tatsächlich hatte Ford sogar vergessen, dass der allererste Mustang, 100001, noch immer in Ford-Besitz war und seit fast zwei Jahrzehnten im Untergeschoss des Henry-Ford-Museums schlummerte. Erst die Anfrage eines Automagazins bezüglich eines Fototermins anlässlich des 20. Mustang-Geburtstags rief bei Ford die Erinnerung daran wach, dass das Unternehmen doch quasi noch immer auf eben diesem 1964½ Cabrio in Wimbledon-Weiß saß. Fords Presseabteilung holte den historischen Mustang ganz schnell aus seinem Versteck und stellte ihn zusammen mit dem neuen Sondermodell Mustang 20th Anniversary für Werbefotos zur Verfügung.

»In Würdigung dieses verheißungsvollen Jahrestags«, so hieß es am 16. März 1984 in der Pressemitteilung zu diesem Foto, »offeriert die Ford Motor Company ein limitiertes Jubiläums-Sondermodell des Mustangs«.

Die 1984½ 20th Anniversary Mustangs kamen gerade noch rechtzeitig zum eigentlichen Jahrestag am 17. April – als Limousine und als Cabrio, beide in Oxford-Weiß mit Canyon-roter Innenausstattung und geschmückt mit roten G.T.-350-Seitenstreifen. Das berühmte Emblem mit dem galoppierenden Pferd auf den drei Balken in den Nationalfarben fand sich auf den vorderen Kotflügeln wieder, und auf der Instrumententafel wurde eine nummerierte Plakette mit dem Namen des Eigentümers angebracht. Basierend auf dem GT mit einem 5,0-Liter-V8 oder auf dem Turbo GT mit aufgeladenem 2,3-Liter-Reihen-Vierzylinder, verfügte der 20th Anniversary Mustang über die GT-Frontschürze mit Nebelscheinwerfern, über Doppeldämpfer an der Hinterachse und über einen Heckspoiler.

Ford hatte den 20th Anniversary auf 5.000 Exemplare limitiert, aber tatsächlich wurden 5.260 Stück produziert, davon 245 für Ford Kanada und 15 sogenannte »VIP«-Modelle. Laut Mustang-GT-Register handelte es sich dabei in der Mehrzahl um Hatchbacks mit dem 175 (mit Automatikgetriebe 165) PS starken 5.0-Liter-V8. Nur 466 wurden mit dem Turbo-Vierzylinder ausgestattet, der mit 145 PS angegeben war und sein Dasein im Schatten des Spitzenmodells SVO fristete, der mit Ladeluftkühler ausgestatteten und leistungsfähigeren Variante des Special Vehicle Operations Department.

1984 20TH ANNIVERSARY G.T. 350

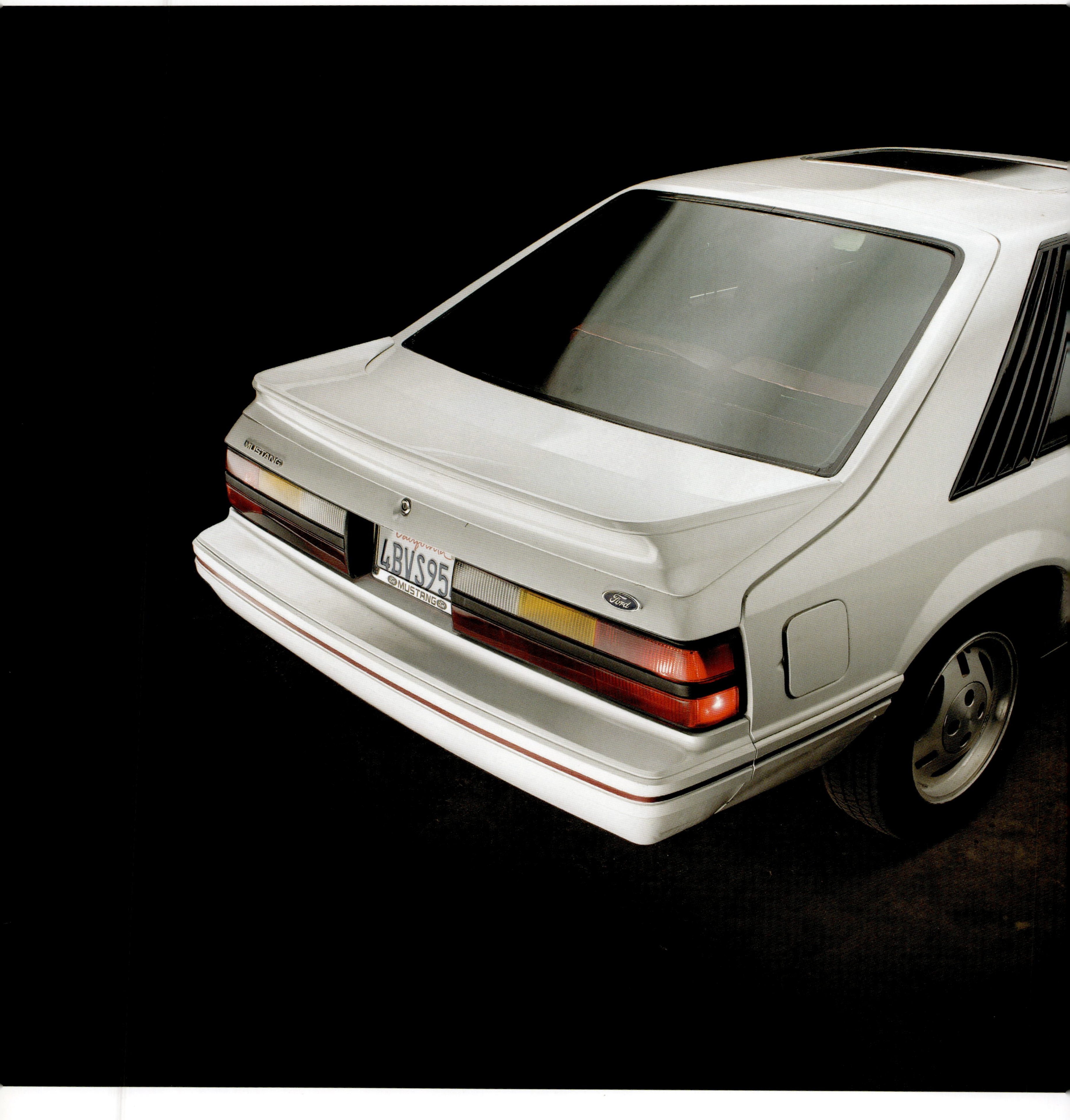
MUSTANG
4BVS95
MUSTANG
Ford

Damals rechtfertigte ein Ford-Sprecher die G.T.-350-Streifen so: »Da es die ersten Streifen waren, die je auf einem Mustang angebracht wurden, haben wir uns entschlossen, auch den 20th Anniversary Mustang mit ihnen zu versehen.« Doch Carroll Shelby, der die Bezeichnung G.T. 350 ursprünglich für seinen 1965er Shelby Mustang verwendet hatte und noch die Rechte an diesem Namen besaß, klagte gegen eben diesen Schriftzug in den Streifen. Es sollte fast 25 Jahre dauern, bis der Graben zwischen Ford und Shelby wieder zugeschüttet werden konnte.

Marshall Corrie aus San Diego hatte zwei Mustangs in Arbeit, als er davon hörte, dass ein 20th Anniversary Mustang zu verkaufen sei, einer von nur 362 je gebauten Hatchbacks mit dem Turbo-Vierzylinder. »Weil der so selten war, stellte ich die Arbeit an den anderen beiden Autos ein, um diesen Mustang zu kaufen«, erzählt Marshall. Sein Anniversary ist mit den optionalen TRX-Rädern und Michelin-Reifen ausgestattet und verfügt über ein vom Händler nachträglich eingebautes Schiebedach, das es ebenfalls nur sehr selten gibt. Ein Vorbesitzer hatte die umgedrehte Lufthutze hinzugefügt, wie sie auch auf dem 1983er Mustang GT verwendet wurde, und Marshall ließ sie bis heute auf dem Auto.

17

1986 SVO

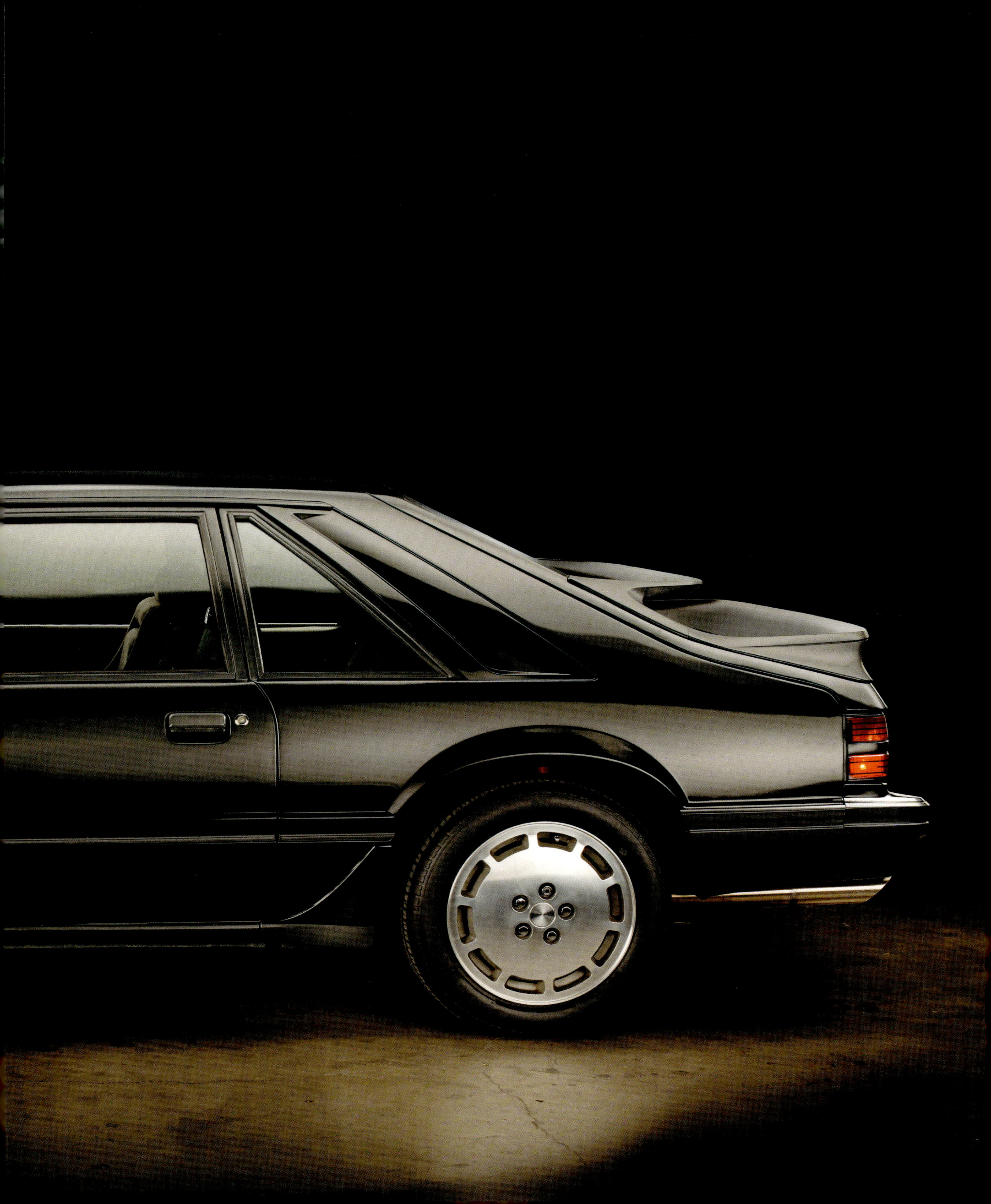

142   DIE FOX-BODY-MUSTANGS

ÜBER DEN MUSTANG SVO schrieb Kevin Smith im Magazin *Motor Trend*, Fords neuestes Pony Car sei »ein weiterer Meilenstein beim Comeback der Muscle Cars.«

Es war 1983. Nach zehn langweiligen, von Emissions-, Verbrauchs- und Sicherheitsverordnungen geprägten Jahren, trumpfte Ford erneut mit Leistung auf, als 1984 der Mustang SVO eingeführt wurde. Ford beschrieb den schlanken Hatchback als ein Auto, »gebaut von leidenschaftlichen Fahrern für leidenschaftlich Fahrer«. Das neue Spitzenmodell SVO markierte den Anbruch einer neuen Muscle-Car-Ära.

Im September 1980 kündigte Ford an, es werde ein neues »Special Vehicle Operations Department« gegründet, das SVO. Die Gründung dieser Abteilung war der Versuch, sich aus der Ende der 70er Jahre herrschenden Flaute herauszubewegen. Man griff auf die erfolgreiche Rennsportabteilung von Ford of Europe zurück und rekrutierte dort ein Team von 30 Ingenieuren und Designern unter der Leitung von Michael Kranefuss, Ford of Europes ehemaligem Motorsport-Direktor. Diesem Team wurden drei Ziele vorgegeben: Unterstützung privater Ford-Rennfahrer, Entwicklung von leistungssteigerndem Tuningzubehör und schließlich die Entwicklung kompletter Hochleistungs-Serienfahrzeuge. Letztere sollten helfen, die anderen Aktivitäten der SVO-Abteilung zu finanzieren. Im Gegensatz zu den früheren Mustangs, die gegen amerikanische Konkurrenz wie Camaro und Firebird antraten, zielte SVO mit seinem Mustang jetzt ganz auf die Import-Sportwagen von Toyota, Datsun und Isuzu.

Der SVO sollte in der gleichen Liga spielen wie die alten V8-Mustangs, dabei aber nur mit einem – immerhin aufgeladenen – 2,3-Liter-Vierzylinder antreten. Der Mustang SVO erhielt einen Ladeluftkühler und eine asymmetrisch positionierte Lufthutze, und heraus kam mit 175 PS die gleiche Leistung, die auch der 5,0-Liter-V8 erzeugte. Um Abgas- und Flottenverbrauchswerte einhalten zu können, hatte Ford gelernt, auf der Klaviatur der elektronischen Motorsteuerung zu spielen. Dabei hatte man erkannt, dass über die Motorelektronik auch die Leistungswerte verbessert werden konnten. Im Mustang SVO beispielsweise konnte der Fahrer mit einem Schalter auf der Instrumententafel die Motorkennwerte auf Normal- oder Superbenzin umstellen.

144 DIE FOX-BODY-MUSTANGS

Im SVO gab es eine Reihe von Premieren. So fand der Fahrer erstmals eine Fußstütze für den linken Fuß vor, es gab Scheibenbremsen rundum, 16-Zoll-Räder, einstellbare Stoßdämpfer und Quadra-Shock-Doppeldämpfer an der Hinterachse. In späteren Mustangs gehörten diese Dinge dann ganz selbstverständlich zur Serienausstattung. Äußerlich unterschied sich der SVO von den anderen Mustangs durch eine schlankere Front, die asymmetrisch positionierte Lufthutze und einen zweiflügeligen Heckspoiler. Wie bei einem Spitzenmodell zu erwarten, das preislich mit 15.500 Dollar fast 6.000 Dollar über einem 5,0-Liter-GT rangierte, war auch die Innenausstattung des SVO durchweg hochwertig: Schalensitze mit perforierten Stoffbezügen (Leder war optional) und verstellbarer Lendenwirbelstütze, 140-Meilen-Tacho (Standard-Tachos gingen damals nur bis 85 mph), Drehzahlmesser (bis 8.000 U/min) und Premium-Soundanlage.

Der SVO des Modelljahrs 1985 wies nur wenige Änderungen auf, etwa eine überarbeitete Fahrwerksabstimmung und eine von 3,45 auf 3,73 verlängerte Gesamtübersetzung. Später im Modelljahr wurden Nockenwelle, Auspuff und andere Komponenten aktualisiert, die Leistung stieg auf 205 PS, und die Umrandung der Scheinwerfer war jetzt immer schwarz. Das Modelljahr 1986, das letzte für den technologisch anspruchsvollen SVO, brachte weitere Verbesserungen. Mit dem SVO endete dann die Produktion des einzigen von Fords SVO-Abteilung entwickelten Serienfahrzeugs.

Um eine gewisse Exklusivität zu gewährleisten, war die Produktion des Mustangs SVO absichtlich begrenzt worden. Keine 10.000 Exemplare waren laut SVO Club of America in den insgesamt drei Jahren gebaut worden: 4507 im Jahr 1984, 1515 im Jahr 1985 (plus 436 in der aktualisierten Variante des Modelljahrs 1985½) und 3379 im Jahr 1986.

Bob und Brenda Radder erwarben ihre schwarzen 1986er SVO im Oktober 2005. Obwohl der Tacho bereits 155.000 Meilen aufwies, war das Interieur noch im Originalzustand. Außen hatte der Wagen allerdings eine neue Lackierung erhalten. Wie viele andere SVO-Besitzer auch, haben die Radders den 2,3-Liter-Motor leicht modifiziert, den Turbolader überarbeitet und ein Überdruck-Ventil aus dem Zubehörhandel, eine Boport-Nockenwelle und eine dreizöllige Auspuffanlage eingebaut.

146   DIE FOX-BODY-MUSTANGS

1986 SVO   147

18
1989 JBA DOMINATOR

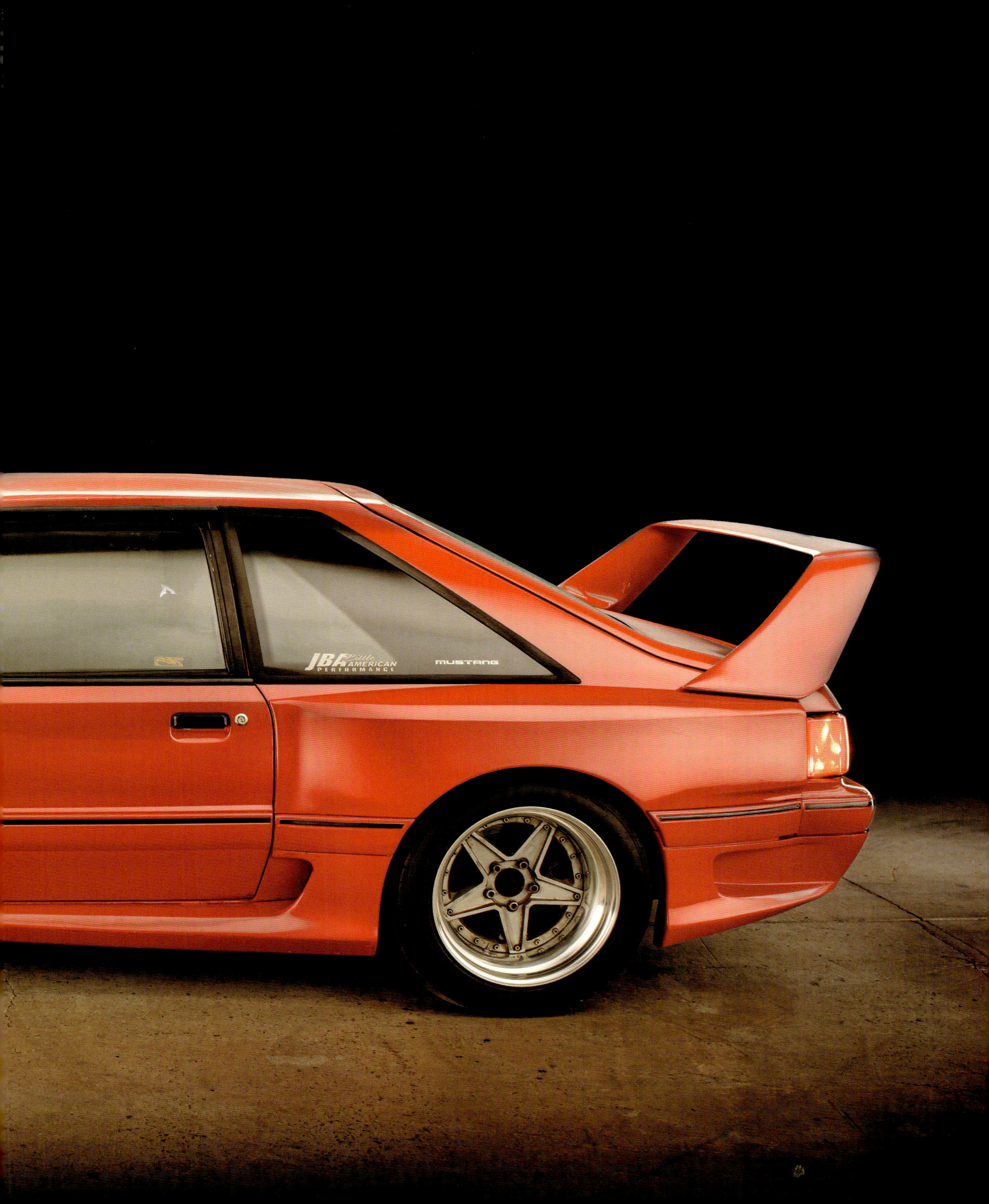
JBA
AMERICAN
PERFORMANCE
MUSTANG

ZEHN JAHRE NACH SEINEM DEBÜT im Modelljahr 1979 war ein Fox-Body-Mustang das heißeste Gerät auf Amerikas Straßen und Drag Strips. Ende der 1980er Jahre hatte Ford die 5,0-Liter-High-Output-V8 mit der elektronischen Benzineinspritzung EEC-IV und verbesserten Zylinderköpfen perfektioniert. Allen Unkenrufen zum Trotz ließ sich der 5,0-Liter-Mustang gut modifizieren. Vor allem liebten es seine Besitzer, den ursprünglichen Doppel- gegen einen billigen Flowmaster-Auspuff auszutauschen, der dem Mustang den typischen, bollernden Motorsound verlieh.

Leicht und kostengünstig, brachte der 5,0-Liter-Mustang eine ganze Zubehörindustrie, Drag-Race-Serien und Zeitschriften hervor. Und J. Bittle war mittendrin.

1979, also in genau dem Jahr, in dem der Fox-Body-Mustang erschien, machte Bittle gerade seinen Collegeabschluss. Seine Liebe zu den Mustangs, vor allem in den Big-Block-Versionen, mündete in der Gründung des JBA Speed Shops im Jahr 1985. In dieser Zeit, in der die Fox-Bodys mit ihren wiedererstarkten Motoren von sich reden machten, entwickelte Bittle auch den ersten Kurzrohr-Fächerkrümmer für die 5,0-Liter-Mustangs, der den Abgasvorschriften genügte. Zur richtigen Zeit am richtigen Ort, fungierte JBA ab 1986 auch als Zentrale für Saleen Autosports High-Performance-Zubehör.

Mit seiner Verbindung zu Saleen orderte Bittle einen neuen 1987er 5,0-Liter-Mustang und baute ihn zu einem Saleen-R-Modell um. Später baute Bittle dann den JBA Dominator, einen Wide-Body-Mustang, den Bittle als »ein Trans-Am-Auto für die Straße« beschrieb. Als Ford 1989 einen 5,0-Liter-Mustang als Ausgangsbasis für ein Modell zum 25-jährigen Mustang-Jubiläum lieferte, nutzte Bittle die Chance, sein Dominator-Konzept so zu erweitern, dass es sich künftig auf alle Fox-Body-Mustangs übertragen ließ.

Was dann als Dominator »B« bekannt wurde, wurde so zum Prototyp für ein Karosserie-Kit aus Fiberglas, das die Besitzer von 5.0-Liter-Mustangs bei JBA kaufen konnten. Mit breiten Kotflügeln, 315/35ZR/17 Goodyear-Reifen auf elf Zoll breiten, einteiligen Rädern und einem dachhohen Heckflügel war der JBA Dominator ein bedrohlicher Anblick auf den südlichen Highways in Kalifornien, auf denen Bittle ihn im ganz normalen Alltagsbetrieb einsetzte. Und Bittle hatte dafür gesorgt, dass der Dominator seinem aggressiven Auftritt mit 450 PS aus einem 5,0-Liter-V8 mit Vortech-Kompressor, Doug-Nash-Fünfgang-Getriebe und Wilwood-Bremsen auch rundum gerecht wurde. In einem Fahrbericht beschrieb *Motor Trend* Bittles Dominator im Februar 1994 als einen einzigen »verdammten Exzess.«

150   DIE FOX-BODY-MUSTANGS

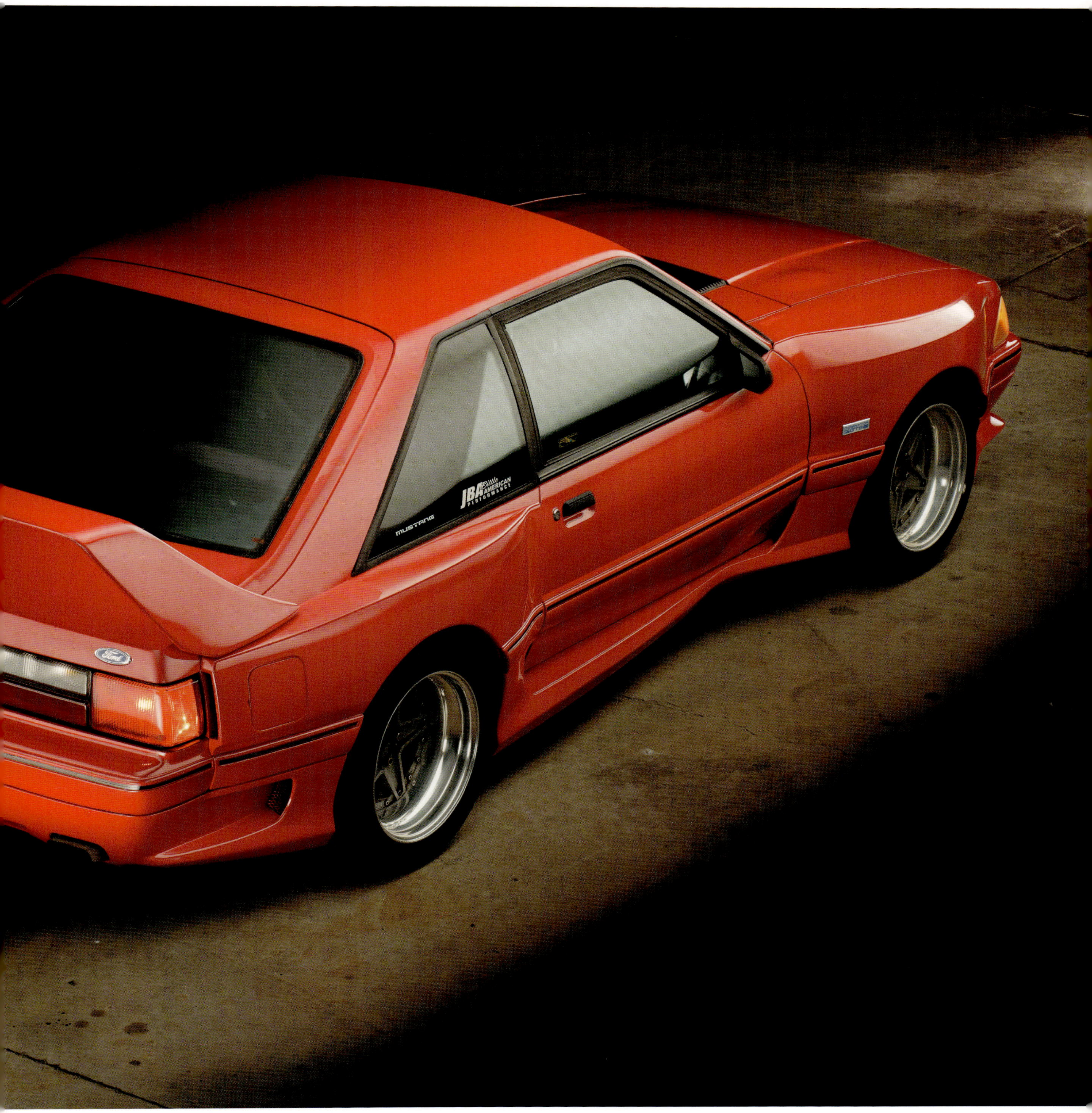
JBA
AMERICAN
MUSTANG

152 DIE FOX-BODY-MUSTANGS

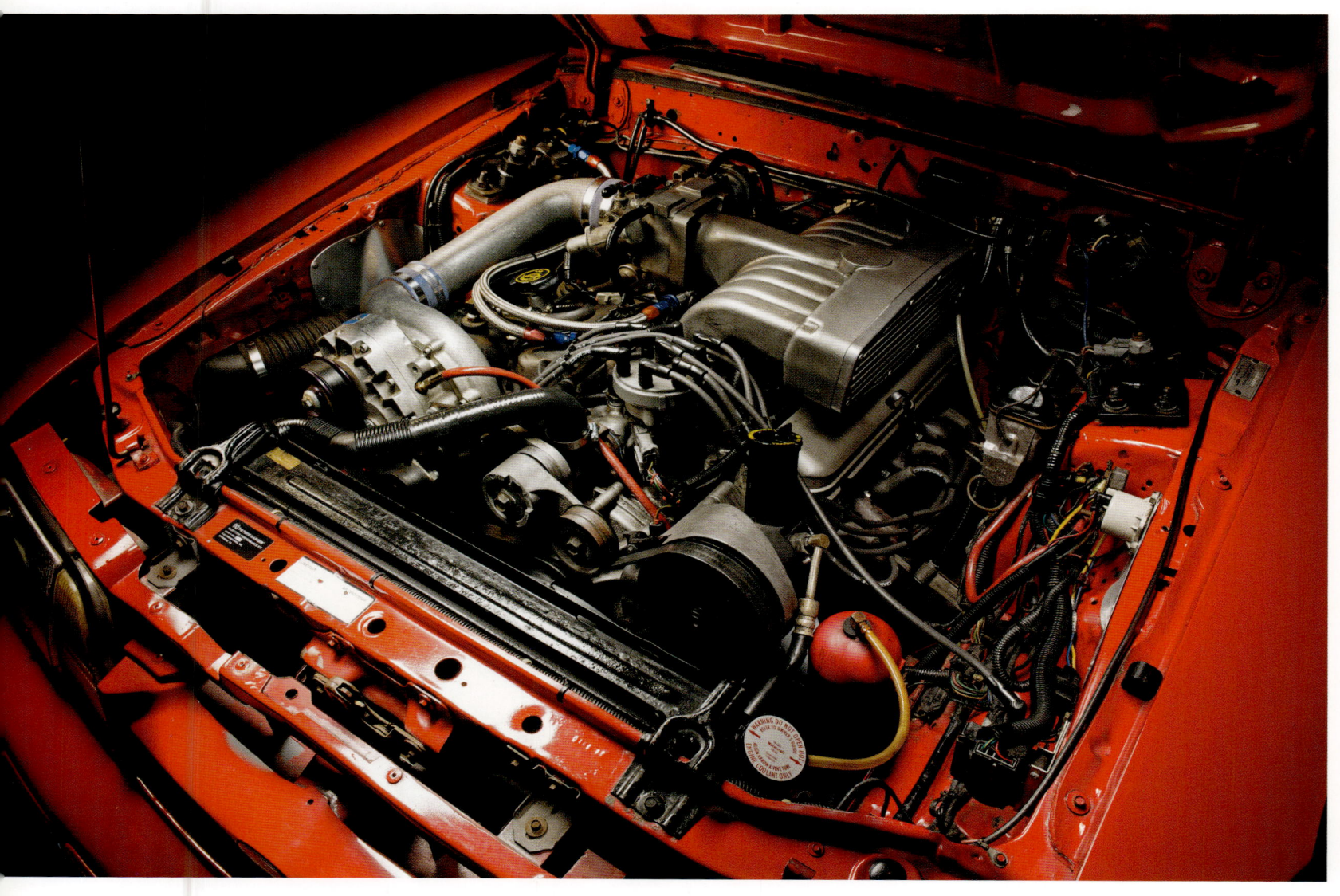

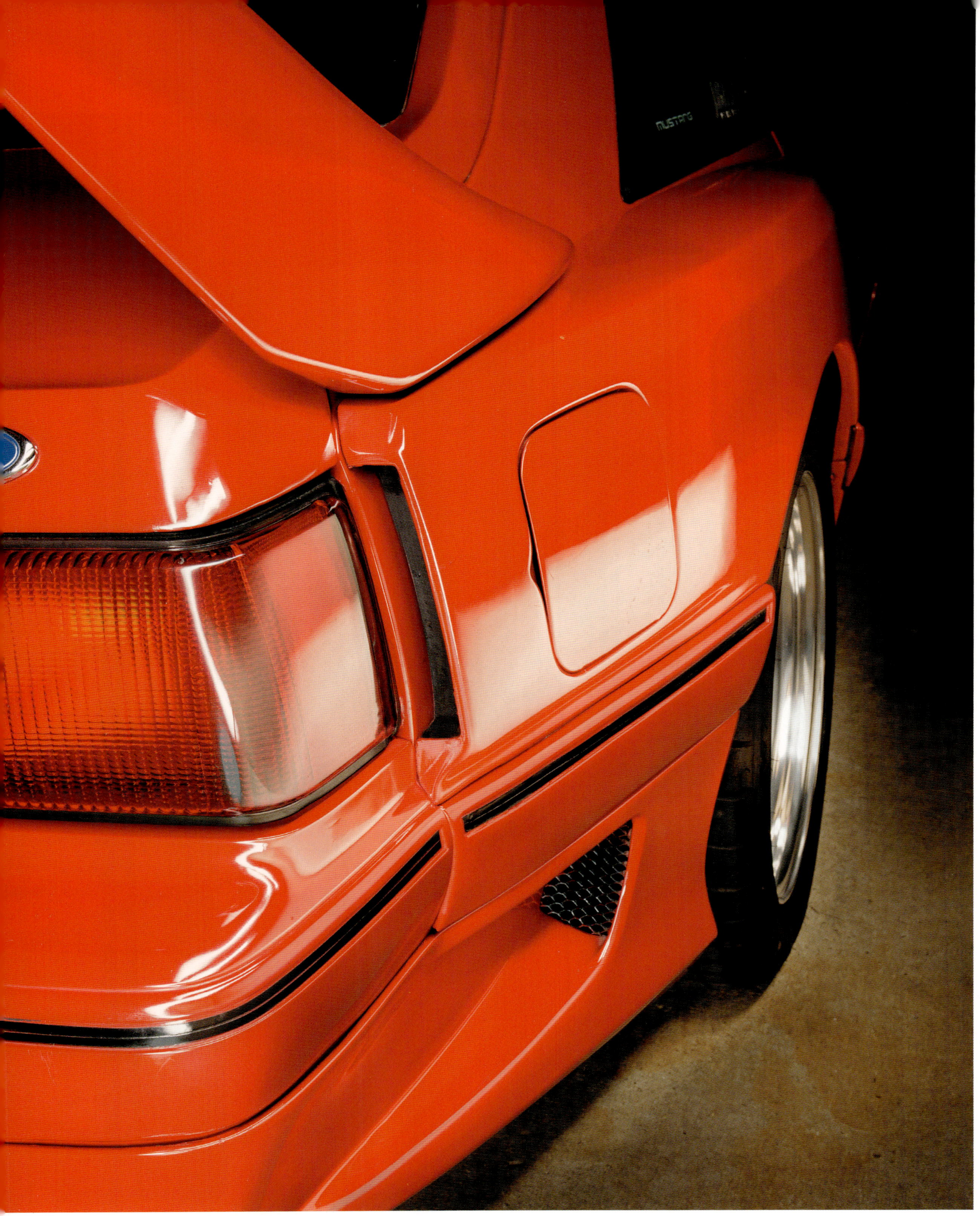
MUSTANG

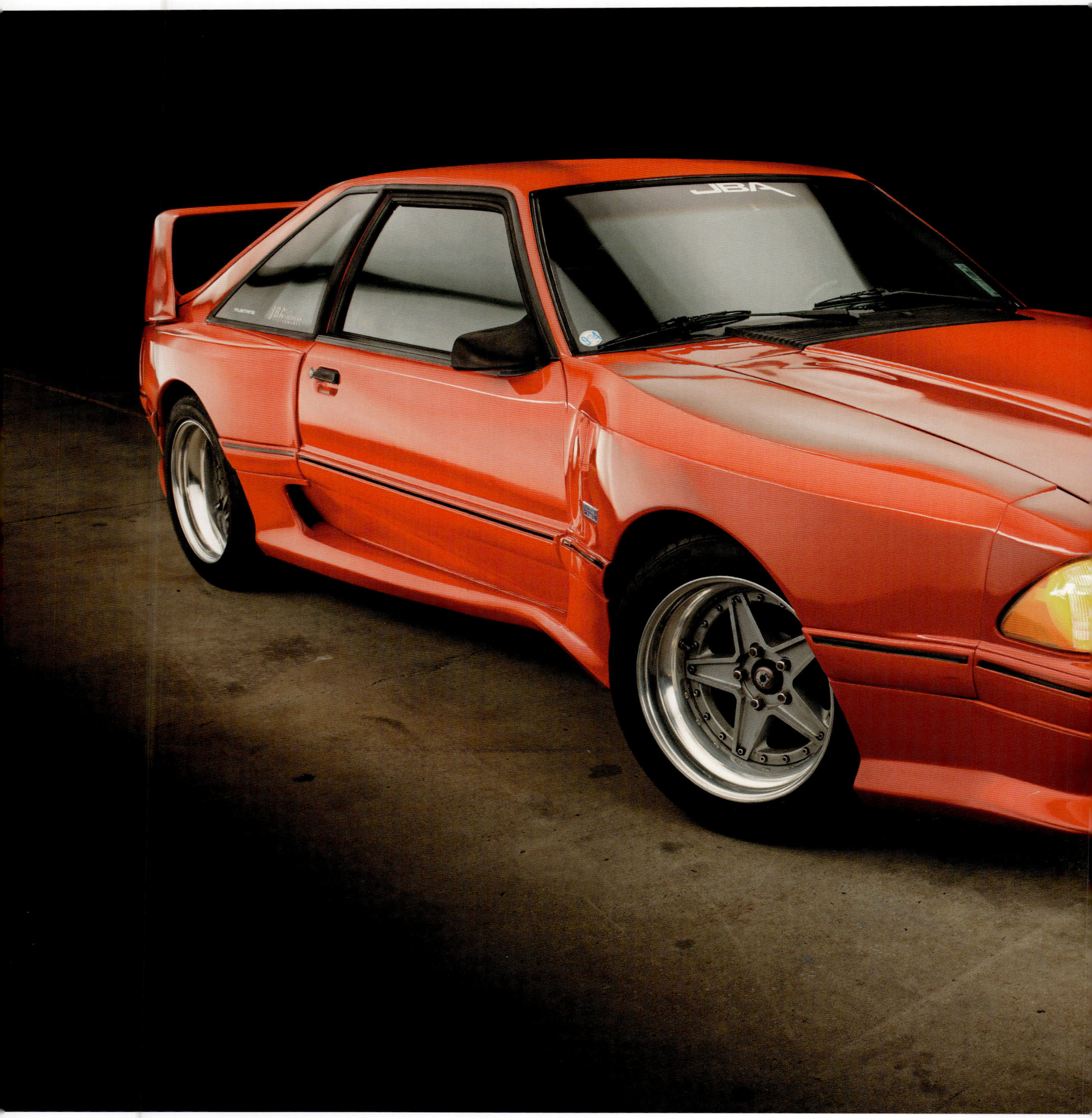
JBA

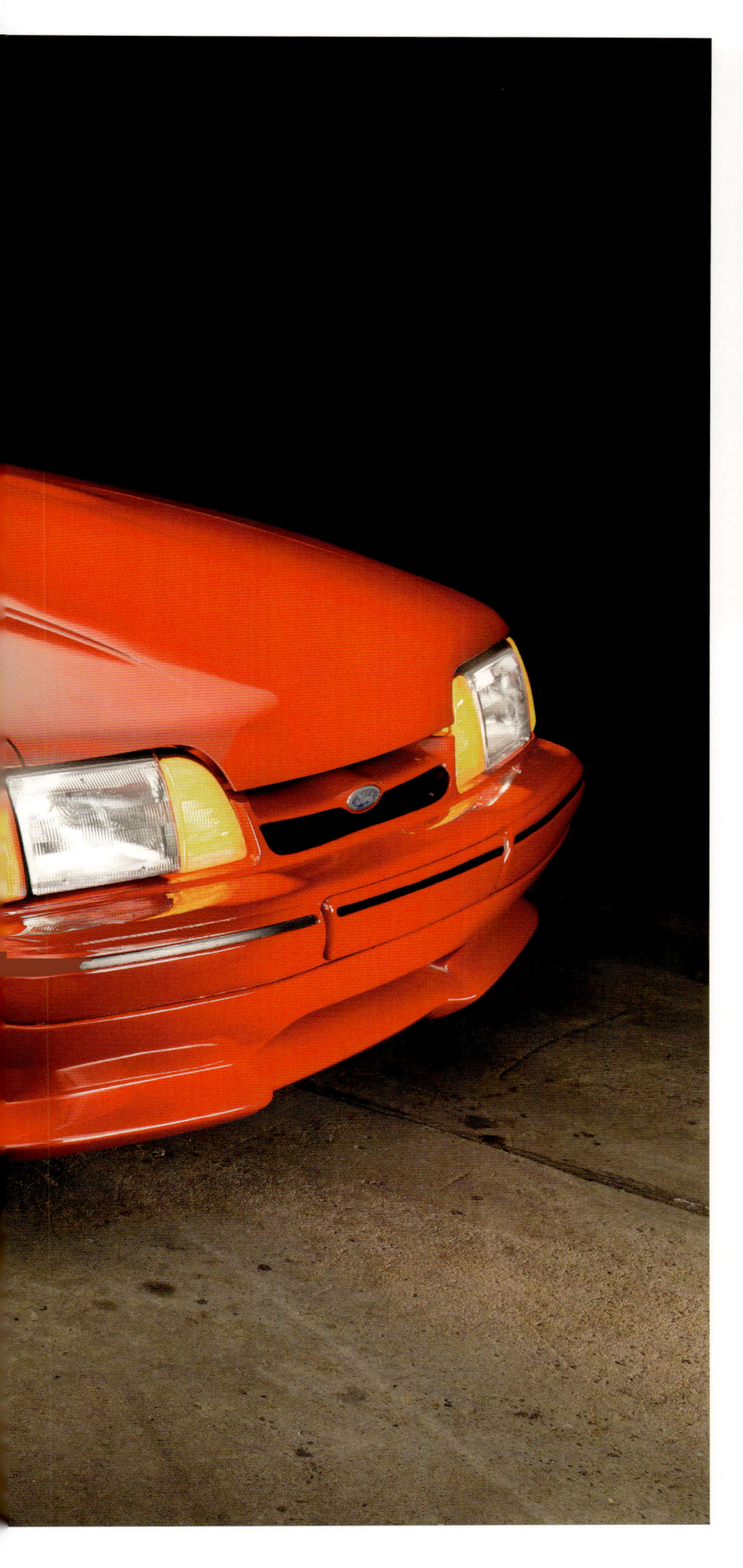

Seinem Namen gerecht wurde der Dominator auch auf dem Drag Strip: Mit 12,2 Sekunden und gestoppten 118.3 mph auf der Viertelmeile war er das schnellste Auto des Tages in einem *Motor-Trend*-Vergleichstest mit anderen Supercars. Auf dem Schleuderkurs machten sich die großen Goodyears bezahlt, die Querbeschleunigung wurde mit 1,09 g gemessen, damals ein neuer *Motor-Trend*-Rekord. »Der Dominator ist der schärfste Straßen-Mustang, den wir je erlebt haben«, hieß es in der Zeitschrift.

Motor Trend formulierte schlussendlich ein klares Urteil über den Dominator: Er sei »schnell, laut, sozial unverantwortlich – und jeder Grünschnabel auf dem Planeten wird Sie zu einem Rennen herausfordern. Der J. Bittle Performance Dominator ist pures Testosteron auf Rädern – aber er sorgt für einen Nervenkitzel, den Sie sich nicht entgehen lassen sollten«.

JBA bot das Dominator-Komplettpaket für 29.000 Dollar an, inklusive aller verfügbaren Extras bis hin zu zwei Turboladern. Für diejenigen, die nicht ganz so dick auftragen wollten, gab es ein Einsteiger-Paket für 10.000 Dollar. Alle Komponenten konnten natürlich auch einzeln erworben und selbst eingebaut werden.

Trotz seines imposanten Äußeren und seiner überragenden Leistungswerte wurden nur rund ein Dutzend Exemplare des Dominators bei JBA gebaut. Das macht Bittles Dominator B Prototyp zu einem der seltensten und bedeutendsten Fox-Body-Mustangs aller Zeiten.

19
1993 SVT COBRA

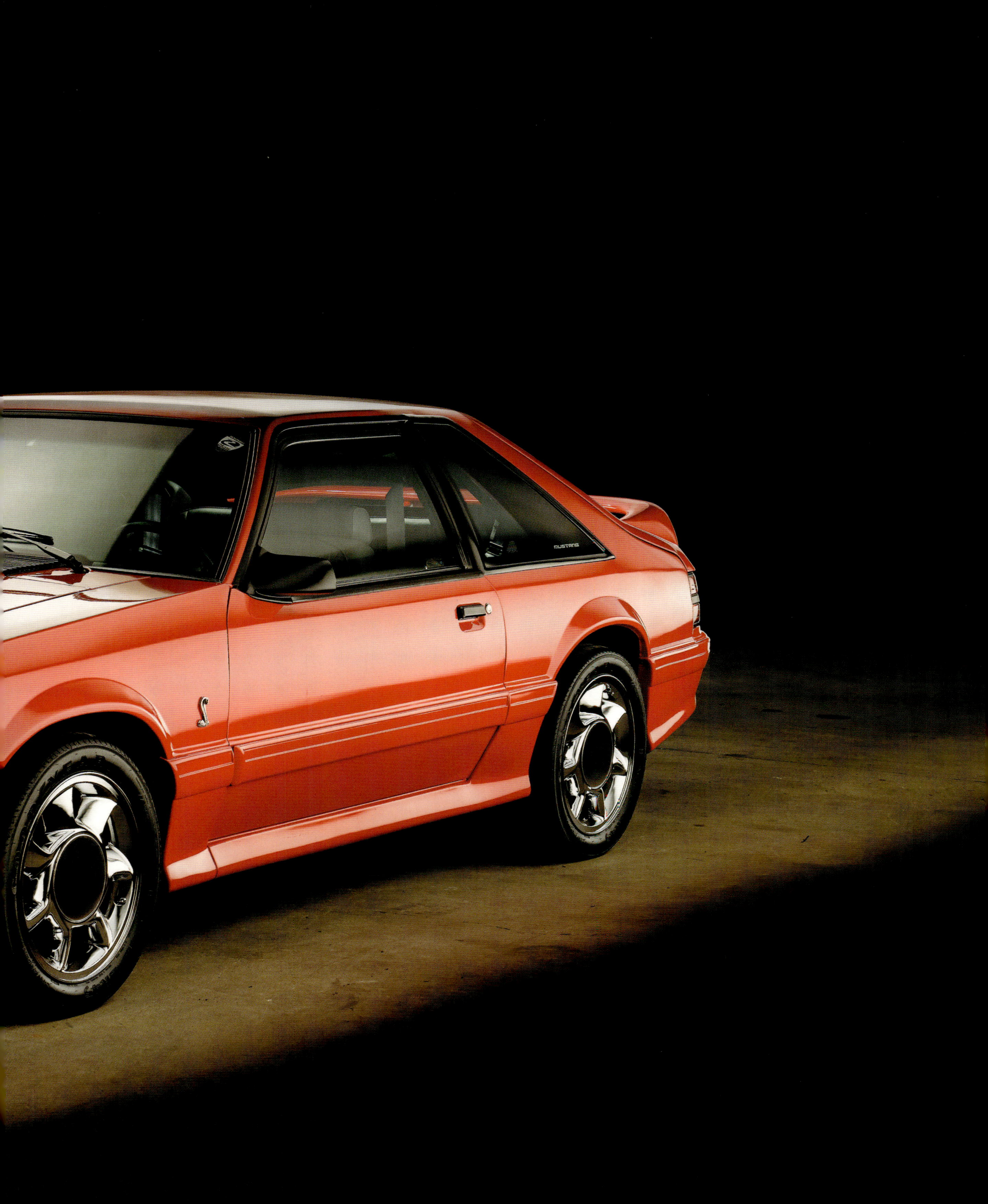

158 DIE FOX-BODY-MUSTANGS

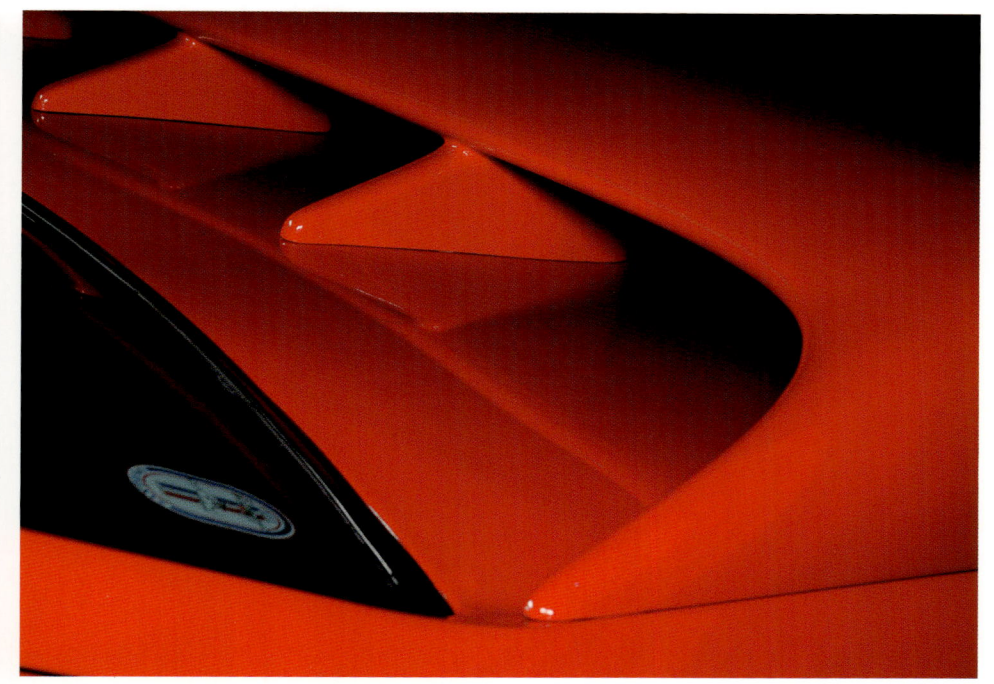

DEN FOX-BODY-MUSTANGS war eine für automobile Verhältnisse doch bemerkenswerte Lebensdauer beschieden. Eingeführt im Jahr 1979, war der Mustang der dritten Generation, der Ford-intern unter dem Code-Namen FOX lief, von Grund auf überarbeitet worden, hatte ein mehr europäisches Design erhalten und verfügte serienmäßig über Scheibenbremsen vorne und eine Vierlenker-Hinterachse. In seinen ersten Jahren hatte der neu gestaltete Mustang noch mit immer strengeren Verbrauchs-Standards der US-Umweltbehörde zu kämpfen, was zu einem nur 255 Kubikzoll (4,2 Liter) großen V8 führte, der ganze 118 PS leistete. Doch das sollte sich 1982 ändern, als ein neuer 157-PS-5,0-Liter-HO-Small-Block zur Verfügung stand und Ford lauthals verkündete: »Der Boss ist zurück!« In den nächsten fünf Jahren stieg die Leistung des 5.0-Liter-Motors auf 225 PS –genug, um den leichten, kostengünstigen Fox-Body-Mustang zu einem der leistungsstärksten Sportwagen der späten 1980er und frühen 1990er Jahre zu machen.

Neil Ressler, Vizepräsident für Forschung und Entwicklung bei Ford, hatte eine Schwäche für leistungsstarke Motoren. Doch der aufgeladene SVO-Mustang war schon 1986 wieder eingestellt worden, und so suchte Ressler 1990 nach Möglichkeiten, die Leistung des 5,0-Liter-Mustangs mit Hilfe eines SVO-ähnlichen Programms noch zu steigern. Er fragte Janine Bay, die als Ingenieurin für die Special-Vehicle-Abteilung arbeitete, ob sie die Leistung des Mustang GT anheben könnte.

Bay kam mit einem 265-PS-Prototyp zurück, ausgestattet mit einem überarbeiteten Fahrwerk, größeren Bremsen und breiteren Reifen. Wegen der 40 Mehr-PS gegenüber dem normalen 5,0-Liter aus der Serienproduktion war Ressler zunächst versucht, das Projekt »Mustang GT-40« zu nennen, nach den berühmten Le-Mans-Siegerautos von Ford aus den späten 1960er Jahren. Doch dann erfuhr er, dass Ford bald die Rechte am Namen »Cobra« verlieren würde, die man in den 1960er Jahren von Carroll Shelby erworben, seit 1981 aber nicht mehr genutzt hatte. Und so wies Ressler Bay an, einen Produktionsplan aufzustellen für eine Kleinserie eines 1993er High-Performance-Mustangs, genannt »Cobra«.

Mit Mitteln aus dem Forschungs- und Entwicklungsbudget formte Ressler eine lose Gruppe von Performance-Enthusiasten, die alle außerhalb ihrer regulären Tätigkeit bei Ford daran arbeiteten, die neue Cobra zu entwickeln. »Wir nannten uns selbst das ›Special Vehicle Team‹«, sagte Ressler. Innerhalb eines Jahres wurde aus der losen Gruppe eine offizielle Abteilung bei Ford, die als »SVT« bekannt wurde.

160 DIE FOX-BODY-MUSTANGS

Als die SVT Cobra im Dezember 1992 zu den Händlern kam, verfügte sie über 235 PS, 30 mehr als der 1993er Mustang GT. Das Leistungsplus war den GT-40-Zylinderköpfen von Ford Motorsport, speziellen Ansaugkrümmern und einer aggressiveren Nockenwelle zu verdanken. Um der zusätzlichen Leistung gerecht werden zu können, erhielt die SVT Cobra zudem Scheibenbremsen rundum, eine überarbeitete Aufhängung und Reifen des Typs Goodyear Eagle P245/45ZR17. Optisch unterschied sich die Cobra vom GT durch eine schmalere Kühlergrillöffnung mit einem kleineren Mustang-Emblem, einen Heckspoiler, Cobra-Embleme auf den Kotflügeln, 17-Zoll-Aluminiumräder im Turbinendesgin und die Lackierung in Vibrant Red, Teal Metallic (einem dunklen Blaugrün) oder Schwarz.

Später im Jahr 1993 wurde dann die SVT Cobra R eingeführt, eine Wettbewerbs-Version ohne Rücksitze, Klimaanlage und Radio, dafür aber mit einstellbarem Fahrwerk und größeren Bremsen.

Die Cobra-Produktion wurde absichtlich limitiert, nur 5.100 Exemplare wurden gebaut, darunter 107 Cobra R. Aber das SVT war nicht gegründet worden, um Verkaufsrekorde zu erzielen, es sollte vielmehr der Marke Ford mit Autos zu mehr Glanz verhelfen, die die vier Säulen des SVTs repräsentierten: Leistung, Substanz, Exklusivität und Werthaltigkeit. Dieses Ziel wurde 1993 mit der Cobra erreicht, die die Bühne für zukünftige SVT-Mustangs bereitete.

Vince Castrejon kaufte seine 1993er SVT Cobra im Januar 2010. Nummer 3434 von 4993 gebauten Exemplaren, ist bei dem Hatchback in Vibrant Red noch alles original, mit Ausnahme eines vernickelten JBA-Abgaskrümmers. Trotz der 108.000 Meilen, die zum größten Teil noch auf das Konto ihres Erstbesitzers gehen, hat der Wagen noch immer seine ursprüngliche Lackierung. Vince bewegt seine Cobra vor allem, um sie auf Auto-Shows in der Gegend um San Diego zu präsentieren.

20

1995 COBRA "HARDTOP" CONVERTIBLE

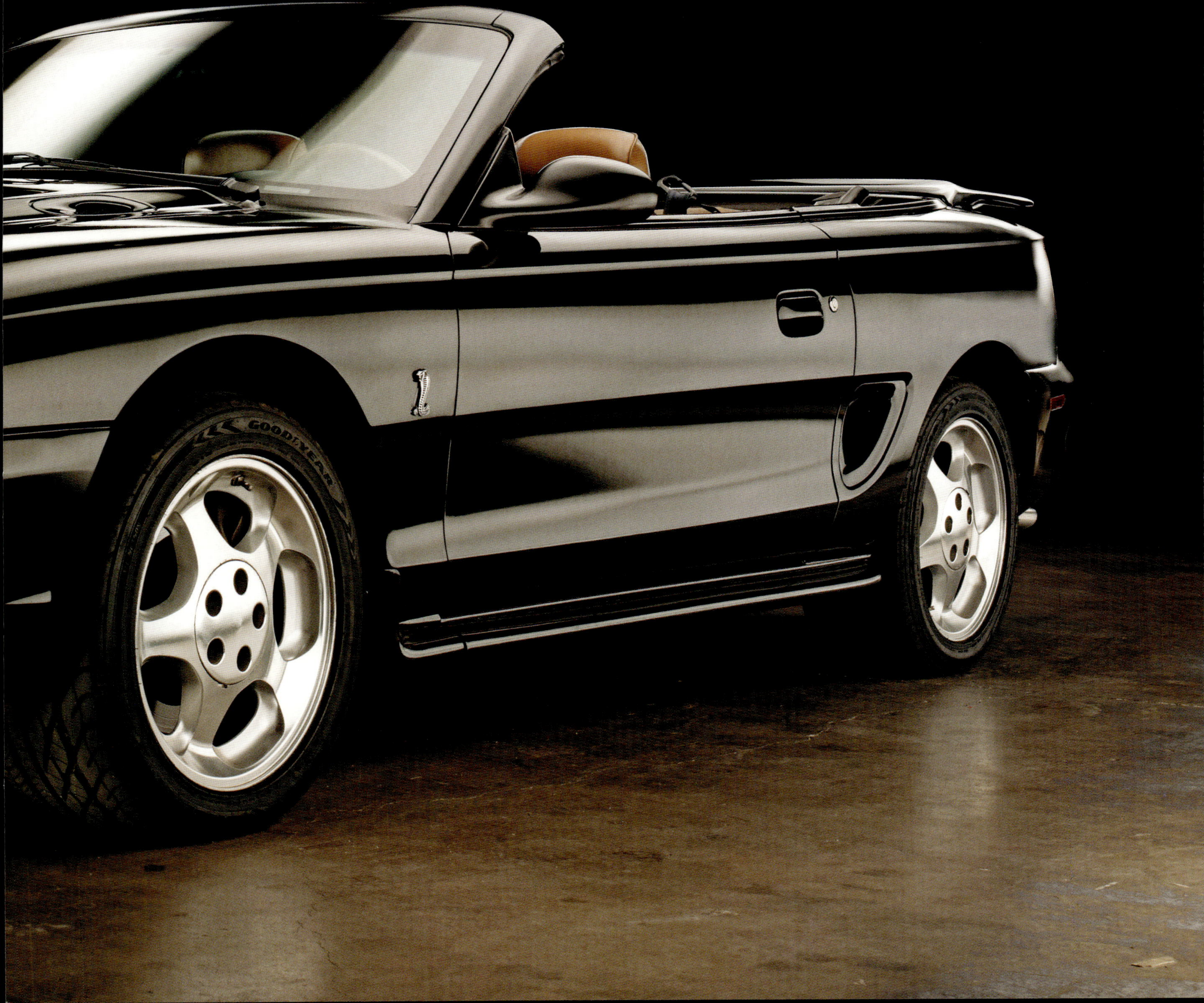
GOODYEAR

AUF MUSTANG-AUTO-SHOWS steht Jon Hoxter mit seiner schwarzen 1995er SVT Cobra oft neben anderen 95er Hardtops. Manchmal lässt er dann die hinteren Seitenscheiben herunter. »Die meisten beachten das gar nicht, aber ein paar Besitzer bleiben stehen und fragen mich, wie ich das gemacht habe«, erzählt Jon.

Jons Mustang ist eines von nur 499 Cobra Cabrios, die ab Werk mit einem abnehmbaren Hardtop geliefert wurden. Und wie bei allen Mustang Cabrios lassen sich dessen hintere Seitenfenster versenken, auch wenn das Hardtop montiert ist. Bei den normalen Hardtops hingegen lassen sich die hinteren Fenster nicht öffnen.

Ursprünglich wollte Ford das abnehmbare Hardtop als Option für alle Mustang Cabrios der Modelljahre 1994 und 1995 anbieten. Aber der Zulieferer hatte Probleme, und so blieb das Hardtop dem Cobra Cabrio als dem Spitzenmodell vorbehalten. Das kam dann immer in Schwarz, mit schwarzem Hard- und schwarzem Softtop, die Innenausstattung war serienmäßig in Leder. Hergestellt aus schlagfestem Kunststoff, war das Hardtop mit einem gepolsterten Dachhimmel ausgestattet. Es verfügte über eine Leselampe, Innenbeleuchtung und Heckscheibenheizung.

Das Hardtop wurde mit fünf Riegeln auf der Karosserie befestigt, zwei an der Vorder- und drei an der Rückseite. Für das bei aufgesetztem Hardtop geöffnete Stoffverdeck gab es eigens eine zweiteilige Abdeckung. Für die Montage wie für das Abnehmen des Hardtops allerdings waren stets zwei Mann erforderlich: Das gute Teil wog etwas über 40 kg.

Da die besonderen Befestigungspunkte am Frontscheibenrahmen und am Heck nur bei den Hardtop-Cabrios angebracht waren, ließen sich die Hardtops nicht auf normalen Mustang-Cabrios montieren.

164 DIE FOX-BODY-MUSTANGS

1995 COBRA »HARDTOP« CONVERTIBLE

166   DIE FOX-BODY-MUSTANGS

In der 1995er Cobra schlug endgültig das letzte Stündlein für die Stößelstangen-Windsor-V8, die seit der Einführung des Pony Cars 1964 unter den Mustang-Hauben Dienst getan hatten. Basierend auf dem 215 PS starken 5,0-Liter-HO, erhielt der Small-Block für die 1994/1995er Cobra 25 Extra-PS: Dank GT-40-Zylinderköpfen und Ansaugstutzen sowie einer schärferen Nockenwelle kam er hier auf 240 PS. Entsprechend ihrem sportlichen Charakter gab es die Cobra nur mit Fünfgang-Handschaltung. SVT stattete sie zudem mit größeren Bremsen, Leder-Interieur und einem »weicheren« Fahrwerk aus, das auf die Reifen des Typs P255/45ZR17 Goodyear Eagle GS-C abgestimmt war. Äußerlich unterschied sich das Cobra-Modell von seinen GT-Brüdern durch runde Nebelscheinwerfer in der Frontschürze, spezielle 17x8-Zoll-Aluminiumgussräder, einen aggressiveren Heckspoiler und die Cobra-Embleme an den vorderen Kotflügeln.

Ford produzierte 4.005 Cobras im Modelljahr 1995 (die 250 »R«-Modelle nicht mitgezählt), darunter 1.003 Cabrios. Damit ist Jons Hardtop Convertible eine ausgesprochene Seltenheit unter den ohnehin schon raren Cobra-Cabrios.

Jon kaufte seine Cobra von ihrem Erstbesitzer, der erzählte, dass er das Auto bei Swanson Ford in San Francisco aus dem Ausstellungsraum heraus gekauft hatte. »In der Anzeige stand nichts davon, dass es um ein Hardtop Convertible ging,« sagt Jon. Es gab viele Interessenten für das Auto, aber Jon und seine Frau hatten das Vorkaufsrecht, weil sie sich als erste auf die Anzeige gemeldet hatten. »Wir machten eine Probefahrt und kauften den Wagen noch am gleichen Tag.«

Um zu überprüfen, ob seine Cobra wirklich ein Original Hardtop Convertible ist, ließ Jon sich die Echtheit von Ford SVT bestätigen. Mit dem Zertifikat von Ford SVT kann er jetzt Veranstalter und Juroren auf Autoshows davon überzeugen, dass seine Cobra wirklich vom Werk als Hardtop Convertible ausgeliefert wurde. »Einige Mustang-Fans haben zwar von einem solchen Modell gehört«, fügt Jon hinzu, »aber nur wenige haben jemals wirklich eines zu Gesicht bekommen.«

168   DIE FOX-BODY-MUSTANGS

1995 COBRA "HARDTOP" CONVERTIBLE   169

21

2001 BULLITT GT

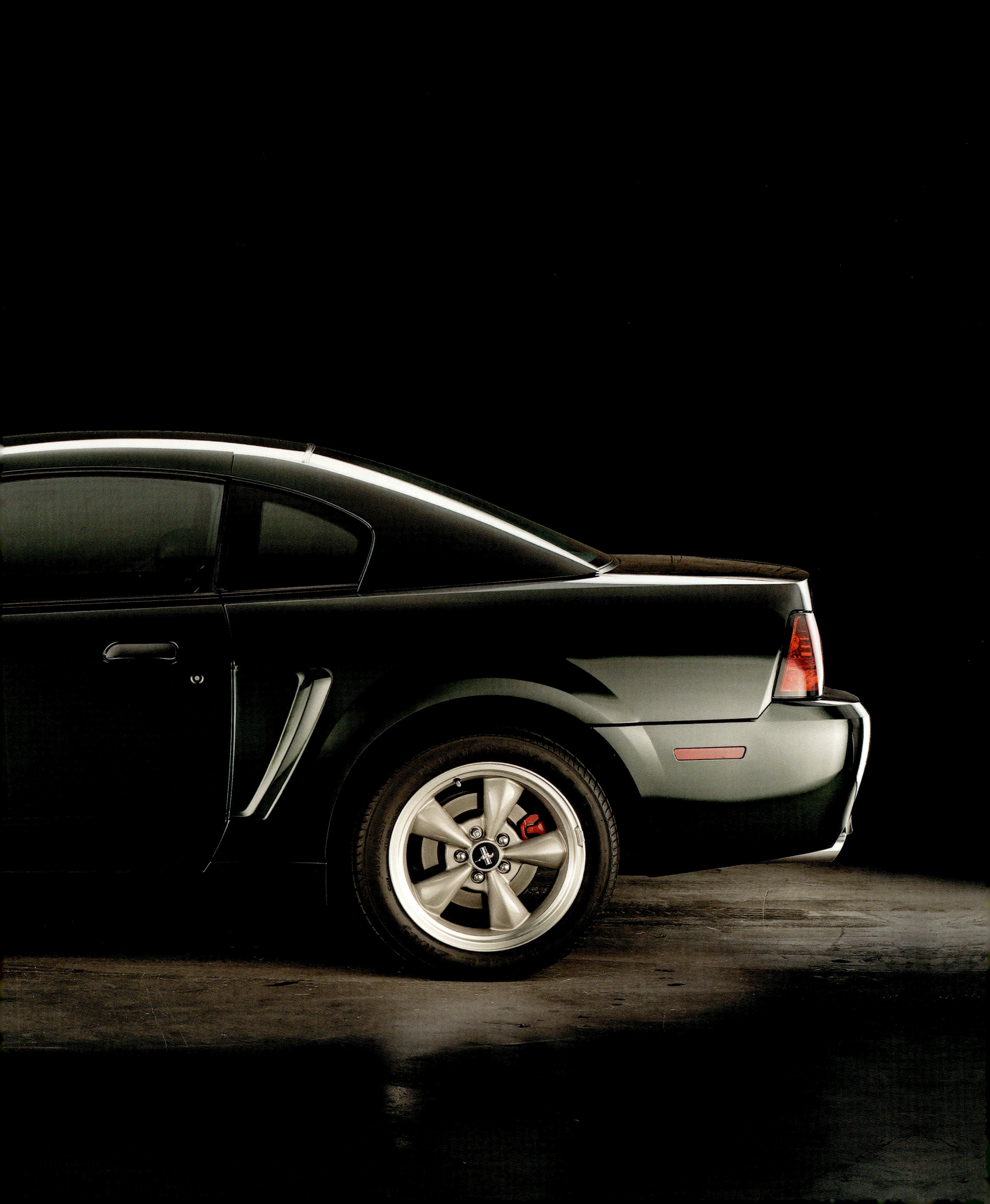

172 DIE FOX-BODY-MUSTANGS

2001 WAR DIE VIERTE GENERATION des Mustangs auf der verbesserten Fox-4-Plattform bereits sieben Jahre alt, und drei Jahre lang war sein Äußeres zu diesem Zeitpunkt bereits in Fords neuestem New-Edge-Design geformt. Vier Jahre sollte es noch dauern, bis 2005 die 5. Mustang-Generation auf einer neuen Plattform erschien. Um das Interesse am aktuellen Modell wachzuhalten, suchte Fords Mustang-Team gerade nach Ideen für ein Sondermodell, als ihm die Lösung regelrecht in den Schoß fiel. Ingenieur Scott Hoag vom Mustang-Team erinnerte sich später, wie es dazu kam:

> *Während wir überlegten, wie ein geeignetes Sondermodell aussehen könnte, hatten die Vorbereitungen für die internationale Auto-Show begonnen. Ich wusste nicht, dass Sean Tant, der Mustang-Design-Chef, gebeten worden war, einen Mustang für die L.A. Auto Show auf die Räder zu stellen und daran gearbeitete hatte, ein Coupé zu entwickeln, das das Bullitt-Thema aufgriff. Tant wusste offensichtlich, wie populär der Bullitt-Film von 1968 noch immer war, in dem Steve McQueen einen 1968er Mustang Fastback fuhr. Ich saß im Büro von Art Hyde [Mustang-Produktmanager], als jemand von der Show anrief und sagte: »Was ist hier eigentlich los? Wir können die Leute nicht mehr von diesem grünen Mustang fernhalten.« Angesichts dieser Begeisterung war uns klar, dass wir unser Sondermodell gefunden hatten.*

Obwohl der Film Bullitt 1968 kommerziell nicht erfolgreich war, wurde er Kult, nicht zuletzt aufgrund der zwölfminütigen Verfolgungsjagd, die sich McQueen – weitgehend ungedoubled – im Mustang mit den »bösen Jungs« liefert, die in einem schwarzen 1968er Dodge Charger unterwegs waren. Ford hatte damals zwei Mustangs geliefert für die wilde Jagd über die Hügel von San Francisco.

Das Mustang-Team hätte nun diesen speziellen 2001er Mustang einfach in demselben Highland Green lackieren können, in dem auch McQueens Fastback lackiert gewesen war, aber es wollte den Bullitt GT noch näher ans Original rücken. So erhielt der Bullit GT beispielsweise Instrumente, deren Anzeigen wie die aus dem 1960er-Jahrgang designed waren, und einen Schaltknauf, Renn-Pedalabdeckungen und einen Tankdeckel aus gebürstetem Aluminium. Sogar die C-Säule und die Schweller wurden für eine noch authentischere Anmutung geändert.

Aber es kam noch besser: die 3.696 Dollar Aufpreis für das Bullitt-Paket beinhalteten auch Verbesserungen am Fahrwerk, das um ¾ Zoll tiefergelegt und mit Federn und Dämpfern von Tokico ausgestattet war. Außerdem gab es spezielle Stabilisatoren und einen verstärkten Rahmen. Die 13 Zoll großen vorderen Scheibenbremsen kamen von Brembo. Erstmals bei einem Mustang waren die Bremssättel rot lackiert und durch die fünf Speichen der Bullit-Räder hindurch auch gut sichtbar. Und natürlich erinnerten die Bullit-Räder an die beliebten Torq-Thrust-Felgen der 60er Jahre. Unter der Haube des Bullitt GT saß der 4,6-Liter-V8, der mit 270 PS gegenüber dem Standard-GT ein kleines Leistungsplus von 10 PS aufwies, zu dem ein optimierter Aluminium-Ansaugstutzen, ein zweiflutiger Drosselklappenstutzen, ein verbesserter Endschalldämpfer und eine kleinere Kurbelwellen-Riemenscheibe beitrugen.

2001 BULLITT GT

Angeboten in Highland Green, True Blue und Schwarz, verlieh der 2001er Bullitt GT dem verblassenden Stern des Fox-4-Mustangs noch einmal dringend benötigten neuen Glanz. Bei seiner Markteinführung am 4. Januar 2001 hatte das Mustang-Team noch verlauten lassen, dass die Produktion auf 6.500 Exemplare begrenzt würde, tatsächlich aber verließen bis Ende des Jahres nur 5582 Bullits die Werkshallen. Die meisten waren grün wie das Film-Auto von Steve McQueen.

Bob Radcer war Mechaniker in Bob Bakers Ford-Niederlassung in San Diego, als er Zeuge wurde, wie die ersten 2001er Bullitt GTs vor dem Autohaus vom Transporter rollten. »Zwei grüne und ein schwarzer«, erinnert sich Bob. »Ich verliebte mich in den Wagen, ich musste einen haben!«

Es gab nur einen Haken. Bob hatte bereits mehrere Mustangs, und seine Frau, mit der er seit vier Jahren verheiratet war, zeigte sich wenig begeistert von der Idee, noch einen zu kaufen. Nur unter zwei Bedingungen stimmte sie schließlich zu: Bob musste einen seiner anderen Mustangs verkaufen, um Platz für den neuen zu schaffen, und er musste einwilligen, der Eheschließung die Gründung einer richtigen Familie folgen zu lassen. »Ich verkaufte meinen 1986er Mustang GT an meinen Schwager, und ein paar Wochen später erzählte mir meine Frau, dass sie schwanger war.«

Bobs grüner Bullitt GT wurde am 7. Mai 2001 geliefert. Der Mustang, der inzwischen 3.000 Meilen auf dem Tacho hat, bleibt zu 100 Prozent original, bis hin zur Original-Motorcraft-Batterie. »Einen Sohn und eine Tochter später sind wir immer noch eine Mustang-Familie«, sagt Bob.

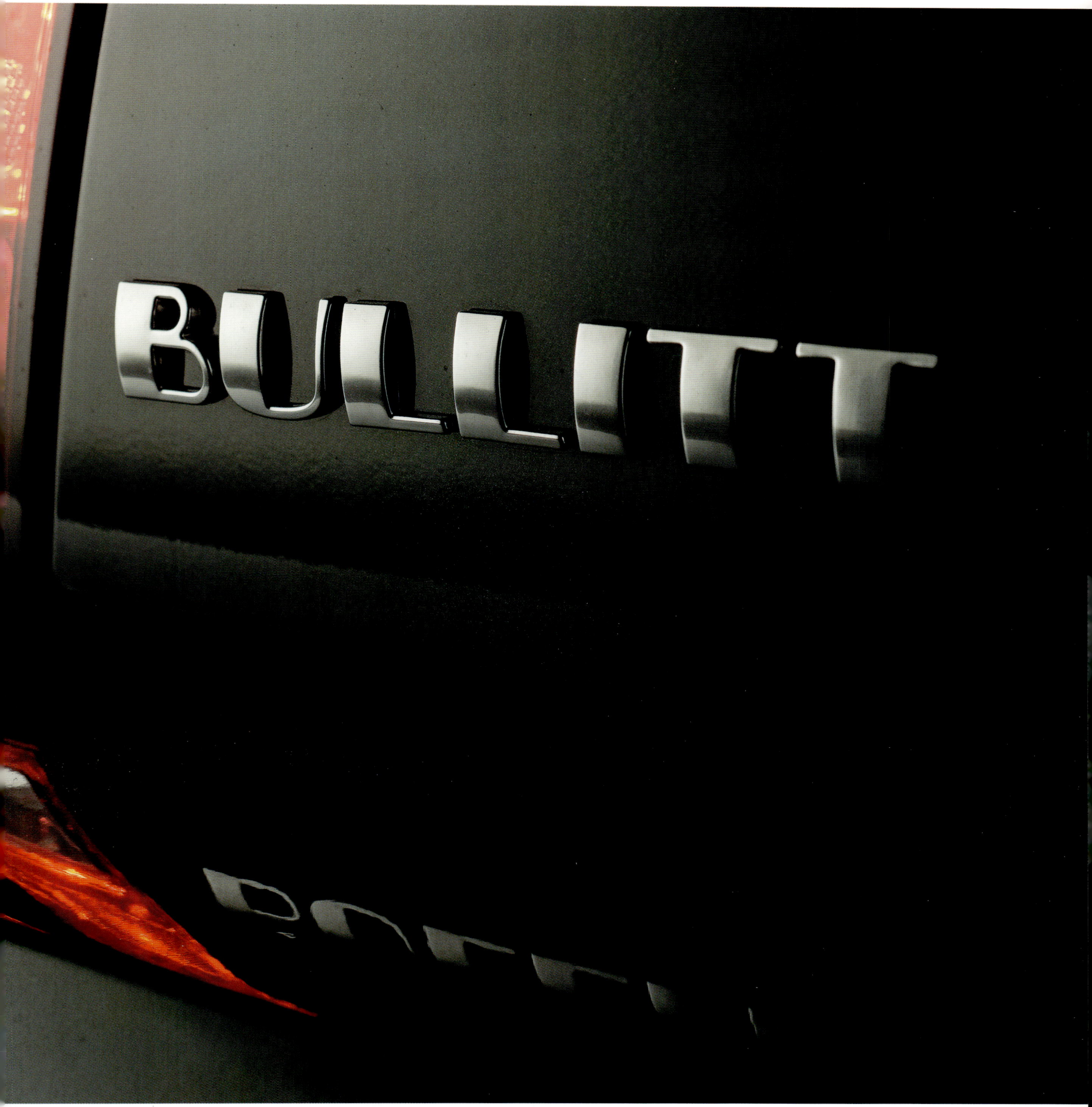
BULLITT

176   DIE FOX-BODY-MUSTANGS

2001 BULLITT GT 177

22

2003 SVT COBRA CONVERTIBLE

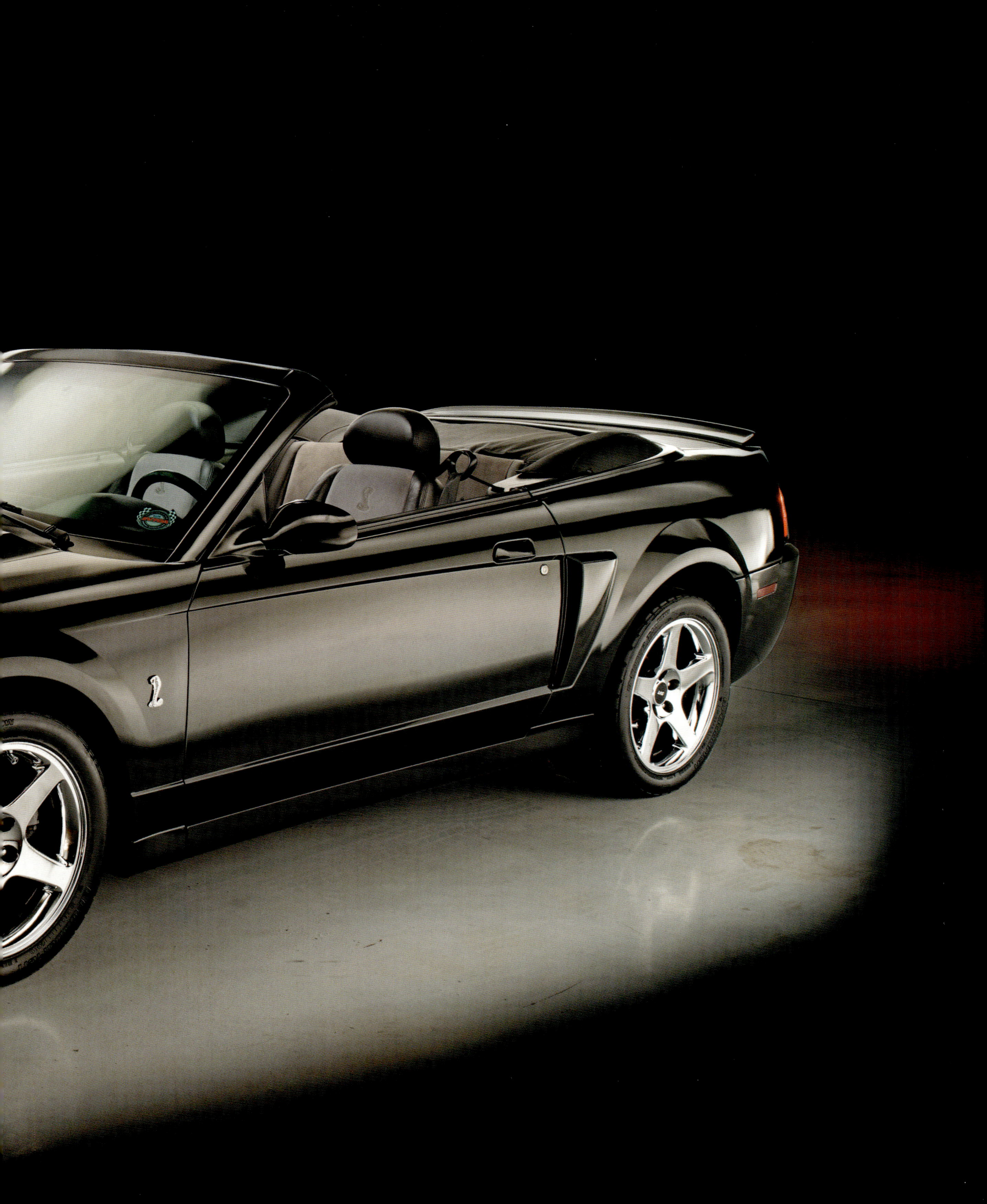

SEIT IHREM DEBÜT IM JAHR 1993 galt Fords SVT Cobra als Technologie- und Leistungsträger unter den Mustangs. Aber während einer Wüstenfahrt im Rahmen der Arbeiten am geplante Update für das kommende 2002er Modell äußerte SVT-Chefingenieur John Coletti klar und deutlich seinen Unmut über den 4,6-Liter-DOHC-Saugmotor. Bei einem Tankstopp sagte Coletti zu seinem Team: »Ich werde in diesen Laden gehen und sehen, ob sie Essig haben. Und dann werde ich eine Flasche kaufen und sie auf den Rücksitz werfen, denn dieses Auto ist eine Gurke!«

Unmittelbar auf Colettis Schelte folgte, was als die »picnic table review« bekannt wurde, und danach wurde das Special Vehicle Team eiligst und mit neuen Marschbefehl nach Dearborn zurückgeschickt. Es fiel eine drastische Entscheidung: Der Erscheinungstermin für die nächste Cobra wurde verschoben, das Modelljahr 2002 sollte komplett übersprungen werden. Dafür aber sollte erstmals ein Mustang entwickelt werden, der ab Werk mit einem Kompressor ausgestattet war. Das, so war man überzeugt, wäre das Warten dann auch wert. Mit einem Eaton-Rootskompressor und Ladeluftkühler entwickelte der aufgeladene Vierventil-DOHC-Motor 390 PS und ein Drehmoment von knapp 530 Nm. Damit war die 2003er Cobra der stärkste Mustang, den Ford bis dato je angeboten hatte. Innerhalb des Unternehmens lief das Projekt denn auch unter dem Codenamen »Terminator«, eine bewusste Anspielung auf den von Arnold Schwarzenegger dargestellten wilden Cyborg im gleichnamigen Film von 1984.

Die 70 Mehr-PS gegenüber der Vorgänger-Cobra von 2001 machten erhebliche Verstärkungen im DOHC-Motor erforderlich, der deshalb Manley-H-Pleuel und Schmiedekolben erhielt. Die Aluminium-Zylinderköpfe waren ebenfalls überarbeitet worden. Frühere Cobra-DOHC-Motoren basierten auf normalen Motorblöcken aus der Serienproduktion und waren in Fords Motorenwerk in Romeo, Michigan, auf Cobra getrimmt worden, aber die Motoren für die 2003er-Version mussten wegen ihrer konstruktiven Besonderheiten komplett in Romeo gefertigt werden.

Das Fahrwerk der Cobra, das für die erstmalige Verwendung einer hinteren Einzelradaufhängung in einem Mustang bereits viel Lob erhalten hatte, war ebenfalls nochmals aktualisiert worden. Das fing an mit den 275/40ZR-17 Goodyear Eagle F1 Performance-Reifen auf neuen 17 x 9 Zoll großen Fünfspeichen-Rädern. Dazu kamen härtere Federn, verbesserte Fahrwerksbuchsen, eine zusätzliche Querstrebe für die Einzelradaufhängung und Bilstein-Einrohr-Dämpfer. Um dem überarbeiteten Modell auch einen frischen Look zu verpassen, wurde die Front neu gestaltet mit neuen Einfassungen für die Nebelleuchten, einem größeren Kühlergrill und einer Motorhaube aus leichteren Verbundwerkstoffen mit nach hinten gerichteten Lufteinlässen.

Ebenfalls zum ersten Mal hatte das Cabrio-Modell eine eigene Fahrwerksabstimmung erhalten, eine Verbesserung, die man in Peter Arkins schwarzer 2003er Cobra deutlich spüren kann. Arkin hatte sich die Cobra selbst zum 50. Geburtstag geschenkt. Bestellt im März 2002, wurde sie vier Monate später geliefert, was Arkin prompt zum Anlass nahm, sein 1998er Cobra Convertible an seinen Sohn weiterzureichen. Im ersten Jahr nutzte er den Wagen im Alltagsbetrieb und sammelte 20.000 Meilen auf dem Tacho. Dann, als ihm klar wurde, das seine Nummer 460 von insgesamt nur 5082 in 2003 gebauten Cobra Convertibles eines Tages Sammlerwert haben könnte, fuhr er sie nur noch an den Wochenenden.

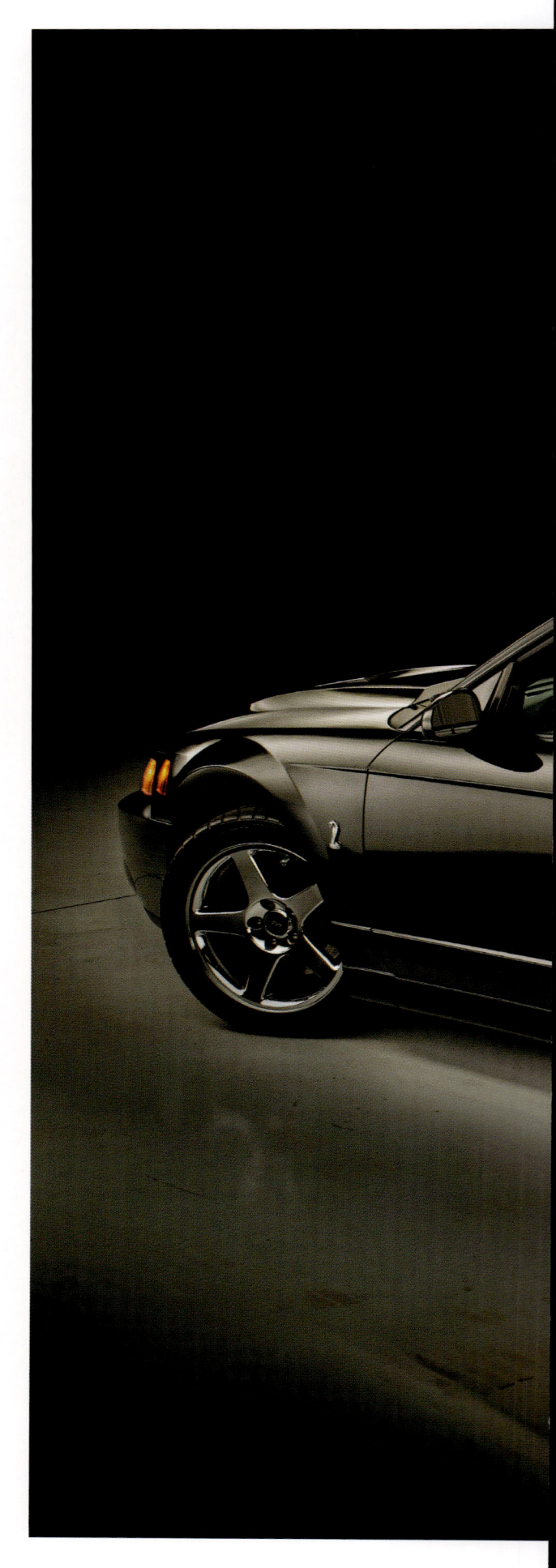

2003 SVT COBRA CONVERTIBLE 181

Heute, mit 55.000 Meilen, stecken noch immer die ursprünglichen Zündkerzen in seiner Cobra, und auch alle anderen Teile sind noch original – außer den Reifen und der Kupplung. Der Kühler wurde noch im Rahmen der Garantie ersetzt, und schließlich hat Arkin den Spaßfaktor mit einem K&N-Luftfilter, einem Borla-Auspuff und einer Steeda-Domstrebe vergrößert.

Mit ihrem aufgeladenen Motor und der Einzelradaufhängung an der Hinterachse setzte die 2003er Cobra nicht nur einen neuen Leistungsstandard bei den Mustangs, sondern sie erzielte auch einen Verkaufsrekord: 13.476 Exemplare der SVT Cobra fanden einen neuen Besitzer, ob als Coupé oder als Cabrio. »Sie fährt sich wie ein Slotcar«, sagt Arkin, der heute mit seiner Cobra nur noch gemütlich über die Landstraßen fährt – oder zu Autoshows. »Ich kann niemals tanken, ohne dass andere Kunden sie bewundernd kommentieren.«

2003 SVT COBRA CONVERTIBLE 183

184   DIE FOX-BODY-MUSTANGS

2003 SVT COBRA CONVERTIBLE

23
2003 MACH 1

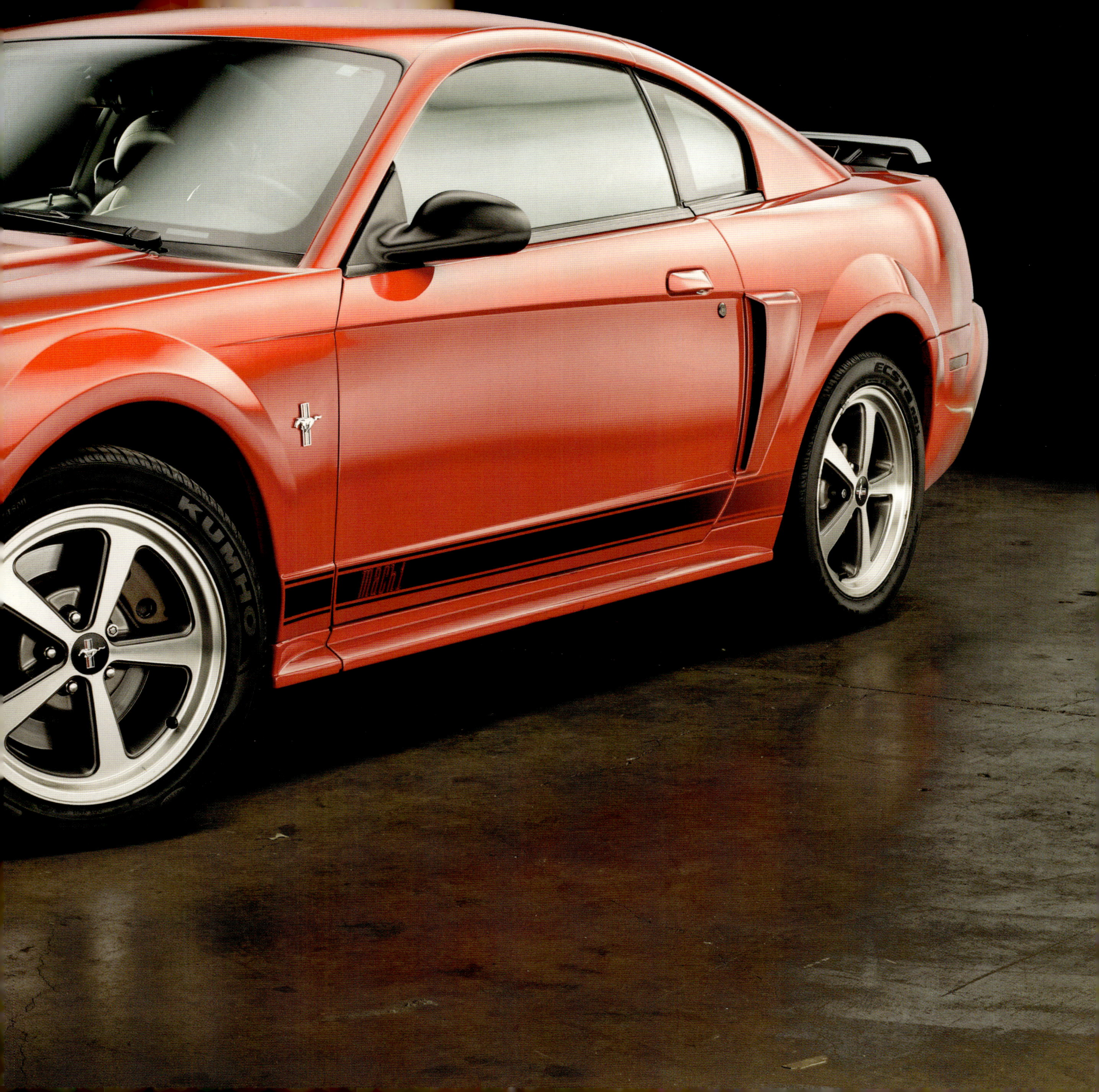
KUMHO
ECSTA

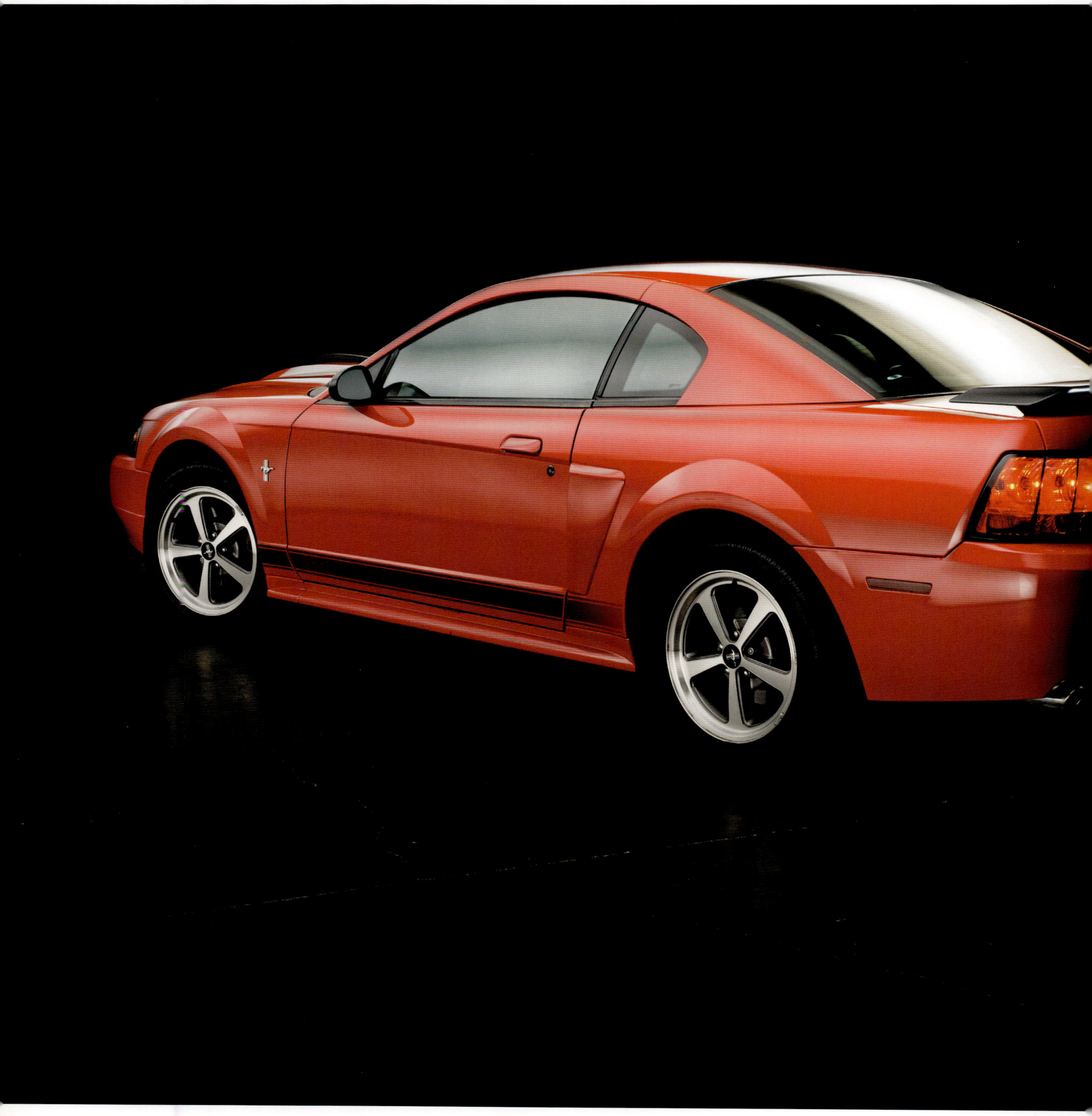

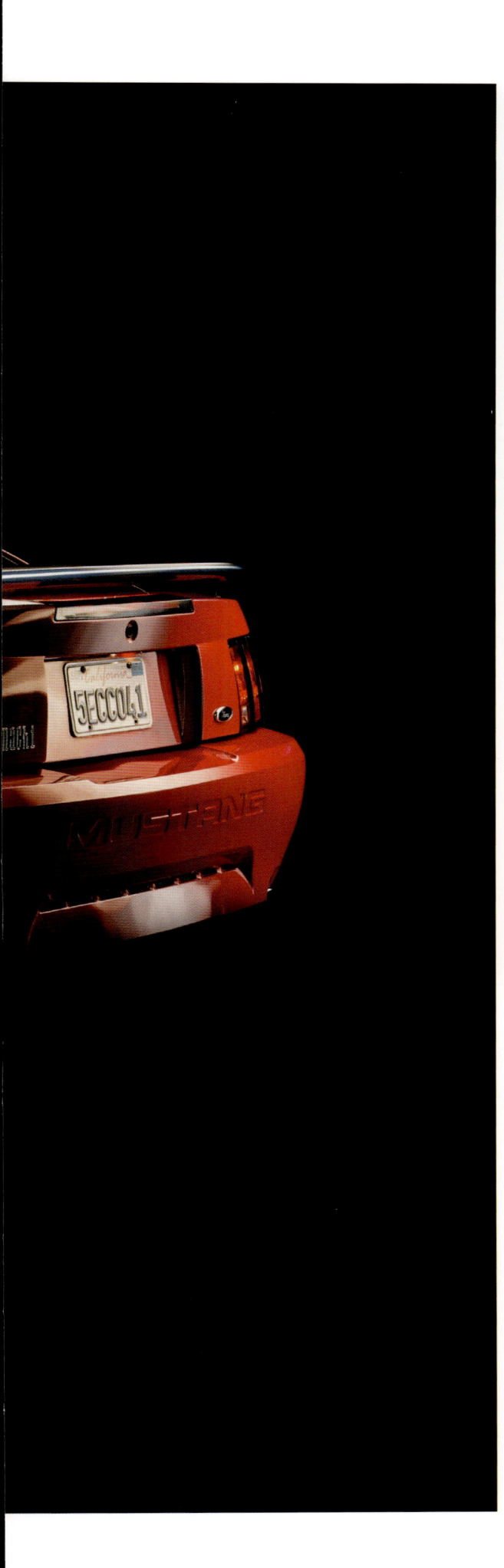

NOCH BEVOR DAS MUSTANG-TEAM das Sondermodell 2001 Bullitt GT in die Ausstellungsräume brachte, dachte Ingenieur Scott Hoag darüber nach, wie dessen Nachfolger aussehen könnte. Er erinnert sich noch gut daran, wie man bei Ford auf seinen Vorschlag reagierte, 2003 den Mach 1 wiederzubeleben: »Der Bullitt hatte sich noch längst nicht bewährt, da kam ich an und sagte: ›Lasst uns noch einen bauen! Und wir sollten ein Loch in die Motorhaube schneiden!‹ Sie dachten: ›Wir brauchen einen Drogen-Test von diesem Kerl. Der tickt doch nicht richtig!‹«

In den letzten Jahren, in denen der Mustang noch auf der alten SN95-Plattform lief, suchte Fords Mustang-Team nach Ideen, die Begeisterung für den aktuellen Mustang und damit auch dessen Verkaufszahlen vor der für 2005 geplanten Einführung des völlig neuen S197-Modells noch einmal kräftig anzukurbeln. Hoag und sein Chef, Mustang-Chefingenieur Art Hyde, hatten den Bullit entwickelt, und der war ein Erfolg geworden.

George Huisman, Inhaber von Classic Design Concepts (CDC), war mit seinem Mustang-Zubehör im Stil der 1960er in eine Marktlücke gestoßen. Und als CDC schließlich auch eine getreue Kopie der Shaker-Lufthutze der 1969er/1970er Mustangs für den 1999er Mustang GT schuf, registrierte Hoag das mit großem Interesse. Die durch die Motorhaube geführten Lufthutzen, so glaubte er, könnten das entscheidende Design-Merkmal werden für ein Modell, mit dem sich ein weiterer Name aus der Muscle-Car-Geschichte des Mustangs wiederbeleben ließe.

190   DIE FOX-BODY-MUSTANGS

Nachdem Tests auf der Viertelmeile bewiesen hatten, dass der Ram-Air-Einlass auch bessere Zeiten brachte, wurde die Shaker-Hutze in den Mittelpunkt eines Sondermodells für 2003 gerückt, das an den Mach 1 SportsRoof von 1969 und 1970 erinnerte. Weitere Details, mit denen der erste Mach 1 zitiert wurde, waren unter anderem der schwarze Streifen auf der gewölbten Motorhaube, der Heckspoiler, Armaturen und Schaltknauf im Retro-Look sowie ComfortWeave-Sportsitze im 1969er Stil. Um das Thema »Zurück in die Zukunft« abzuschließen, wurde der Mach 1 noch mit 17-Zoll-Rädern ausgestattet, die den Magnum 500ern aus dem Jahre 1970 ähnelten. Tüpfelchen auf dem i war schließlich der unverkennbare Sound, auf den die Auspuffanlage eigens abgestimmt worden war.

Wie sein Vorgänger Bullitt war auch der Mach 1 des Jahres 2003 weit mehr als ein besonderes Design-Paket. Nachdem der 4,6-Liter-DOHC für die 2003er Cobra mit einem Kompressor auf 390 PS gepusht worden war, griff das Mustang-Team jetzt auf den 4,6-Liter-Saugmotor von 1999 zurück, ein hochdrehendes 305-PS-Triebwerk, mit dem der Mach 1 exakt zwischen den GTs und den höherpreisigen SVT Cobras positioniert wurde. Aus der Motorhaube des Mach 1 ragte eine exakte Kopie der 1969/1970er Shaker-Lufthutze, die kühlere Außenluft in den Luftfilter schleuste.

In Tests von Autozeitschriften katapultierte sich der Mach 1 in 13,8 Sekunden über die Viertel-Meile, nur eine Sekunde langsamer als die Cobra, die immerhin noch einmal 5.000 Dollar mehr kostete als der in der Basisversion $ 29.000 teure Mach 1.

Angeboten wurde der Mach 1 nur in den letzten beiden Jahren der SN95/Fox-4-Mustangs, 2003 wurden dem Mach-1-Register zufolge von ihm 9652 und 2004 noch 7131 Exemplare verkauft. Im ersten Jahr gab es ihn nur in sechs Farben: Schwarz, Grau, Gelb, Blau, Rot und Weiß, 2004 kam noch Orange hinzu.

Mustang Sammler von heute schätzen die Mach 1 der Jahre 2003 und 2004, aber John Gerardy behandelt seinen 2003er nicht wie ein Museumsstück. Mit 65.000 Meilen auf dem Tacho wird das rote Coupé von Johns Schwiegersohn Mike Vandewarker noch tagtäglich als Firmenwagen genutzt. Die Fahrten auf den San Diego Freeways sind ein Vergnügen mit dem Wagen, nicht zuletzt dank eines früheren Eigentümers, der den Mach 1 zu JBA Racing gegeben hatte, wo der Original-DOHC-Motor mit Spezialkolben neu aufgebaut und auf gleichmäßige Leistungsabgabe bei hohen Drehzahlen abgestimmt wurde.

ABSCHNITT 4 — 2005–2015

THE MODERN MUSTANGS

EINE BAUZEIT VON 25 JAHREN ist für ein Automobil schon eine Ewigkeit. Von 1979 bis 2004 war die Fox-Plattform Basis für jeden Mustang, vom sportlich-wirtschaftlichen Basismodell bis hin zur 390-PS-Cobra. Aber Anfang der 2000er Jahre war auch dem immer wieder verbesserten Fox-Body sein Alter anzumerken. Es war Zeit für einen Wechsel – und das war eine Herausforderung.

»Wenn Du einen neuen Mustang entwirfst, bist Du der Hüter von vierzig Jahren Automobilgeschichte«, sagte J. Mays, Fords Design-Vizepräsident, zum brandneuen 2005er Mustang. »Wenn Du ihn nicht richtig hinbekommst, musst Du Dich vor acht Millionen Mustang-Fans verantworten!«

Um den Mustang fit für das einundzwanzigste Jahrhundert zu machen, wählte Ford die moderne Plattform DEW98 (Grundlage für den neuen Lincoln LS) als Chassis für die nächste Generation des Pony Cars. Als die Ingenieure der Plattform dann eine sportlichere Konfiguration verpasst hatten, erhielt sie den Code-Namen S197. Mit McPherson-Federbeinen vorne und einer Dreilenker-Hinterachse mit Panhardstab sollte das neue Chassis des Mustangs zehn Jahre lang den Ansprüchen genügen können.

Der erste komplett neue Mustang nach 25 Jahren debütierte 2005 als Basis-V6 und GT mit einem Drei-Ventil-4,6-Liter-V8. Während das Chassis komplett neu war, zitierte das Design mit langer Motorhaube und kurzem Heck traditionelle Mustang-Formen, um die nostalgischen Sehnsüchte der Baby-Boomer anzusprechen. Der Retro-Look lud auch dazu ein, berühmte Modelle aus der Vergangenheit wie den California Special von 1968 neu zu beleben. 2007 holte Fords SVT auch Carroll Shelby wieder ins Boot, es gab wieder einen Shelby GT 500, jetzt mit einem aufgeladenen 5,4-Liter-DOHC-Kraftwerk. Ein paar Jahre später präsentierte das Mustang-Team dann auch noch einen modernen Nachfolger des legendären Boss 302. Und dank des Special Vehicle Teams verabschiedete sich der S197-Mustang schließlich mit einem Paukenschlag: Der 2013/2014er Shelby GT 500 setzte mit seinen 662 PS eine neue Bestmarke in Sachen Leistung für einen Serien-Mustang.

Am 17. April 2015, genau 50 Jahre nach der Einführung des Mustangs auf der New Yorker Weltausstellung, präsentierte CEO Bill Ford den 2015er Mustang 50 Year Limited Edition Tausenden von Anhängern, die sich auf den Tribünen des Charlotte Motor Speedways versammelt hatten, um das Mustang-Jubiläum zu feiern. Dem Jubiläumsmodell lag eine neuerliche Komplett-Überarbeitung zugrunde, mit der sechsten Generation kam endlich die Einzelradaufhängung rundum, die den Mustang auch fahrwerksmäßig wieder auf Augenhöhe mit den Konkurrenten brachte. Und zum ersten Mal wurde der Mustang auch international vermarktet, erstmals war er auch offiziell in Deutschland zu haben.

Seit mehr als 50 Jahren hat der Mustang Abgasvorschriften, Öl-Embargos und sogar firmeninternen Bemühungen getrotzt, ihm einen Frontantrieb einzupflanzen. Zum Glück ist der Mustang mehr als fünf Jahrzehnte lang das geblieben, als was er gedacht war: ein sportliches, ein praktisches und vor allem ein Auto, an dem man Spaß hat.

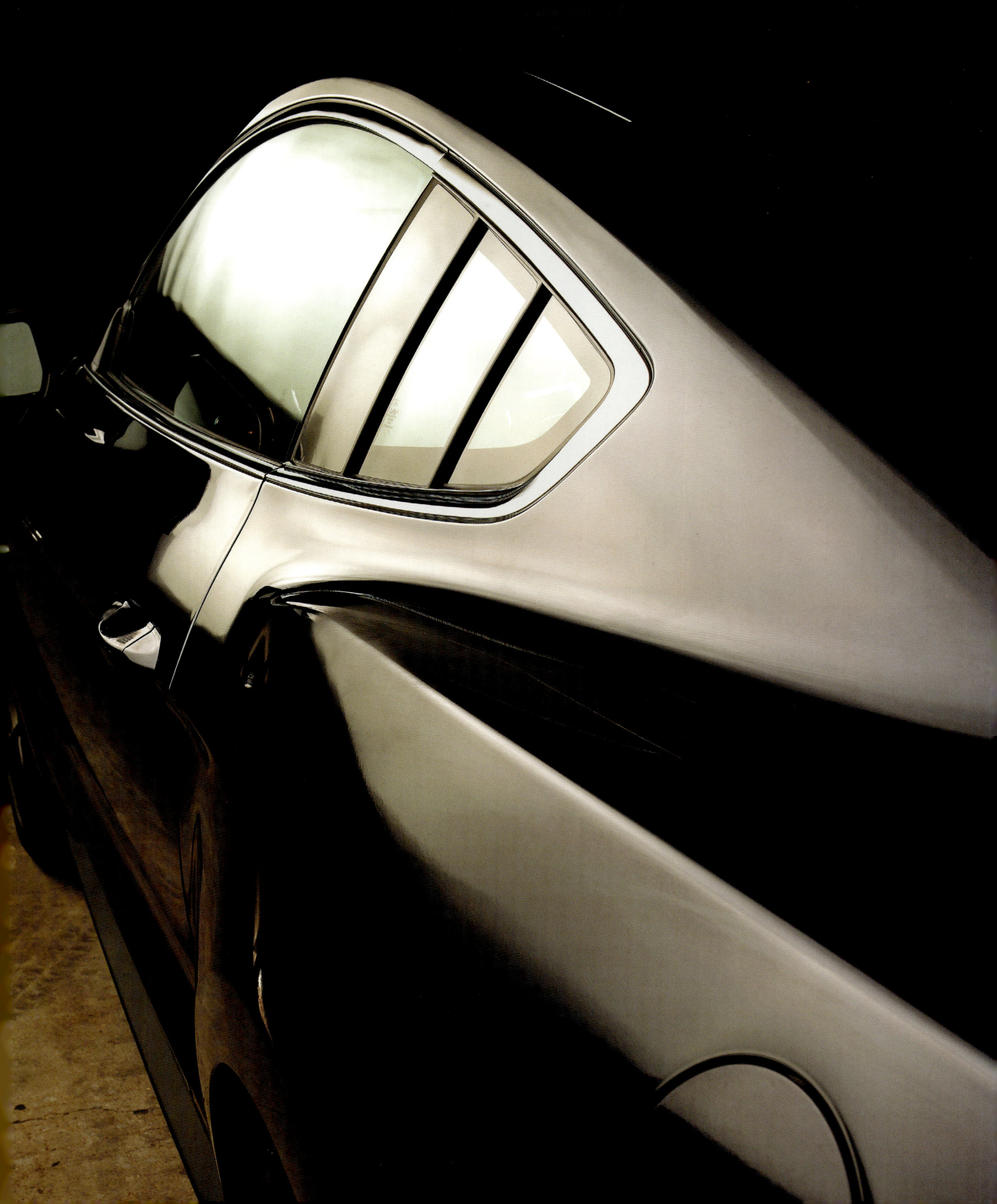

24

2007 GT/CS

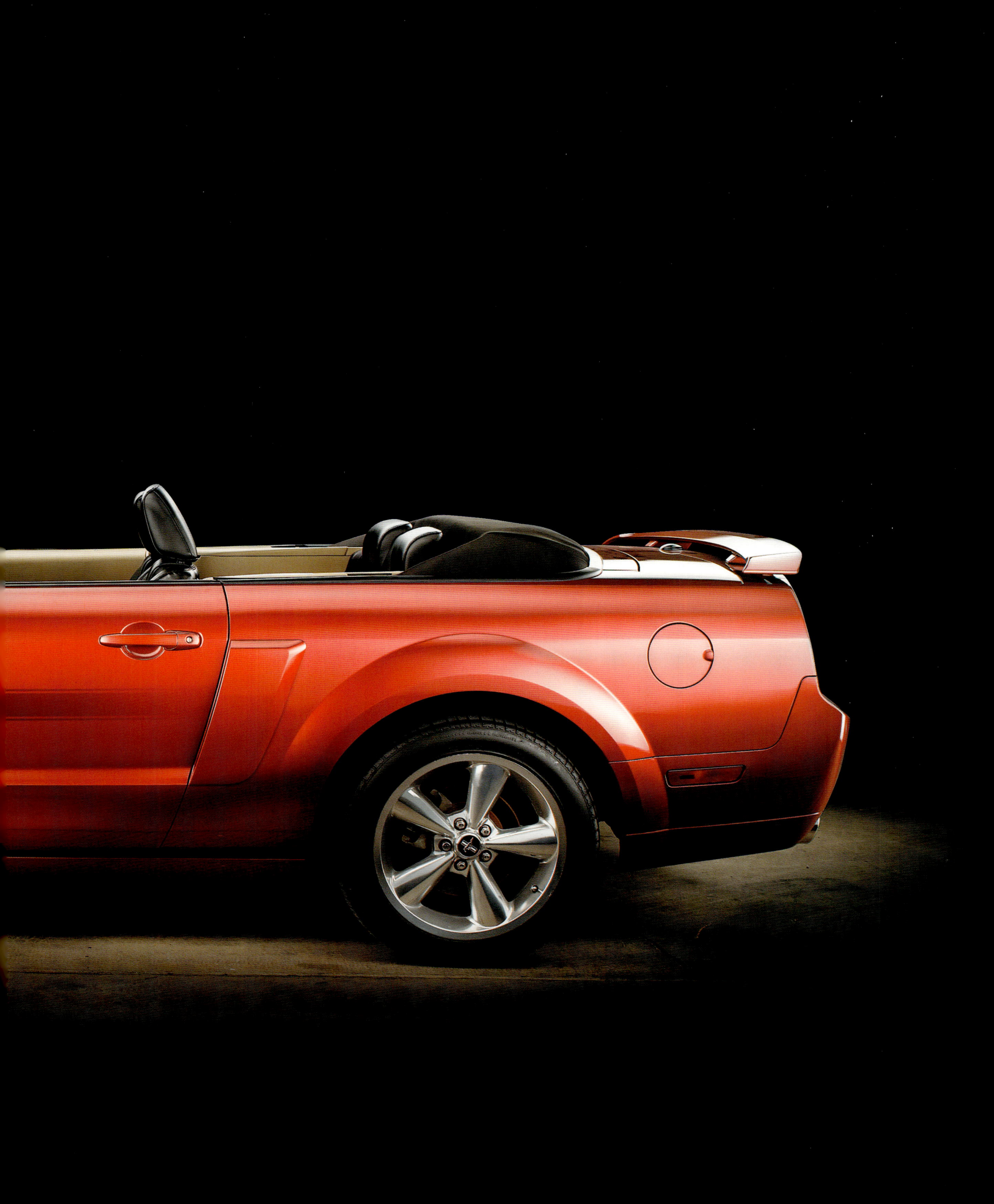

IN DEN JAHREN NACH DEM DEBÜT des 2005er Mustangs im Retro-Stil brachte Ford für die Baby-Boomer mit dem GT/CS ein legendäres Sondermodell von 1968 wieder auf den Markt, mit dem diese Generation aufgewachsen war: Die S197-Mustangs waren zwei Jahre alt, als der GT/CS zu den Ford-Händlern kam.

»Kalifornien lässt es wahr werden«, hatte 1968 der Werbeslogan für den California Special Mustang getönt. Im Gegensatz zu früheren Spezialmodellen war der GT/CS mehr als nur ein Ausstattungspaket mit Sonderfarben: er kopierte das Aussehen des beliebten Shelby-Mustangs mit einem Fiberglas-Heckspoiler, den Rückleuchten des 1965er Thunderbirds, seitlichen Lufthutzen vor den Hinterradläufen und im Kühlergrill montierten Nebelscheinwerfern. Hauptsächlich in Kalifornien, aber auch in anderen westlichen Staaten und Westkanada angeboten, kam der nur als Hardtop erhältliche GT/CS nur auf die bescheidene Stückzahl von 4.117 Exemplaren. In den letzten Jahren jedoch ist das Modell – nicht zuletzt wegen seines einzigartigen Shelby-Looks – zu einem gesuchten Sammlerstück geworden.

Im Gegensatz zum Original aus dem Jahr 1968 war der 2007er GT/CS sowohl als Coupé als auch als Cabrio erhältlich, und er wurde landesweit, also nicht nur an der Westküste angeboten. In erster Linie ein optisch aufgewerteter Mustang GT, erhielt der Käufer für einen Aufpreis von 1.895 Dollar gegenüber dem GT Premium an seinem California Special eine spezielle Frontblende (mit einer größeren Kühleröffnung für eine bessere Motorkühlung und einem integrierten Frontspoiler, der die Frontblende um eineinhalb Zoll absenkte), seitliche Lufthutzen, schwarze, auslaufende Seitenzierstreifen mit dem Schriftzug GT/CS, Edelstahl-Auspuffblenden und einen speziellen Heckdiffusor, ähnlich dem am Ford GT-Sportwagen. Die 18 Zoll großen Fünf-Speichen-Räder aus poliertem Aluminium, beim Mustang GT noch aufpreispflichtig, gehörten beim GT/CS zur Serienausstattung. Angeboten wurde das Sondermodell zunächst nur in den vier Farben Vista-Blau, Performance-Weiß, Feuerrot und Schwarz, später kamen aber noch zusätzliche Farben hinzu, einschließlich Grabber-Orange. Innen verfügte der GT/CS über alle Zutaten aus dem Upgrade-Paket für das Mustang-Interieur, wozu unter anderem schwarze Ledersitze, GT/CS-Fußmatten und Zierleisten aus poliertem beziehungsweise gebürstetem Aluminium gehörten. Viele Käufer bestellten dazu auch noch das optionale GT-Optik-Paket, was dann bedeutete, dass der 4,6 Liter große V8-Dreiventiler mit einer Lufthutze auf seiner Motorhaube daherkam.

Die Frontblende für den GT/CS wurde übrigens bereits im Hinblick auf eine mögliche Verwendung auch in einem zukünftigen Boss-302-Modell entworfen, das dann im Jahr 2012 auch tatsächlich erschien. Und sowohl Frontschürze als auch Heckdiffusor des GT/CS sollten im 2006er Shelby GT-H und im 2007/2008er Shelby GT wieder verwendet werden.

Weil Ford den GT/CS dieses Mal landesweit anbot, konnten von dem Modell 2007 mehr als doppelt so viele Exemplare verkauft werden wie im ursprünglichen Modelljahr 1968: insgesamt 8.455 Mustangs GT/CS, davon 5.885 Coupés und 2.570 Cabrios. Laut Paul Newitt vom GT/CS-Register war damit in 2007 fast jeder achte Mustang GT ein California Special. Der GT/CS erhielt in den Modelljahren 2008 und 2009 kleinere Updates, 2010 verschwand er aus dem Programm und wurde dann in den Modelljahren 2011 bis 2014 wieder angeboten.

Der Kalifornier Eric Benner ist der erste Besitzer seines 2007er GT/CS Convertible in Feuerrot-Metallic. Eric nennt sein Auto »Aleanor« – in Gedenken an seine verstorbenen Großeltern Al und Eleanor, die einst einen 1968er Mustang gefahren hatten und deren Erbe es ihm ermöglicht hatte, seinen Mustang im April 2007 als Neuwagen zu kaufen. Eric fuhr seinen GT/CS zunächst im normalen Alltagsbetrieb, aber schon bald reduzierte er die Arbeitsbelastung seines »Spezial«-Mustangs auf gemütlichere Wochenend-Ausfahrten.

196   DIE AKTUELLEN MUSTANGS

2007 GT/CS

198   DIE AKTUELLEN MUSTANGS

2007 GT/CS   199

200　DIE AKTUELLEN MUSTANGS

2007 GT/CS 201

25

2008 SHELBY GT500

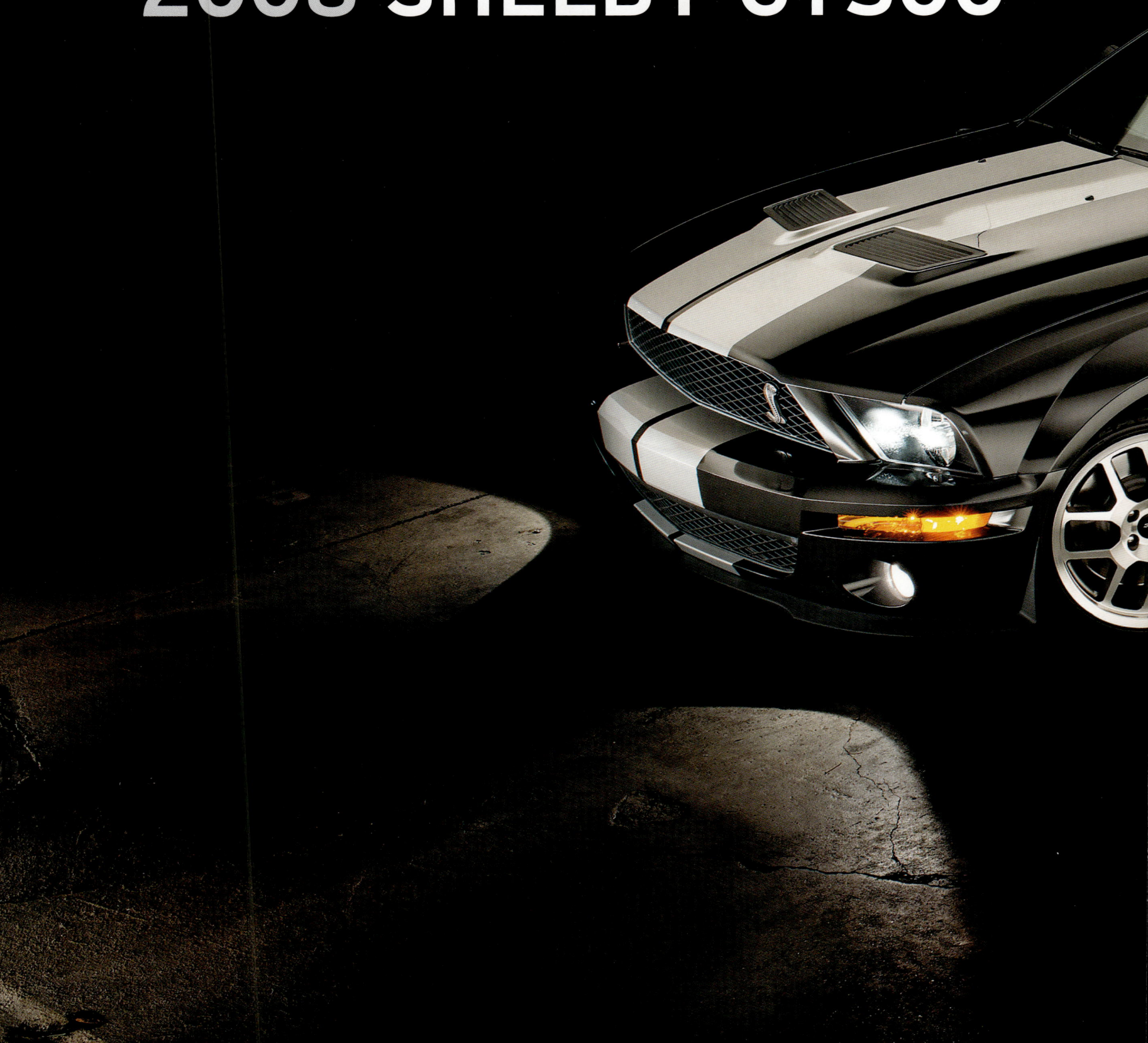

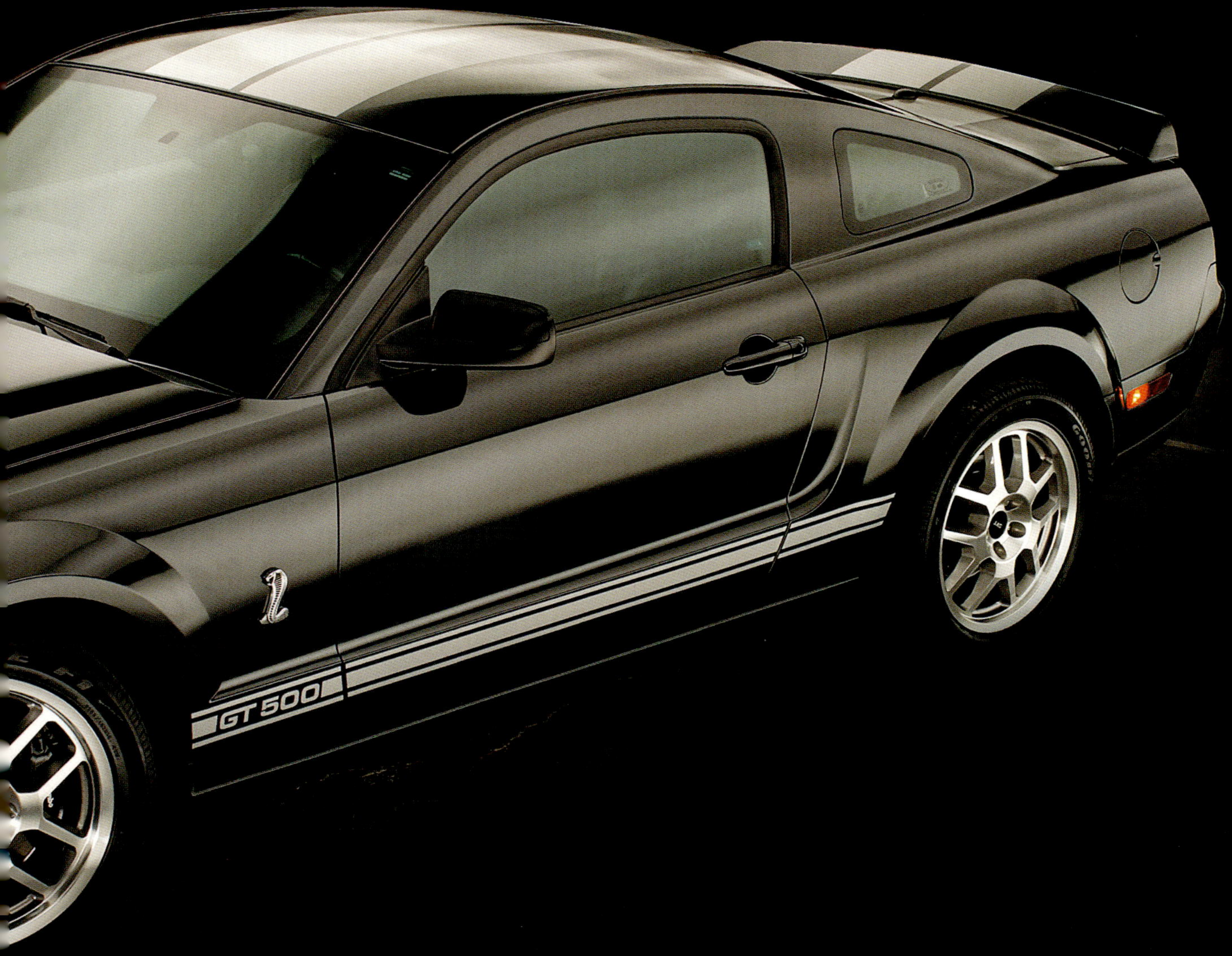
GT 500

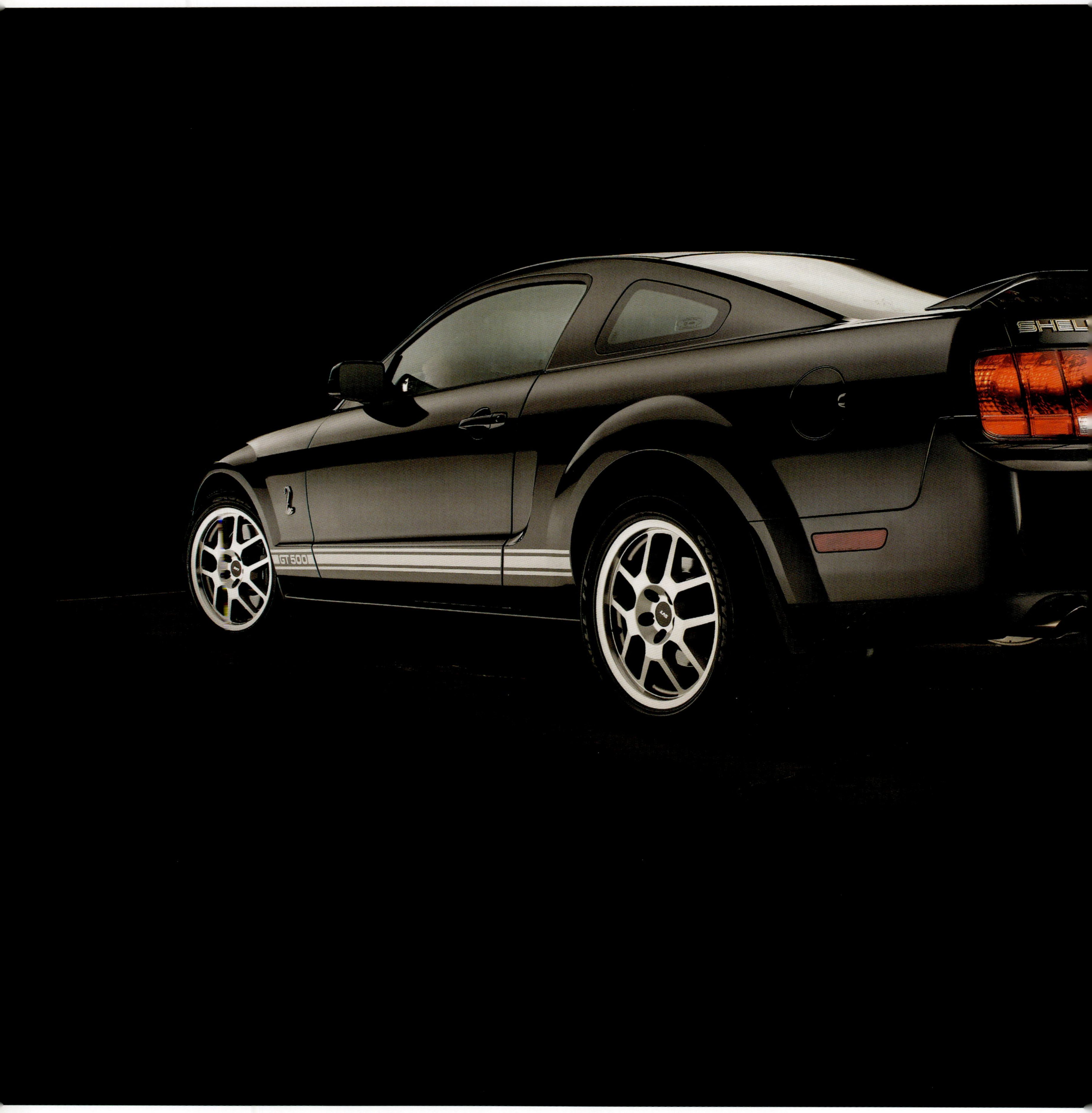
GT 500

ALS CARROLL SHELBY 2005 mit den Ford-Oberen auf der New York Auto Show erschien, ließ es sich nicht länger verheimlichen: Shelby und Ford SVT wollten gemeinsam einen neuen Shelby GT500 Mustang auf die Räder stellen. Der leuchtend rote Prototyp mit den Le-Mans-Streifen auf dem Dach ließ auf der Bühne seine Muskeln spielen, als Shelby und Ford-Vizepräsident Phil Martens sich über der geöffneten Motorhaube die Hände schüttelten. Nach fast vier Jahrzehnten gab es endlich wieder einen Shelby-Mustang.

Obwohl es in der Ford-Zentrale schon Monate zuvor entsprechende Gerüchte gegeben hatte, hatten nur wenige wirklich an eine neuerliche Zusammenarbeit von Shelby und Ford geglaubt, wie sie nun kurz nach der Einführung des neuen S197-Mustangs für das Modelljahr 2005 verkündet wurde. Hinter den Kulissen hatte Ford SVT unter dem Codenamen Condor bereits am nächsten Mustang Cobra mit einem aufgeladenen 5,4-Liter-V8 gearbeitet. Dass dieses Projekt dann als Shelby GT500 mit einem wahrhaft legendären Namen aus der Mustang-Geschichte auf den Markt kam, war nur folgerichtig.

»Unser Ziel war es, den stärksten Mustang aller Zeiten zu bauen«, sagte SVT-Direktor Hau Thai-Tang. Angekündigt hatte das Special Vehicle Team zunächst 450 PS. Aber als der GT500 schließlich als 2007er Modell zu den Ford-Händlern kam, trumpfte er mit 500 PS aus dem aufgeladenen 32-Ventil-DOHC-Triebwerk auf und markierte damit einen neuen Rekord für Mustang-Muscle-Cars.

SVT nannte den GT500 schon beim Verkaufsstart ein »Sammlerstück«, aber er war viel mehr als ein bloßes Exponat. Nicht umsonst hatten die Ingenieure dem Wagen ein Tremec-TR6060-Sechsgang-Schaltgetriebe, ein Rennfahrwerk mit speziell auf den GT500 abgestimmten Goodyear-F1-Supercar-Reifen und Brembo-Bremsen spendiert. Carroll Shelby selbst hatte die gesamte Entwicklung des GT500 beratend begleitet.

Äußerlich verband der neue GT500 Stilelemente sowohl von SVT als auch von Shelby. Die grimmig wirkende Front mit ihren markanten oberen und unteren Kühlergrill-Öffnungen war ein wichtiges Unterscheidungsmerkmal zum Standard-Mustang-GT. Abluftgitter in der gewölbten Motorhaube ermöglichten das Entweichen von heißer Luft aus dem Motorraum. Am Heck des GT500 fand sich ein Diffusor, der von dem des Ford GT Supercar inspiriert war, sowie ein Heckspoiler, der an die 1960er Jahre erinnerte. Le-Mans-Streifen waren für die Coupés optional erhältlich.

Der Shelby-Look setzte sich im Inneren fort mit speziellen GT500-Schalensitzen und Cobra-Emblemen, außerdem besaß der Shelby eine Instrumentierung, bei der Tachometer und Drehzahlmesser ihre Positionen gegenüber dem normalen Mustang GT getauscht hatten.

Nachdem der GT500 nach 12,7 Sekunden mit 116 Meilen pro Stunde nach der Viertelmeile gestoppt worden war, beschrieb ihn das Magazin *Motor Trend* als »schnelles, zivilisiertes, einzigartig amerikanisches Grand Touring Coupé. Niemand sonst in der Welt baut für dieses Geld ein so charismatisches, ausgereiftes und leistungsstarkes Auto. Der größte Mustang aller Zeiten? Keine Frage!«

Die Ford-Händler verkauften 10.864 Exemplare des Shelby GT500 in 2007, das war hinter der 2003er Cobra das zweitbeste Verkaufsergebnis, das ein SVT-Mustang bis dato erzielt hatte. Das Sondermodell wurde in den Modelljahren 2008 und 2009 weitgehend unverändert angeboten, für 2010 wurde es einem eher kosmetischen Facelift unterzogen, doch für 2013 und 2014 erhielt es eine dramatische Leistungssteigerung auf bis zu 662 PS.

Der im Süden Kaliforniens lebende David Griffin hatte gar nicht die Absicht, ein neues Auto kaufen, als er bei Keystone Ford in Norwalk in der Serviceabteilung einen F250 für die Freundin seines Sohnes abholen wollte. »Während des Wartens haben wir uns neue Mustang GTs angesehen«, erzählt Dave. »Mein Sohn sah den 2008er Shelby GT500 im Showroom und meinte: ›Das wär doch ein tolles Auto für Dich.‹« Zuerst sträubte sich David dagegen, 20.000 Dollar Aufpreis für den speziellen SVT-Mustang zu zahlen. Doch dann kam der Flottenmanager und bot ihm den schwarzen GT500 zum Sonderpreis an. »Ich habe ihm gesagt, er könne ein ›Verkauft‹-Schild am GT500 anbringen«, sagt David und fügt hinzu: »Es war das erste neue Auto, das ich je gekauft habe. Und ich habe es nicht einmal Probe gefahren!«

Davids Shelby ist keineswegs ein Garagenwagen, er hat 83.000 Meilen auf dem Tacho, die David auf Langstreckenfahrten nach Oregon, Nevada, New Mexico, Colorado und Arizona gesammelt hat. Und bis heute widerstand der 72-jährige selbsternannte Hot Rodder dem Drang, Änderungen an seinem Mustang vorzunehmen. Zur Begründung weist er nur darauf hin, dass sein GT500 bereits ab Werk »teuflisch schnell« sei.

2008 SHELBY GT500 207

208   DIE AKTUELLEN MUSTANGS

2008 SHELBY GT500 209

26

2012 BOSS 302 LAGUNA SECA

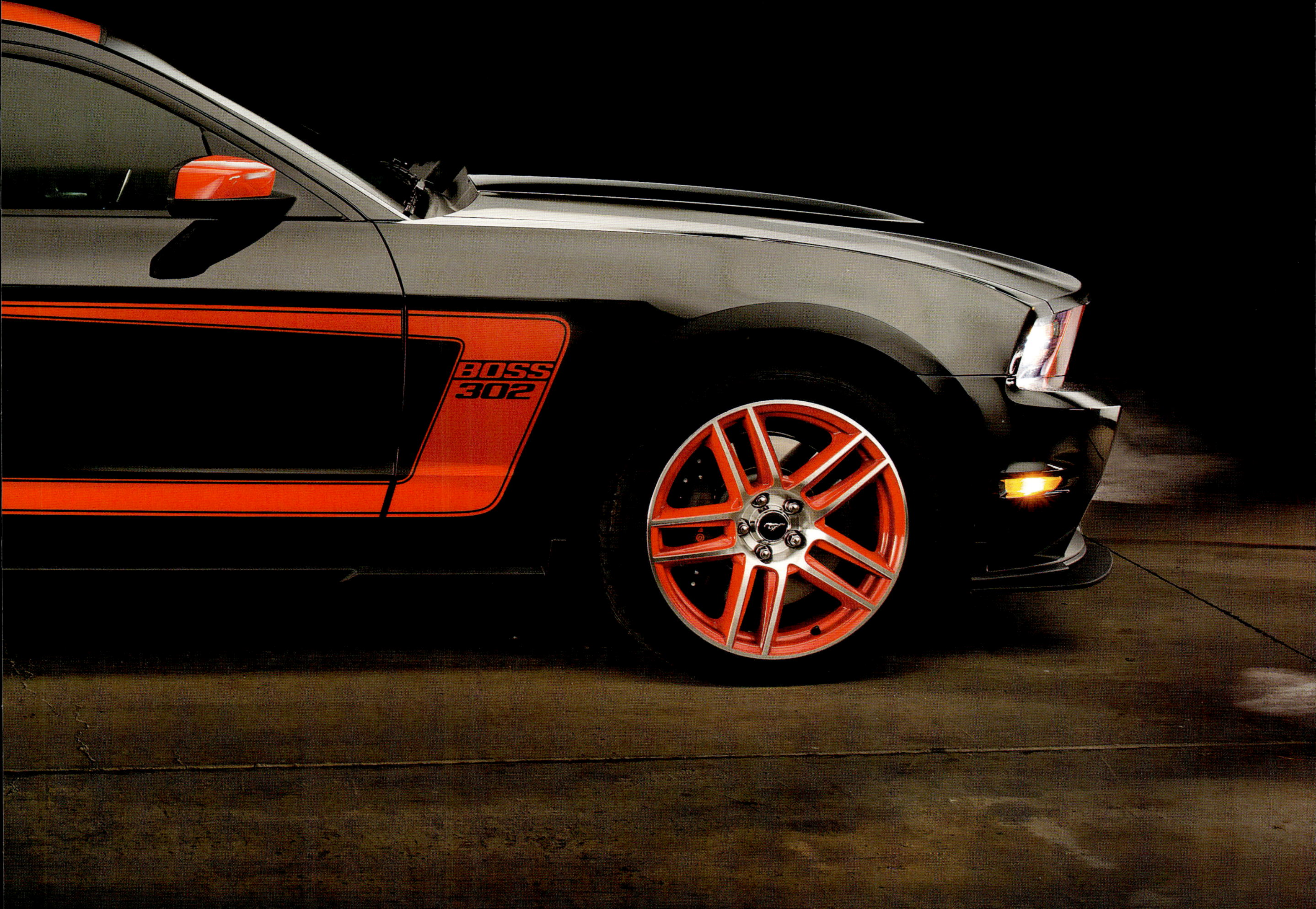
BOSS
302

SCHWARZ MIT ROTEN STREIFEN und roten Applikationen, ist Bob Gardners 2012er Boss 302 Laguna Seca kaum zu übersehen, wenn er durch die Straßen von Evergreen, Colorado, rollt. Genau deshalb wurde diese Farbkombination natürlich auch für die Rennversion des modernen Boss 302 ausgewählt. Fords Mustang-Team wollte, dass man das Auto sieht und erkennt, wenn es – in Führung liegend – durchs Ziel fährt.

Kurz nachdem Ford den 2005er Mustang mit seinem Retro-Design präsentiert hatte, gab es Stimmen im Unternehmen, die dafür plädierten, noch einen Schritt weiter zu gehen: Mit einer modernen Interpretation des legendären 1969/1970er Boss 302, einem für Trans-Am-Rennen konzipierten Sportsroof-Mustang. Andere widersprachen, indem sie darauf hinwiesen, dass der 4,6 Liter (281 Kubikzoll) große Motor kaum ausreichen dürfte, einen glaubwürdigen Boss 302 angemessen zu befeuern. Erst als Ford 2011 den 4,6-Liter durch den neuen Coyote-5,0-Liter (302 Kubikzoll) ersetzte, fügte sich das letzte Puzzleteil ins Bild von einem neuen Boss. Unterstützt von Fords Vertriebs-Vizepräsident Jim Farley, beschloss das Mustang-Team, den Boss 302 als konkurrenzfähigen Sportwagen mit Rundkurs-Qualitäten wiederzubeleben. Mustang Marketing Manager Allison Revier bezeichnete den Wagen denn auch als einen »Rennwagen mit Straßenzulassung.«

Mustang-Chefingenieur Dave Pericak war klar, wie wichtig der Motor für einen Boss 302 war. 1969/1970 war das Triebwerk im Boss ein hochdrehender Small-Block gewesen, weshalb Pericak die Idee eines aufgeladenen Motors gleich wieder verwarf. Stattdessen forderte er eine neue Version des Coyote-5.0-Saugmotors mit mehr Leistung. Durch die CNC-Bearbeitung der Vierventilköpfe und das Hinzufügen eines speziellen, »runners-in-the-box« genannten Ansaugstutzens trimmten Mike Harrison und sein Ingenieursteam den Coyote auf 444 PS, 32 PS mehr als beim 5,0-Liter des Mustang GT.

Um den neuen Boss 302 rennstreckentauglich zu machen, stattete das Mustang-Team ihn mit einem einstellbaren Fahrwerk und Pirelli-P-Zero-Reifen der Größe P255/40ZR-19 vorne und 285/35ZR-19 hinten aus. Weil zum richtigen Erleben eines Boss-Mustangs auch der Klang gehört, entwickelten die Soundingenieure Shawn Carney und Aaron Bresky eine spezielle Quad-Abgasanlage mit Sidepipes, die vor den Hinterreifen endeten. Spezielle Klappen mit 5/16-Zoll-Öffnungen garantierten die Einhaltung gesetzlicher Lärmgrenzwerte, aber Carney und Bresky hatten dafür gesorgt, dass sie sich für den Betrieb auf der Rennstrecke leicht entfernen ließen.

Der Öffentlichkeit im August 2010 vorgestellt, erntete der 2012er Boss 302 mit seinen Streifen im Retro-Look begeisterte Kritiken von den Autozeitschriften. *Motor Trend* nannte ihn den »rundum besten Mustang aller Zeiten«, und *Road & Track* schwärmte: »Der agilste Mustang, den wir je getestet haben«.

2012 BOSS 302 LAGUNA SECA   213

214 DIE AKTUELLEN MUSTANGS

Aber das Mustang-Team wollte noch mehr. Zeitgleich mit dem »normalen« Boss 302 arbeiteten die Ingenieure auch an einer ultimativen Renn-Version. »Laguna Seca« hieß dieser Über-Boss nach der berühmten Rennstrecke in Kalifornien, auf der Parnelli Jones in der Trans-Am-Saison 1970 seinen ersten Sieg eingefahren hatte. Die Rennqualitäten des Standard-Boss-Modells wurden im Boss 302 LS noch weiter verbessert durch eine X-förmige Chassis-Versteifung, die anstelle der Rücksitze eingebaut war, spezielle Kanäle für die Zufuhr von Kühlluft für die vorderen Scheibenbremsen, eine aufgeschraubte Lufthutze für die Getriebekühlung, einen Heckflügel, einen aggressiveren Frontsplitter und Reifen des Typs Pirelli P Zero Corsa. Den 2012er Boss 302 Laguna Seca gab es in zwei Farben, Schwarz oder Ingot-Silber, jeweils mit kontrastierenden roten Seitenstreifen, rotem Dach und roten Applikationen.

2012 widerstand Bob Gardner noch dem Drang, einen neuen Boss 302 Laguna Seca zu kaufen. Aber zwei Jahre später juckte es ihn erneut, und so machte er sich auf die Suche nach einem Exemplar mit möglichst geringer Laufleistung. Als in einer eBay-Anzeige ein Exemplar in North Carolina mit nur 30 Meilen angeboten wurde, machte sich Bob sofort auf den Weg dorthin. »Er hatte noch immer die Plastik-Schutzhüllen auf den Sitzen«, berichtet er. »Wir wurden schnell handelseinig.«

Heute nutzt Bob seinen schwarz-roten Boss 302 auf öffentlichen Straßen zum Vergnügen, aber gelegentlich unternimmt er mit ihm auch Ausflüge auf den High Plains Raceway in Deer Trail, Colorado. »Wir haben aber auch einige großartige Bergstraßen hier in der Gegend«, fügt er hinzu.

BOSS
302

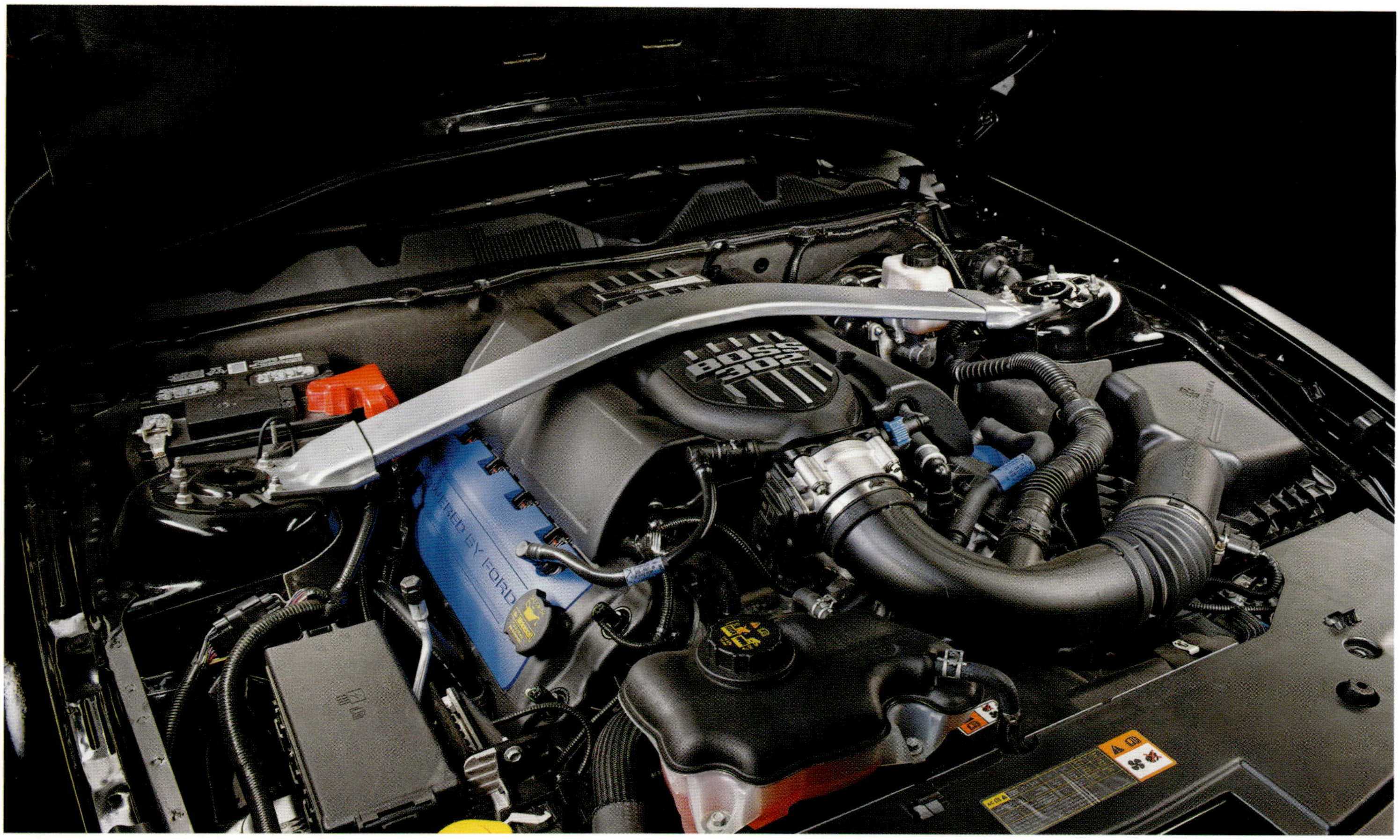
BOSS
302
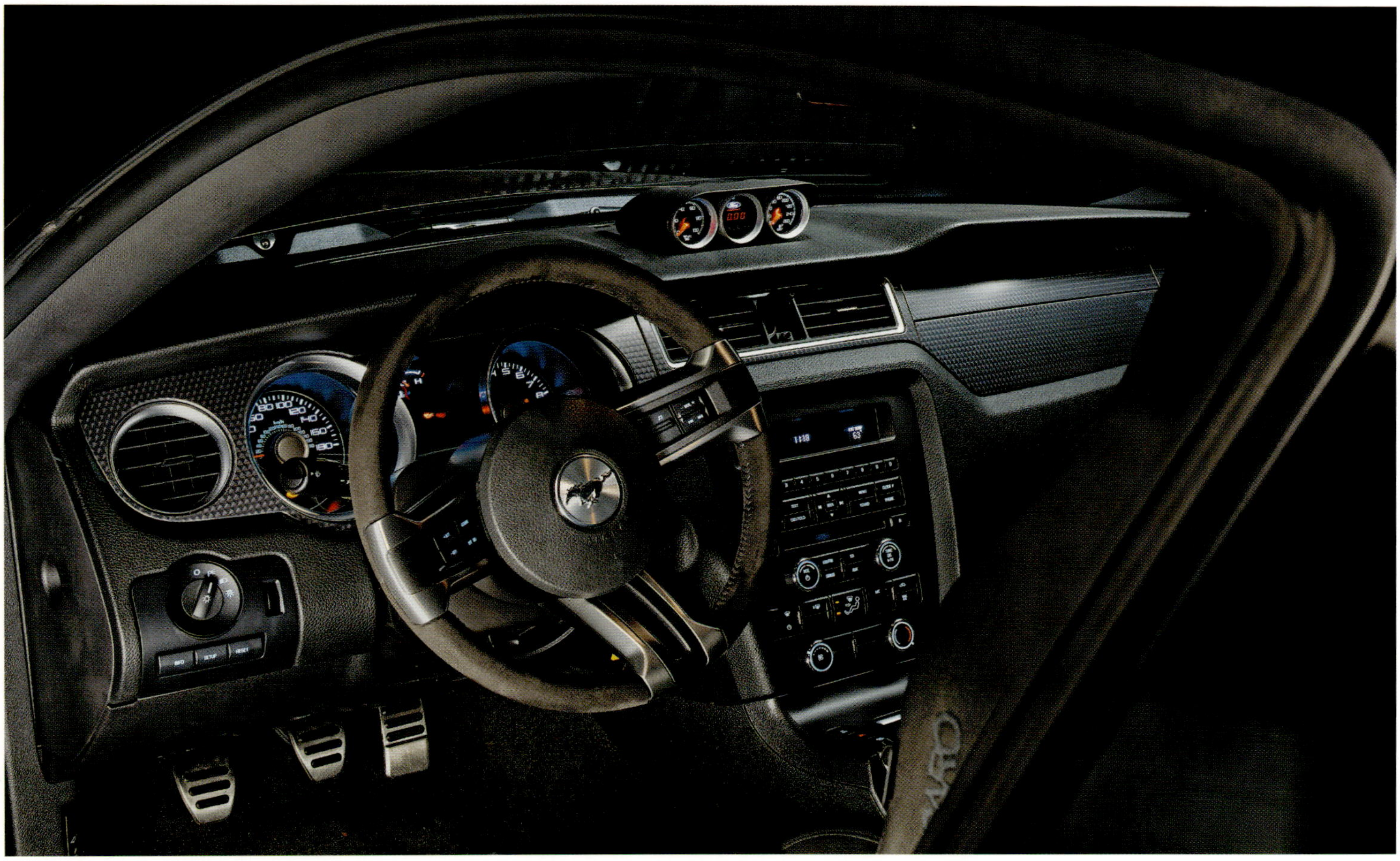

27
2014 COBRA JET

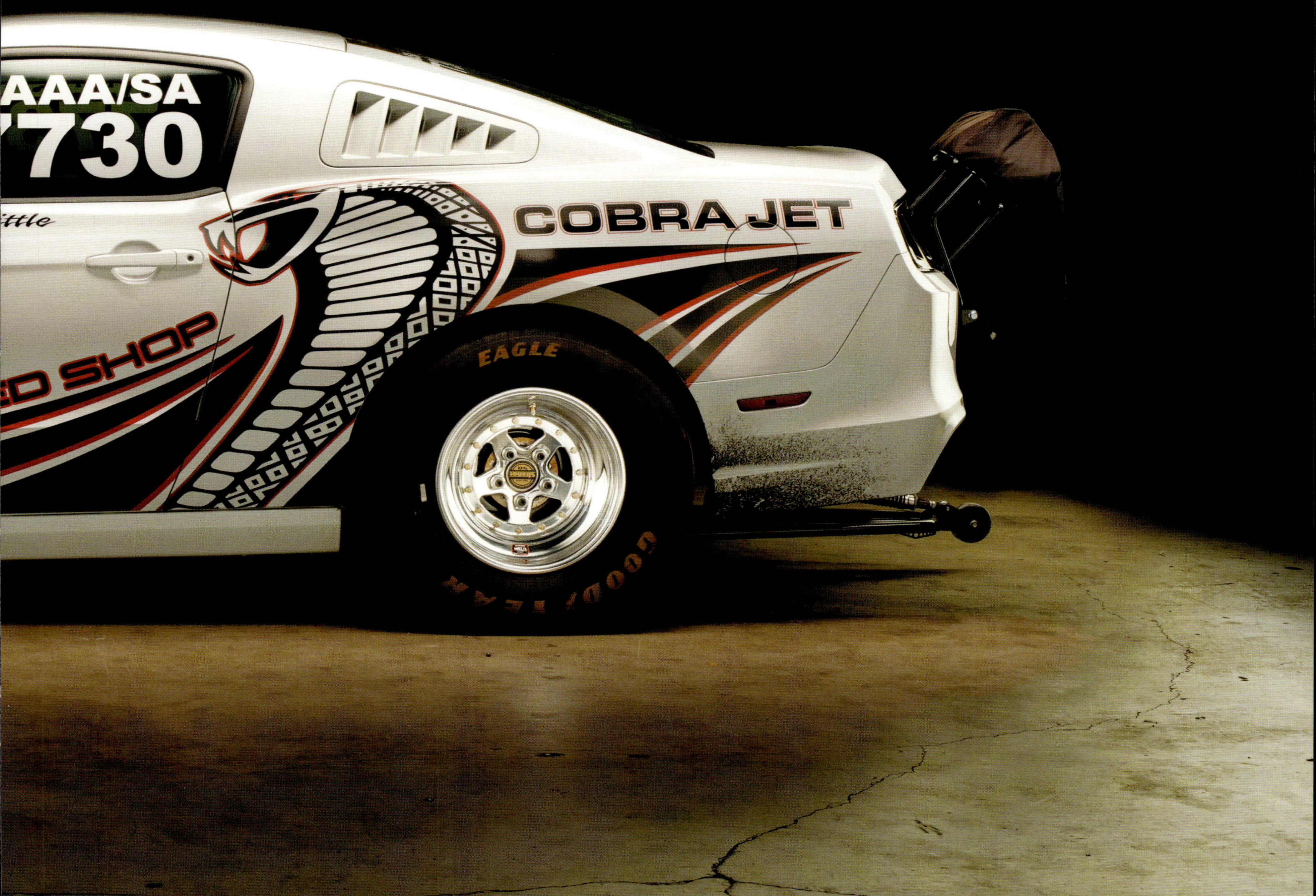
AAA/SA
730
COBRA JET
ED SHOP
EAGLE
GOODYEAR

DIE AKTUELLEN MUSTANGS

DIE SZENE BEI DER SIEGEREHRUNG glich der in den späten 1960er Jahren: Im Januar 2009, genau 41 Jahre, nachdem Al Joniec mit seinem 1968er Cobra Jet Mustang die Super-Stock-Klasse der NHRA Winternationals 1968 gewonnen hatte, kehrte eine Neuauflage des CJ zurück nach Pomona in Kalifornien und errang erneut die Klassenmeisterschaft. Im Besitz von Brent Hajek, trug der von John Calvert gefahrene weiße Mustang sogar den in Gold gefassten Schriftzug »Rice • Holman« von 1968 an den Seiten und Joniecs Namen auf dem Dach. Ford Racing hätte kein besseres Happy End ins Drehbuch seines neuen, reinrassigen Renn-Mustangs schreiben können.

Das Siegerauto war einer von Ford Racings neuen 2008er FR500CJ-Mustangs, ein bei Ford gebautes Auto mit der Seriennummer M-FR500-CJ, und es gehörte zu den rennfertig gelieferten Modellen der FR500-Serie. Das Cobra-Jet-Programm erwies sich als so erfolgreich, dass es in begrenzten Stückzahlen auch für die Modelljahre 2010, 2012, 2013 und 2014 wieder aufgelegt wurde. Der weiße CJ von Loyd Swartz ist die Nummer 40 von insgesamt 50 im Modelljahr 2014 gebauten Exemplaren.

1968 hatte Ford mit der Einführung des 428-Cobra-Jet-Motors für den Mustang (und andere Ford-Modelle) die Muscle-Car-Szene durcheinandergewirbelt. Mit Zylinderköpfen wie im 427, Nockenwellen aus dem 390 GT und Holley-Vergasern war der CJ endlich ein Big-Block, mit dem Ford sich auf der Straße gegen die SS Camaros und W-30 Oldsmobiles behaupten konnte. Eigens für die Drag Racer produzierte Ford 1968 dann 50 spezielle Leichtbau-Mustang-Fastbacks mit der neuen Cobra-Jet-Maschine.

Auch vom neuen Cobra Jet produzierte Ford Racing jeweils nur 50 FR500-CJ-Rennwagen pro Modelljahr. Der Cobra Jet wurde ab Fabrik rennfertig geliefert, was u. a. Goodyear-Slicks einschloss, eine von Strange Engineering präparierte 9-Zoll-Hinterachse und die von der NHRA vorgeschriebenen Sicherheitseinrichtungen wie beispielsweise einen Chrom-Molybdän-Überrollkäfig, zertifiziert bis zu 8,50-Sekunden-Zeiten auf der Viertelmeile. Damit brauchte es nur noch sehr geringfügige Modifikationen und natürlich einen erfahrenen Fahrer, um bei Dragster-Rennen erfolgreich zu sein. Der Cobra Jet hatte sogar Recaro-Rennsitze und konnte mit einer Halterung für einen Bremsfallschirm ausgestattet werden.

DIE AKTUELLEN MUSTANGS

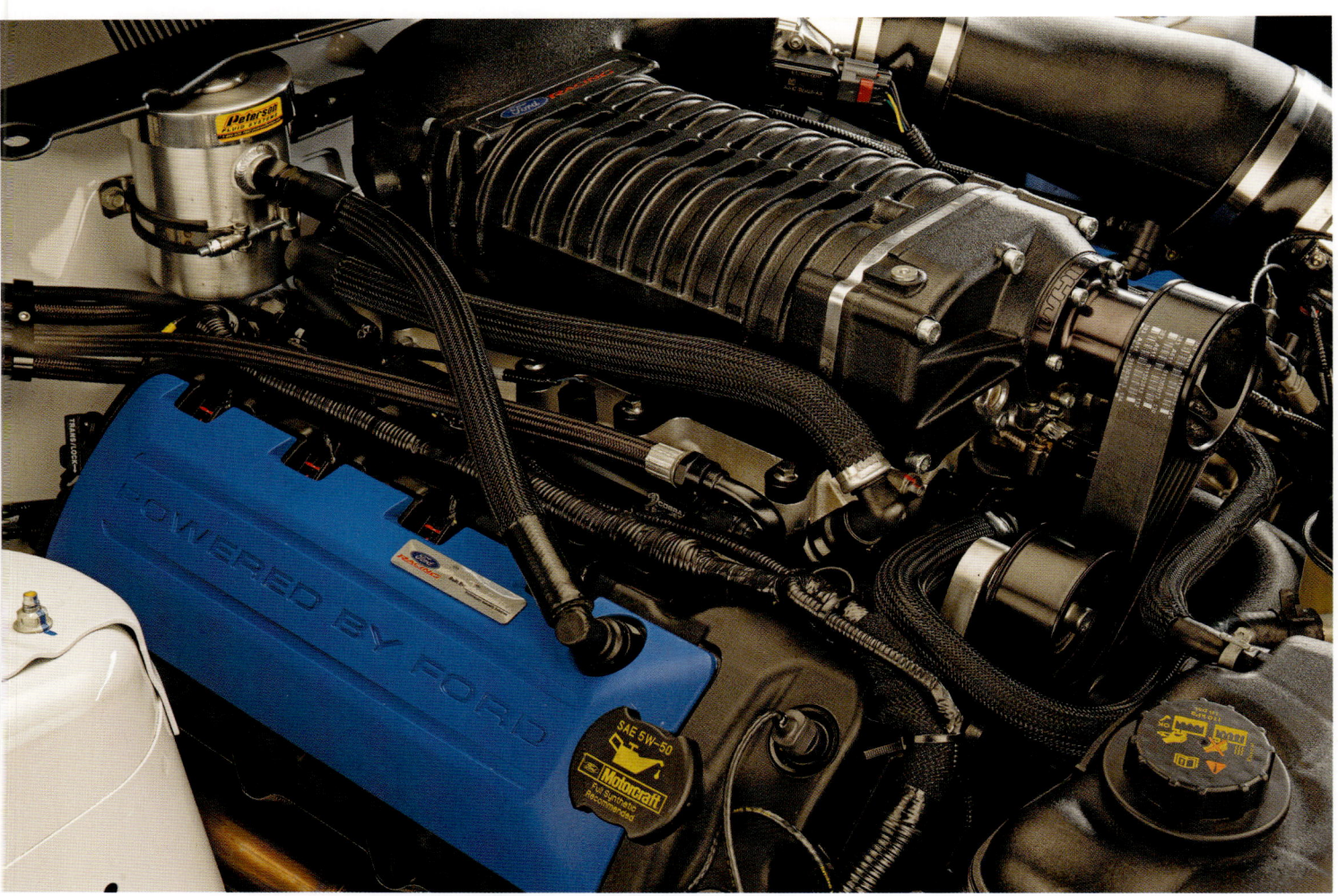

2014 COBRA JET   223

224   DIE AKTUELLEN MUSTANGS

Ford Racing begann mit einer weißen Mustang-Karosserie, und die wurde mit allem ausgestattet, was beim Drag Racing Erfolg versprach. Das einstellbare Renn-Fahrwerk war auf größte Beschleunigung ausgelegt, und um den Mustang am Ende der Viertelmeile aus Geschwindigkeiten von über 150 Meilen pro Stunde wieder sicher zum Stehen bringen zu können, hatte Ford Racing Bremsen von Strange Engineering mit innenbelüfteten Bremsscheiben und Vierkolben-Bremssätteln verbaut.

Unter der Haube des Cobra Jets steckte der Coyote-5,0-Liter-Short-Block aus der Serie, den Ford Racing für den Wettbewerb mit einer geschmiedeten Kurbelwelle, Manley-H-Pleueln und Schmiedekolben von Mahle ausgestattet hatte. Die werksseitigen Vierventil-Zylinderköpfe wurden CNC-geported, um im Zusammenspiel mit den aggressiveren Nockenwellen und den Edelstahl-Ansaugstutzen eine optimale Leistungsausbeute zu erzielen. Wählen konnte der Kunde zwischen einem Saugmotor mit speziellem Cobra-Jet-Ansaugstutzen und geschätzten 430 PS und einem Motor mit 2,9-Liter-Whipple-Kompressor und weit über 500 PS.

Für 2014 spendierte Ford Racing dem Cobra Jet eine von Joel's on Joy überarbeitete C3-Automatik. Und während es die Cobra Jets zuvor nur in Weiß gegeben hatte, wurden sie nun auch in Mattschwarz und einem neuen Grün angeboten. Ein spezielles Cobra-Grafikpaket war jeweils optional erhältlich.

Apropos Grafik, der Schriftzug »Super Cobra Jet« auf der Motorhaube der 2014er FR500-CJ von Loyd Swartz erinnert noch an ein anderes berühmtes Modell aus den 1960er Jahren. Nur dass dieses Mal das SCJ nicht für einen »Drag-Pack«-428er steht, sondern dafür, dass dieser Wagen von einem Kompressormotor angetrieben wird, den Ford mit 525 PS angab, der aber von der NHRA auf realistischere 543 PS geschätzt wurde. Präpariert vom JBA Speed Shop in San Diego, wurde der von JBA gesponserte Mustang mit J. Bittle am Steuer nach 8,882 Sekunden für die Viertelmeile mit 153,32 Meilen pro Stunde (246,7 km/h) gestoppt. Damit ist er einer der schnellsten 2014er CJ-Mustangs im Land.

28
2014 SHELBY GT500

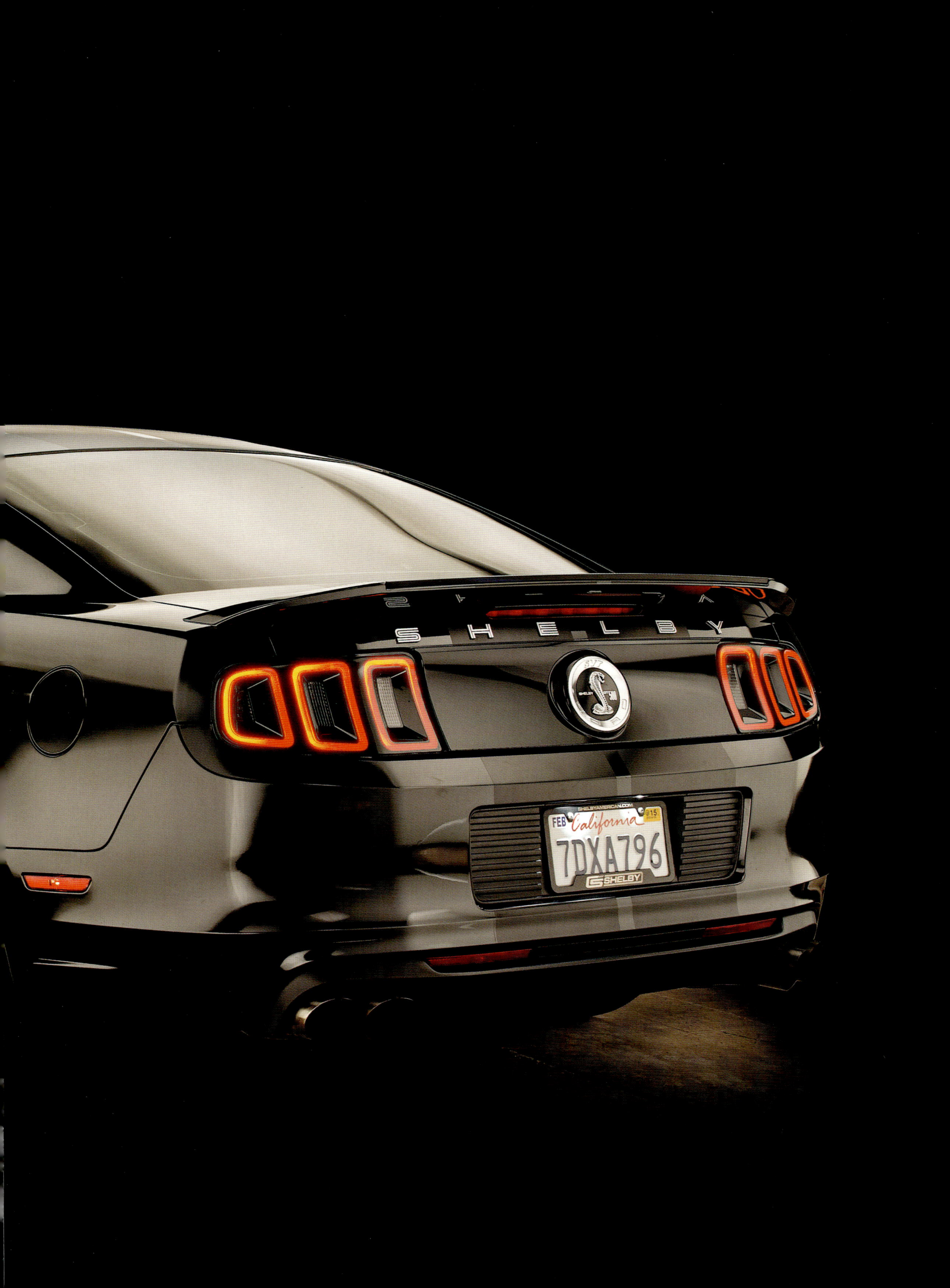
SHELBY
California
FEB
7DXA796
SHELBY

ÄUSSERLICH UNTERSCHIED SICH DER 2013ER SHELBY GT500
kaum von seinem Vorgänger aus dem Jahr 2012. Zu erkennen war er an der überarbeiteten Front, außerdem stand er auf neuen Rädern, und aus den hinteren Stoßfängern lugten vier Auspuff-Endrohre. Erheblich größer fielen da schon die Unterschiede aus, die man nicht auf den ersten Blick ausmachen konnte.

SVT-Chefingenieur Jamal Hameedi scherzte, dass fast jedes Bauteil des 2013er GT500 verbessert worden sei – »außer dem Rücksitz«. Und das war noch untertrieben, denn unter der gewölbten Motorhaube hatte ein nagelneuer Vollaluminium-5,8-Liter-V8 (355 Kubikzoll) mit Kompressor den 5,4-Liter des Vorjahres ersetzt. Die Kombination aus zusätzlichem Hubraum und einem Twin-Vortices-2300-Lader resultierte in 662 PS, das waren beachtliche 112 PS mehr als 2012, und das bei einem Drehmoment von 855(!) Nm.

»Der GT500 ist das stärkste Serien-Auto Amerikas und ein würdiges Denkmal für den verstorbenen Carroll Shelby«, verkündete *Motor Trend*, nachdem im Rahmen einer Pressevorführung auf dem Atlanta Dragway am Ende der Viertelmeile eine Zeit von 11,6-Sekunden und eine Geschwindigkeit von 125,7 mph (202,3 km/h) gemessen worden war.

Der neue GT500 war aber nicht nur Muskelprotz, er war auch auf höchste Geschwindigkeiten ausgelegt. Mit überarbeitetem Sechsganggetriebe und langer 3,31er Hinterachsübesetzung rechnete das Special Vehicles Team mit einer Höchstgeschwindigkeit um 200 Meilen pro Stunde. Auf öffentlichen Straßen verbarg der GT500 seine explosive Kraft hinter ausgesprochen guten Manieren. Bei 80 Meilen pro Stunde lief der Motor mit gemütlichen 1600 Umdrehungen pro Minute so leise, dass keine störenden Geräusche den Klang der Shaker-Stereoanlage beeinträchtigten. Und wirtschaftlich war das Ganze auch noch: Mit 24 Meilen pro Gallone auf den Highways konnte die gefürchtete gas-guzzler tax (eine Sondersteuer für Spritfresser) den GT500 nicht schrecken.

Weil starke Motoren auch viel Wärme produzieren, hatte das SV-Team auch das Kühlsystem des GT500 optimiert. Sogar das Gitter aus dem Kühlergrill wurde entfernt, um – vor allem bei anhaltend hohen Geschwindigkeiten – so viel Luft wie möglich zum Kühler zu leiten. Auf Wunsch war zusätzlich noch ein »Track Pack« erhältlich, das einen externen Ölkühler mit Ölpumpen enthielt, um Getriebe und Differential zu kühlen.

2014 SHELBY GT 500

230 DIE AKTUELLEN MUSTANGS

Der neue GT500 war nicht nur der bis dato stärkste Mustang aller Zeiten, er war auch technologisch auf dem neuesten Stand. Ein 4,2-Zoll-Display zwischen dem bis 220 mph reichenden Tachometer und dem Drehzahlmesser erlaubte es dem Fahrer, verschiedene Einstellungen zu wählen. Hier ließ sich die Traktionskontrolle »AdvanceTrac« zuschalten oder der Charakter von Fahrwerk und Lenkung anpassen, und es gab »Track-Apps«, die Messwerte für Beschleunigung, g-Kräfte und Bremsen anzeigten. Besonders beeindruckend war die Launch Control, die dem Fahrer zu Bestzeiten auf der Viertelmeile verhalf.

Der 2013er Shelby GT500 wurde auch 2014 unverändert weiter gebaut, bis Ford für 2015 einen völlig neuen Mustang vorstellte. Doch auch auf der inzwischen gealterten S197-Plattform hatte der GT500 in Sachen Leistung einen neuen Maßstab für Mustangs gesetzt. »Ford hat seinen Über-Mustang in jeder Hinsicht verbessert«, stellte *Motor Trend* fest, »er verfügt über ein besseres Handling, modernere Technik, mehr Leistung und sogar über einen günstigeren Verbrauch auf dem Highway. Das ist wirklich das stärkste Pony Car, das Ford je gebaut hat.«

Adrian Garcia kaufte seinen schwarzen 2014er Shelby GT500 mit silbernen Streifen am Valentinstag 2014, und es war Liebe auf den ersten Gaspedaltritt. Und als wären 662 PS ab Werk noch nicht genug, kitzelte Adrian mit einer kleineren Kompressorriemenscheibe, einem Steeda Cold Air Intake und einer JBA-Auspuffanlage (H-Pipe) ein paar zusätzliche Pferdestärken aus dem Aggregat.

Die GT500 der Modelljahre 2013/2014 gehen als die letzten Mustangs in die Geschichte ein, an deren Entwicklung Carroll Shelby bei Ford noch selbst mitgewirkt hat. »Ich bin wirklich stolz, meinen Namen auf diesem Auto zu sehen«, sagte Shelby zu SVT-Ingenieuren nach einer Sebring-Testfahrt. »Ihr habt aus meinen Träumen ein Auto gemacht, wie ich denke, dass ein Auto sein sollte. Und ihr habt es noch besser gemacht, als ich es mir erträumt hatte.«

29

2015 MUSTANG 50 YEAR LIMITED EDITION

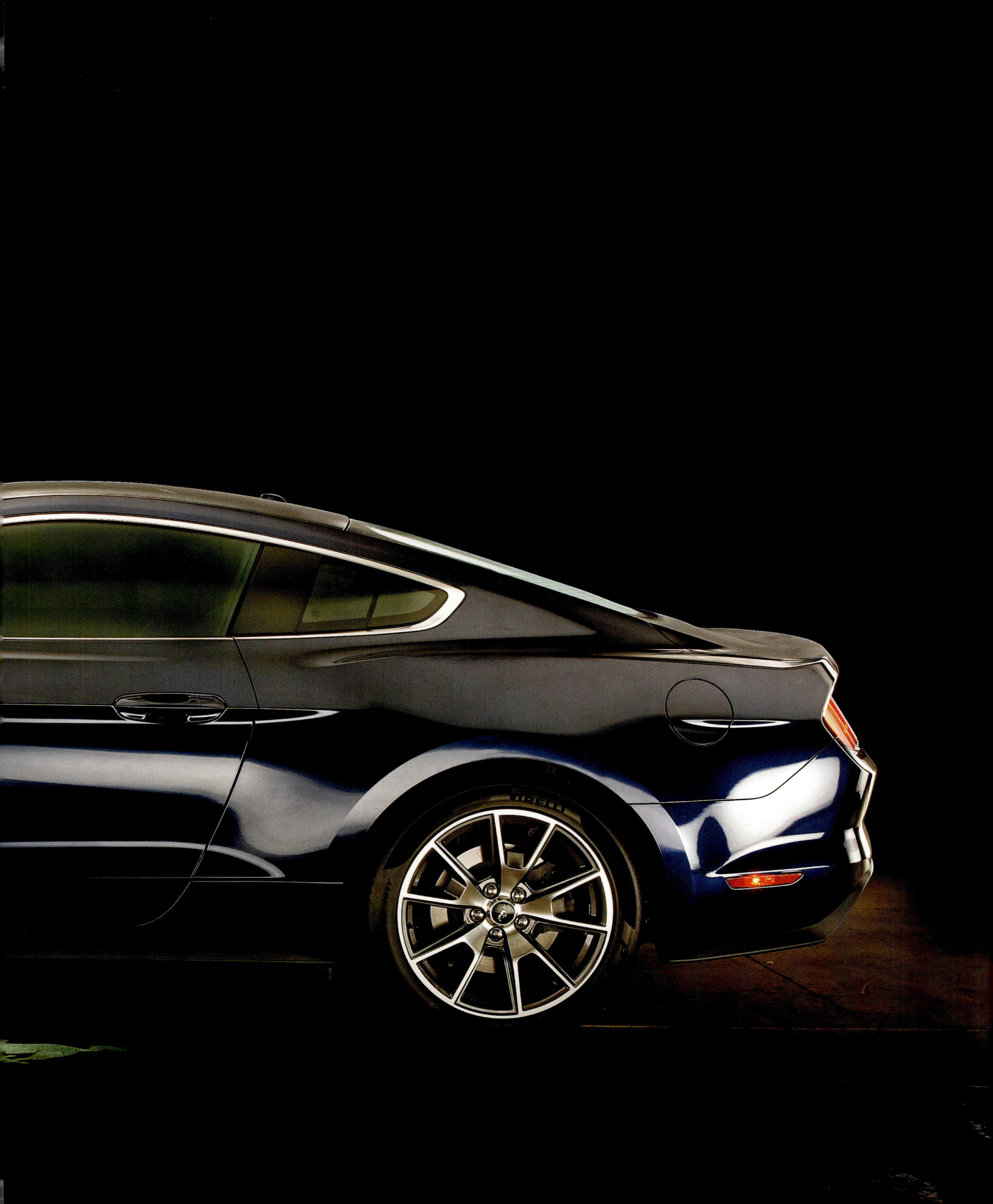

234 DIE AKTUELLEN MUSTANGS

ALS LANGJÄHRIGER BESITZER EINES MUSTANG-OLDTIMERS konnte Aaron Cardoza nicht widerstehen, als sich ihm die Gelegenheit bot, an einer Lotterie für Soldaten in Übersee teilzunehmen, deren Hauptgewinn darin bestand, einen 2015er Mustang 50 Year Limited Edition kaufen zu können. Und Aarons Name wurde gezogen. Im Dezember 2013, noch immer mit der US Army im Einsatz in Afghanistan, bestellte er seinen Mustang, ein Modell, das der Öffentlichkeit noch gar nicht vorgestellt worden war. Ein Jahr später, im Dezember 2014, nahm Aaron seinen 50-Year-Jubiläums-Mustang bei Ford of Escondido in Südkalifornien in Empfang.

»Ich wollte schon 2004 den 40-Year-Jubiläums-Mustang haben, konnte ihn mir damals aber nicht leisten«, sagt Aaron. »Meine Frau sagte mir, ich sollte einfach auf das Modell zum 50. Jahrestag warten. So hatten wir geplant, meine 20-jährige Zugehörigkeit zur Armee mit dem Kauf eines 2015er Mustangs zu feiern.«

Mit dem 50 Year Limited Edition Modell bekam Aaron mehr als »bloß« einen 2015er Mustang, nämlich das neueste und beste Pony Car, auf der neuen S550-Plattform, mit neuem Karosserie-Design und – erstmals serienmäßig bei einem Mustang – Einzelradaufhängung hinten. Vorgestellt von Ford Motor Company Executive Chairman Bill Ford im Rahmen der Feierlichkeiten zum 50. Geburtstag des Mustangs auf dem Charlotte Motor Speedway, griff die 50 Year Limited Edition mit einem speziellen Ausstattungspaket viele der charakteristischen Details wieder auf, die typisch für den ursprünglichen 1964½er Mustang gewesen waren.

Basierend auf dem 2015er Mustang GT, kam die 50 Year Limited Edition mehr oder weniger mit Vollausstattung, war aber nur in zwei Farben erhältlich: Kona-Blau und Wimbledon-Weiß. Genau diese – und nur diese – Farben hatte es auch bei den 1964½er Mustangs gegeben. Angetrieben vom Coyote 5.0-Liter-V8 mit 435 PS, wies das 50-Year-Jubiläums-Modell eine Reihe besonderer Design-Merkmale auf, allen voran das galoppierende Pferd im Kühlergrill, eine Reminiszenz an die 1965er Mustang-Front, und die Chromeinfassungen der Seitenfenster und der Rückleuchten. Weitere Besonderheiten waren der Zusatz »50-Year« auf dem GT-Emblem am Heck und spezielle Lamellen an den hinteren Seitenfenstern, die eigens für das Jubiläumsmodell entwickelt worden waren.

Innen unterschied sich das Sondermodell von anderen 2015er Mustangs durch die Verwendung von Aluminiumblenden, Sitze aus zweifarbigem Kaschmir und schwarzem Leder und hochwertigen Kaschmir-Nähten an Sitzen, Lederlenkrad, Instrumententafel und Schaltknauf.

Die Mustangs der 50 Year Limited Edition waren durchweg auch mit dem Performance-Paket ausgestattet, zu dem Sechs-Kolben-Brembo-Bremsen vorne und 19-Zoll-Leichtmetallräder mit Rädern des Typs Pirelli P Zero gehörten. Darüber hinaus war das Jubiläums-Modell der einzige Mustang, bei dem das Performance-Paket mit dem Automatikgetriebe kombiniert werden konnte. Wobei die Automatik zu den ganz wenigen Dingen gehörte, die bei diesem speziellen Mustang noch auf der Optionsliste standen.

In Erinnerung an das erste Jahr der Mustang-Produktion wurden von der 50 Year Limited Edition nur exakt 1.964 Stück gebaut, was bei Mustang-Fans und Sammlern, die ein Exemplar ergattern wollten, durchaus zu einer gewissen Hektik geführt hatte.

Als einer von insgesamt acht Gewinnern der Lotterie für Soldaten in Übersee hatte Aaron Cardoza dieses Problem nicht. Sein Jubiläums-Mustang mit Sechsgang-Schaltgetriebe ist Nummer 513 von 1.964. »Ich fand Mustangs schon toll, als ich noch ein Teenager in der High School war«, erklärt er. »Meine Frau überraschte mich mit meinem ersten Mustang, einem 1965er Hardtop, als ich im Jahr 2003 von einem Lehrgang nach Hause kam. Und jetzt will ich die beiden Mustangs, zwischen denen 50 Jahre liegen, noch viele Jahre fahren.«

236   DIE AKTUELLEN MUSTANGS

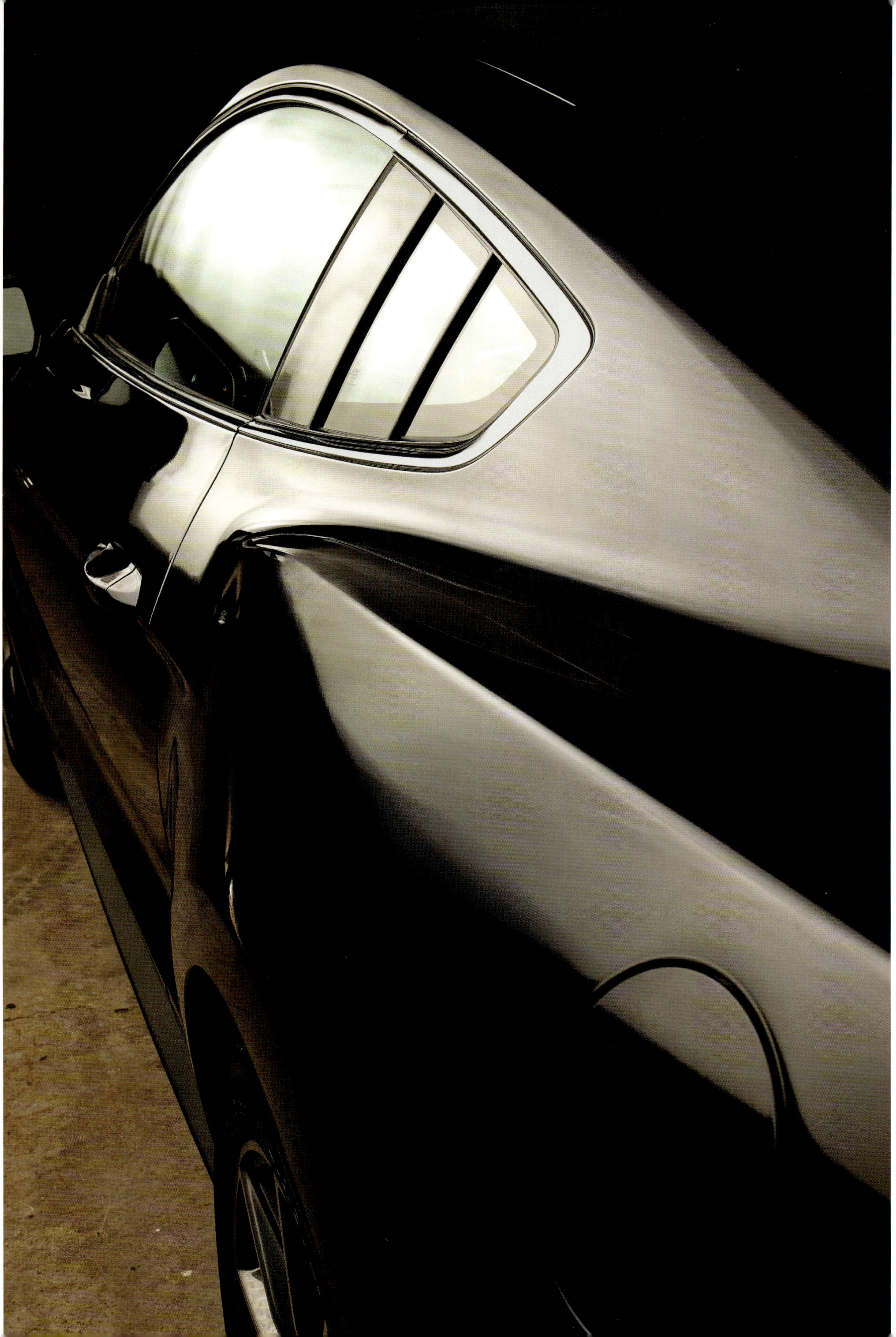

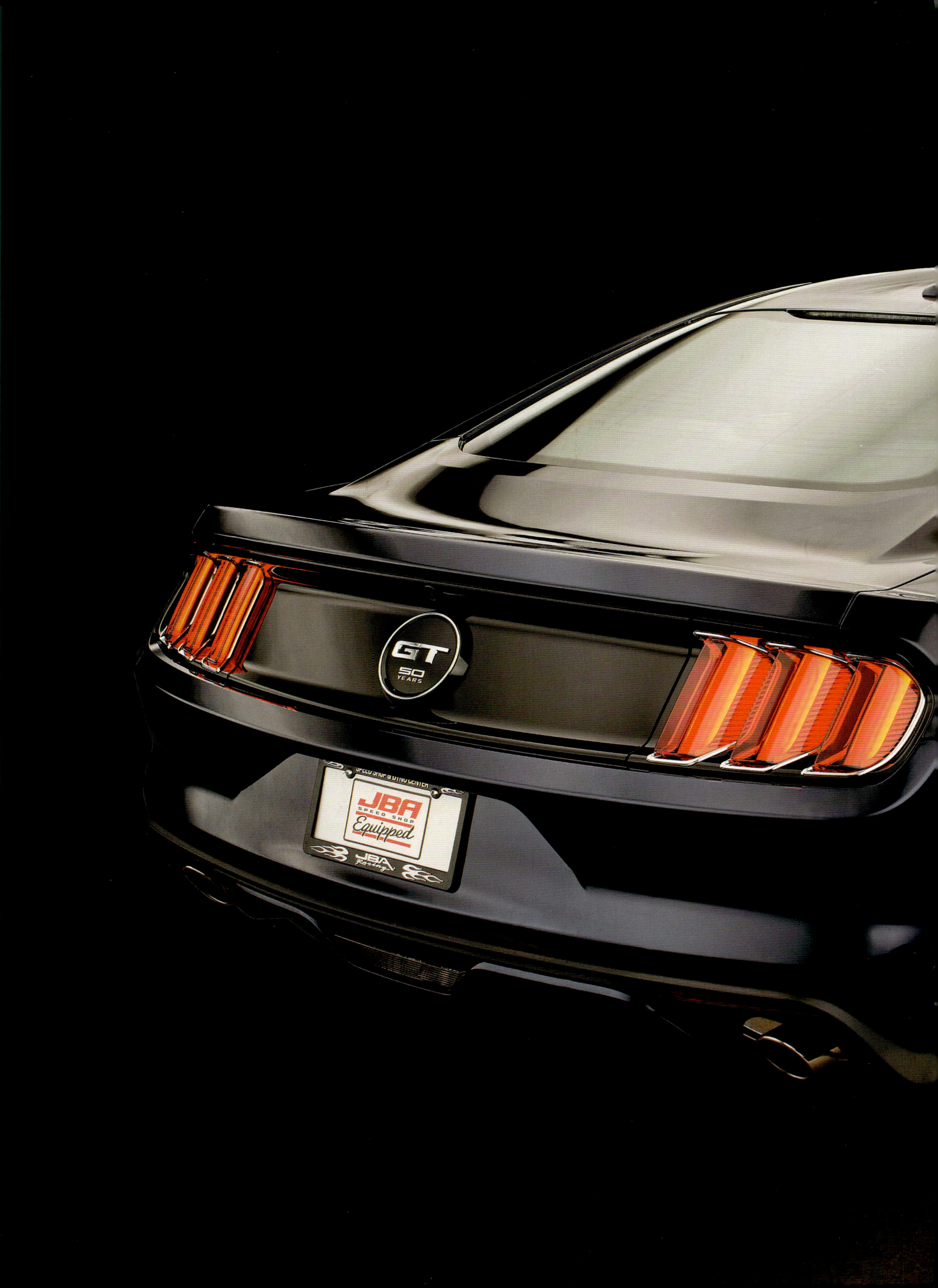
GT
50 YEARS
JBA
SPEED SHOP
Equipped

DANK / IMPRESSUM

ICH MÖCHTE MICH BEDANKEN bei allen, die dabei geholfen haben, dieses Buch um so viel besser zu machen, als ich es mir je hätte vorstellen können. Zuallererst gilt mein Dank meinem Freund und Mentor Randy Leffingwell, der mich die fantastische Fototechnik der »Lichtmalerei« lehrte. Der langjährige Shelby- und Mustang-Besitzer und -Enthusiast J. Bittle, Inhaber des JBA Speed Shops in San Diego, erwies sich als eine unschätzbare Hilfe beim Aufspüren einer Vielzahl der in diesem Buch abgebildeten Mustangs. Bittle und sein Team – Carl Bernstein, Austin Bittle, Stewart Bittle, Roger Cox, Mike Evans, Sean Kaschmitter und Kurtis Stockton – haben mir bei vielen nächtlichen Foto-Shootings assistiert. Dank auch an Rocky Frost von Custom Auto Body und an den LA Shelby Club, die die Nachricht verbreitet haben, dass ich Mustangs suchte. Zu Dank verpflichtet bin ich ferner der Bartwood Construction and Aeroplex/Aerolease Group, die mich auf einige großartige Plätze für Foto-Shootings aufmerksam gemacht hat.

Und natürlich hätte ich das alles nicht ohne die Hilfe der Besitzer der wunderschönen Mustangs geschafft: Peter Arkin, Eric Benner, Carl Bernstein, J. und Vicky Bittle, Marc Bodrie, Jordon Besenbruch, Aaron Cardoza, Vincent Castregon, Frank Chirat, Marshall Corrie, Adrian Garcia, Bob Gardner, John Gerardy, David »Pops« Griffin, Jon Hoxter, Dan Ingebretson, Bruce Kawaguchi, David Kelly, Danny Laulom, Shawn McClure, Jake Plumber, Bob und Brenda Radder, Ed Quinn, Loyd Swartz Racing, Paul Sequra, Dan Swana, Mark Tomei und Ken Worsham.

Ich widme dieses Buch meiner stets überaus hilfreichen Frau und besten Freundin Susan Loeser.

Tom Loeser

1980 MACHTE DER VERLEGER LARRY DOBBS ein junges, unerfahrenes Landei aus Carolina zum Herausgeber des Magazins *Mustang Monthly*. Ich war damals 28 und hatte zuvor unter anderem als Fahrstuhlführer in einer Baumwollfabrik gearbeitet und sieben Jahre lang Dünger für das Geschäft meines Vaters abgeladen – also eigentlich nichts getan, was mich als Herausgeber qualifiziert hätte. Aber ich hegte eine Leidenschaft für Mustangs, hatte für Clubzeitschriften und als freier Mitarbeiter auch für *Mustang Monthly* bereits über Mustangs geschrieben, bevor ich Larrys Jobangebot annahm.

Und wie dieses Buch beweist, schreibe ich immer noch über die Mustangs von Ford. Über 50 Jahre lang ist der Mustang seinen Wurzeln treu geblieben als ein sportliches Auto mit großem Spaßpotenzial und gleichzeitig praktischem Nutzwert. Ich bin in der glücklichen Lage, über den Mustang zu schreiben, über seine Geschichte ebenso wie über die Geschichten seiner Besitzer. Und das seit fast 40 von den 51 Jahren, die es den Mustang schon gibt.

Danke, Larry, für diese Chance.

Donald Farr

Einbandgestaltung: Simon Larkin

Bildnachweis: Die zur Illustration dieses Buches verwendeten Aufnahmen stammen – wenn nicht anderes vermerkt ist – von Tom Loeser.

© 2015 Quarto Publishing Group USA Inc.
Die Originalausgabe erschien 2015 bei Motorbooks, einem Verlag der Quarto Publishing Group USA Inc.

Ins Deutsche übersetzt von Johann Rehgeiß.

Eine Haftung des Autors oder des Verlages und seiner Beauftragten für Personen-, Sach- und Vermögensschäden ist ausgeschlossen.

ISBN: 978-3-613-03912-4

Copyright © by Motorbuch Verlag, Postfach 103743, 70032 Stuttgart
Ein Unternehmen der Paul Pietsch Verlage GmbH & Co. KG

1. Auflage 2016

Sie finden uns im Internet unter www.motorbuch-verlag.de

Nachdruck, auch einzelner Teile, ist verboten. Das Urheberrecht und sämtliche weiteren Rechte sind dem Verlag vorbehalten. Übersetzung, Speicherung, Vervielfältigung und Verbreitung einschließlich Übernahme auf elektronische Datenträger wie DVD, CD-ROM usw. sowie Einspeicherung in elektronische Medien wie Internet usw. ist ohne vorherige schriftliche Genehmigung des Verlages unzulässig und strafbar.

Lektorat: Martin Gollnick
Innengestaltung: Lorhill Design
Satz: Patrick Drach, tebitron gmbh, 70839 Gerlingen

Printed in China